高等职业教育经济贸易类专业在线开放课程新形态一体化教材

外贸单证实务

黄秀丹 于业成 主 编
孙 康 李 冰 副主编

清华大学出版社
北京

内容简介

本书为辽宁省职业教育精品在线开放课程配套教材、辽宁经济职业技术学院课程思政示范课程配套教材，获国家"双高计划"建设项目重点支持。本书基于外贸单证员实际工作过程进行设计，以一笔完整贸易为主线，在外贸单证员岗位工作任务和职业能力分析的基础上，与企业、行业专家共建外贸单证专家组，开发课程标准，打破了原有的以知识体系为主线的传统编写模式，使学习过程成为人人参与、自主实践的活动。

根据贸易流程所涉及的基本环节，本书分为初识外贸单证工作、交易磋商与合同条款、信用证操作、汇付和托收业务操作、主要结汇单证缮制、其他附属单证缮制、单据审核、综合实训八个模块，每个模块下安排有学习目标、任务导入、知识链接、实例体验、实训操练、思政园地、微课、动画等栏目。

本书可以作为高校经济贸易类相关专业的教材，也适合外贸从业人员岗位培训或自学使用。

本书封面贴有清华大学出版社防伪标签，无标签者不得销售。
版权所有，侵权必究。举报：010-62782989，beiqinquan@tup.tsinghua.edu.cn。

图书在版编目(CIP)数据

外贸单证实务/黄秀丹，于业成主编. —北京：清华大学出版社，2024.1
高等职业教育经济贸易类专业在线开放课程新形态一体化教材
ISBN 978-7-302-65013-3

Ⅰ.①外… Ⅱ.①黄… ②于… Ⅲ.①进出口贸易—原始凭证—高等职业教育—教材 Ⅳ.①F740.44

中国国家版本馆CIP数据核字(2024)第001619号

责任编辑：左卫霞
封面设计：刘艳芝
责任校对：袁　芳
责任印制：曹婉颖

出版发行：清华大学出版社
网　　址：https://www.tup.com.cn，https://www.wqxuetang.com
地　　址：北京清华大学学研大厦A座　　　邮　编：100084
社 总 机：010-83470000　　　　　　　　　邮　购：010-62786544
投稿与读者服务：010-62776969，c-service@tup.tsinghua.edu.cn
质量反馈：010-62772015，zhiliang@tup.tsinghua.edu.cn
课件下载：https://www.tup.com.cn，010-83470410

印 装 者：大厂回族自治县彩虹印刷有限公司
经　　销：全国新华书店
开　　本：185mm×260mm　　印　张：15　　插　页：1　　字　数：370千字
版　　次：2024年3月第1版　　　　　　　　印　次：2024年3月第1次印刷
定　　价：49.00元

产品编号：096600-01

前　言

外贸单证实务是高职高专经济贸易类专业的核心主干课程之一,该课程是根据快速发展的外贸行业对毕业生的需求而设置的。为了更好地适应高等职业教育的发展要求,提高经济贸易类专业毕业生的岗位技能,编者与行业、企业专家共同研讨、设计,编写了本书。

本书以培养应用型人才为目标,其特色主要体现在以下几个方面。

1. 用社会主义核心价值观铸魂育人

党的二十大报告提出了用社会主义核心价值观铸魂育人,本书全面贯彻落实党的二十大精神,本着为党育人、为国育才的初心使命,以新职业道德守则、相关准则为依据,深入剖析教材中每个工作项目的课程思政融入点和融入形式,将诚信意识和工匠精神贯穿于教材始终,寓社会主义核心价值观引导于知识传授和能力培养之中,充分挖掘每个工作项目中的课程思政元素,以润物细无声的方式将专业知识与爱国情怀、职业精神相联系,将理论知识、专业技能与社会主义核心价值观相融合。

2. 项目引领,任务驱动

本书以项目为载体,以典型工作任务为抓手,以信息化技术为支撑,以培养学生外贸单证制作能力为宗旨,精心设置了初识外贸单证工作、交易磋商与合同条款、信用证操作、汇付和托收业务操作、主要结汇单证缮制、其他附属单证缮制、单据审核、综合实训八个模块,具体项目内容来源于合作企业真实业务改编。

3. 岗课赛证有机融合

本书以单证员实际岗位要求为依托、以单证员具体工作过程为主线,打造了融学习过程于工作过程的职业情境。本书内容安排突显岗课赛证融合,体现了教学过程的实践性、开放性和职业性。

4. 教材形式立体新颖,数字资源丰富

本书收录了《跟单信用证统一惯例》(国际商会第600号出版物,简称UCP600)和跨境电商B2B数据运营1+X考试等内容。本书结构合理,教学资源丰富,配有微课、动画等立体化教学资源,配套建设的辽宁省职业教育精品在线开放课程"外贸单证实务"在智慧职教、学银在线双平台运行,扫描下页二维码即可在线学习该课程,能够满足当前高等职业院校的教学需求和实践创新需要。

5. 沉浸式虚拟仿真体验,理实一体,学做合一

本书配有虚拟仿真小实训,输入链接网址就可以让每一位同学身临其境地参与体验,既能够满足就业型学生单项技能的体验,也能够给创业型学生提供多项技能的锻炼,实现理实一体,学做合一。

本书由辽宁经济职业技术学院黄秀丹、沈阳体育学院于业成担任主编,苏州建设交通高等职业技术学校孙康、大连枫叶职业技术学院李冰担任副主编,具体编写分工如下:黄秀丹编写模块五,并全书统稿;于业成编写模块二~模块四;孙康编写模块一、模块六、模块七;李冰编写模块八、附录;丹东农业银行张慧颖负责本书企业案例素材收集与审核。本书由辽宁经济职业技术学院王瑞华教授审稿。

由于编者水平有限,书中不足之处在所难免,敬请广大读者批评、指正。

编　者

2023 年 10 月

外贸单证实务课程简介

外贸单证实务辽宁省职业教育精品在线开放课程(智慧职教)

外贸单证实务辽宁省职业教育精品在线开放课程(学银在线)

目 录

模块一 初识外贸单证工作 1
    任务一 认识外贸单证 1
    任务二 掌握进出口单证的操作流程 6

模块二 交易磋商与合同条款 18
    任务一 交易磋商 18
    任务二 合同条款 25

模块三 信用证操作 40
    任务一 认识信用证 40
    任务二 开立信用证 49
    任务三 审核与修改信用证 62

模块四 汇付和托收业务操作 74
    任务一 汇付业务操作 74
    任务二 托收业务操作 76

模块五 主要结汇单证缮制 84
    任务一 缮制商业发票 84
    任务二 缮制包装单据 91
    任务三 缮制原产地证书 96
    任务四 缮制保险单据 110
    任务五 缮制进出口货物报关单 116
    任务六 缮制海运提单 131
    任务七 缮制汇票 144

模块六 其他附属单证缮制 152
    任务一 进出口许可证申领 152
    任务二 缮制装船通知 159
    任务三 缮制受益人证明 164
    任务四 缮制海关发票 167
    任务五 缮制航空运单 171

任务六　缮制其他运输单据 ··· 185
模块七　单据审核 ·· 194
模块八　综合实训 ·· 203
　　任务一　综合制单实训 ··· 203
　　任务二　虚拟仿真制单实训 ··· 211
附录 ·· 233
参考文献 ·· 234

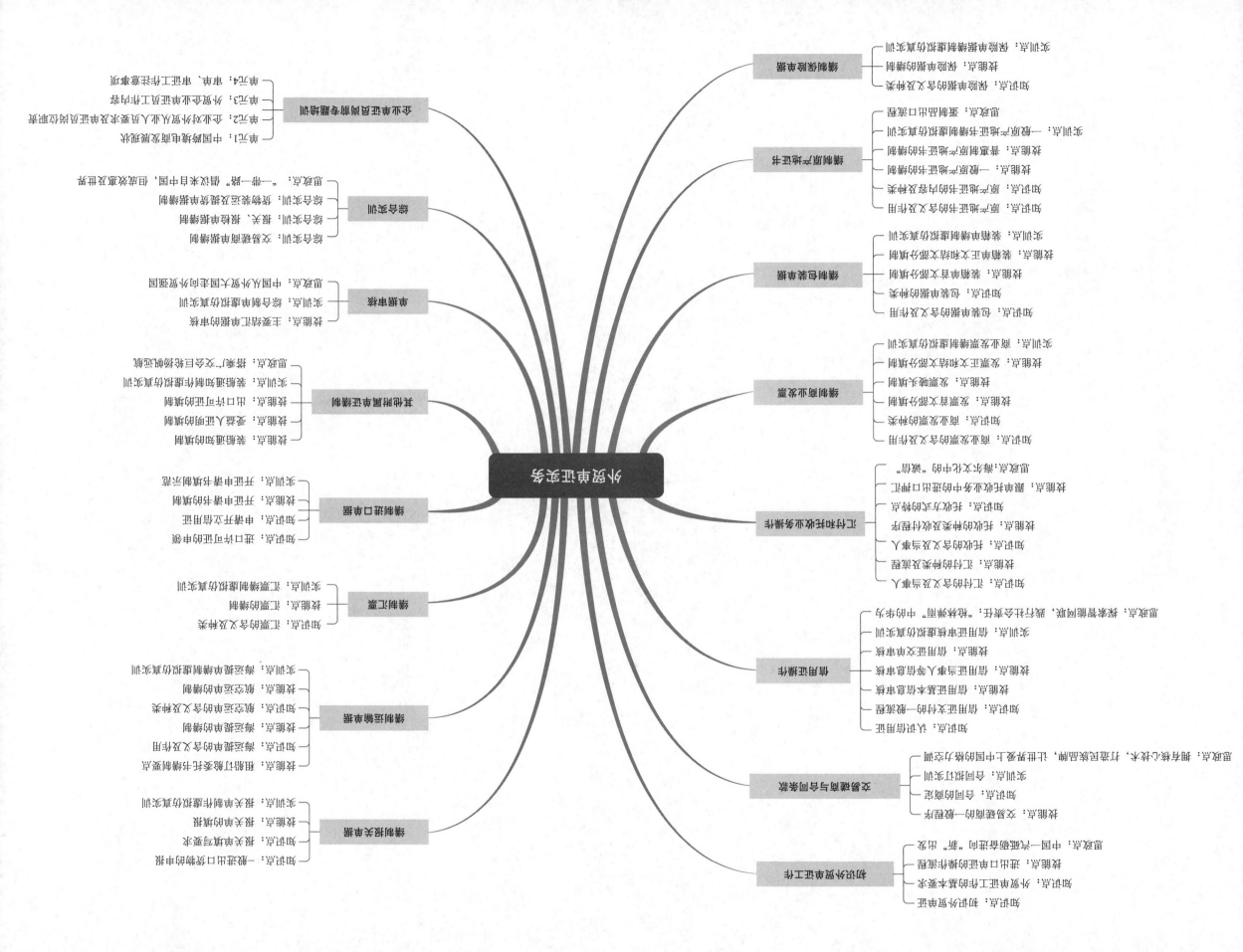

模块一

初识外贸单证工作

学习目标

知识目标
1. 理解单证的含义,了解单证的作用。
2. 掌握外贸单证工作的基本要求。

能力目标
1. 掌握进出口单证的申领流程。
2. 熟悉外贸单证制作的基本要求。

任务一 认识外贸单证

任务导入

2023年,张爽圆满完成学业,作为辽宁某高校国际贸易专业一名优秀的毕业生,通过招聘顺利进入大连欣欣进出口有限公司担任单证员。作为一名外贸新手,张爽不仅要熟悉单证员的工作内容及要求,还要协助公司业务经理完成进出口许可证办理的相关工作。请思考张爽的主要工作任务有哪些。

微课:认识单证工作

单证工作是随着国际贸易的发展而发展的。国际贸易实务大多是以单证的交流形式来实现的。单证既是买卖双方收付货款的凭证,也是进出口贸易不可缺少的手段。单证作为一种贸易文件,它的流转环节构成了贸易业务程序。单证工作贯穿于企业的外销、购货、运输、保险、收汇的全过程。除外贸企业内部各部门之间的协调外,还必须和银行、海关、交通运输部门、保险公司、商检机构、有关行政管理机关发生多方面的联系,环环相扣,相互影响,互为条件。严格来说,单证是国际贸易实务不可分割的组成部分,单证制作合格与否将直接关系到外贸企业能否安全收汇。

一、外贸单证的含义、作用及分类

(一)单证的含义

单证(documents)是指在国际结算中应用的单据、文件与证书的统称,凭借它来处理国际买卖货物的交付、运输、保险、商检、报关、结汇等。狭义的单证是指单据和信用证;广义的单证则指各种文件和凭证。就国际贸易而言,单证是出口货物推定交付的证明,也是结算的工具。单证作为一种贸易文件,它的流转环节构成了贸易程序。

单据是办理货物的交付和货款支付的一种凭据。单据可以表明出口商是否履约及履约的程度。进口商品以单据作为提取货物的货权凭证,有了单据,就表明有了货物。

(二) 单证的作用

1. 单证是履约的必要手段

在国际贸易中,买卖双方必须以单证作为交换的媒介手段。出口贸易合同履行过程中的单证,一般可分为两类:一类具有商品的属性,它们有的代表商品,有的表示商品的交换值,有的说明商品的包装内容,有的保证商品的质和量,有的为商品输入国提供必要的证明等;另一类具有货币的属性,它们有的直接代表货币,有的为货币的支付做出承诺或做出有条件的保证。每种单据都有其特定的功能,它们的签发、组合、流转和应用反映了合同履行的进程,也反映了买卖双方权责的产生、转移和终止。在国际贸易业务活动中提交相应单据是当事人履行合同的手段,也是当事人完成合同义务的证明。合同订立后,履行阶段可概括为"货、证、船、款"四环节,无论是哪个环节,进出口商及合同有关的相应各方只有在履行了约定义务的情况下才能取得相关单据,没有提交应交付的单据,就意味着没有按规定履约。

2. 单证是结算的基本工具

国际贸易是国与国之间的商品买卖,但由于买卖双方处在不同的国家、地区,商品与货币不能简单地直接交换,而必须以单证作为交换的凭证。因此,现代贸易又称单证买卖。按照国际商会《跟单信用证统一惯例》(UCP600)第5条规定,"在信用证业务中,各有关当事人所处理的只是单据,而不是单据所涉及的货物、服务或其他行为。"单据之间表面互不一致即视为表面与信用证条款不符。如果单据与信用证有细小差别,开证银行就可不负承付责任。因此,正确缮制好各种单证,以保证交货后能及时地收回货款就显得十分重要。

3. 单证工作是政策性很强的涉外工作

外贸单证工作是一项政策性很强的涉外工作,体现着平等互利和按国际惯例办事的政策精神。出口单证为涉外商务文件,必然体现国家的对外政策,因此必须严格按照国家有关外贸的法规和制度办理。例如,进出口许可证关系到国家对某些出口商品的计划管理,甚至还会涉及两国之间的贸易协定。出口单证也是收汇的依据,当发生贸易纠纷时,又常常是处理争议、解决索赔的依据和法律文件。例如,货物在运输途中受损,货方向保险公司提出索赔,保险单就是索赔的凭证;在计算赔偿额时,发票是赔偿的依据。

4. 单证工作是进出口企业经营管理的重要环节

单证是商务文件,也是企业的对外宣传资料。格式优美、行列整齐、文字清晰的单证,能展现企业高品位的业务质量,为企业塑造良好的形象,有利于业务的开展;单证工作是为贸易全过程服务的。贸易合同的内容、信用证条款、货源衔接、审证改证、交单议付等业务管理的问题,最后都会在单证工作中反映出来;单证工作是外贸企业经营管理中一个非常重要的环节,单证工作组织管理的优劣直接关系到外贸企业的经济利益。因此,单证工作是进出口企业经营管理的重要环节。

5. 单证是避免争端和解决争端的依据

国际贸易各方订立合同的目的是实现各自的利益,在订立合同之初就认为自己在买官司、买争议的人是不存在的。但因为从事国际贸易活动的人分处异国,市场经常发生变化,有利和不利因素在不断地转换,新情况时有出现,贸易活动中发生争议、矛盾也是正常的。关键是要自己做好"功课",防患于未然。因为国际贸易是单据贸易,所以在合同订立之前、之中和之后都要对相关单据严格把关,否则就可能造成因单据的不规范、不确切、存在授人以柄的漏洞而引发麻烦,或在发生有关争议后,无法利用合法的手段(如出示合格的单据)保护自己,更谈不上对对方的不合理要求据理力争、胸有成竹地拒绝对方。

(三)单证的分类

国际贸易单证根据不同的标准分为不同的类别。

1. 根据贸易双方涉及的单证划分

根据贸易双方涉及的单证划分,国际贸易单证可分为进口单证和出口单证。进口单证包括进口许可证、信用证、进口报关单、保险单。出口单证是指出口国的企业及有关部门涉及的单证,包括出口许可证、出口报关单、包装单据、商业发票、保险票据、汇票等。

2. 根据单据的性质划分

根据《托收统一规则》(国际商会第 522 号出版物,简称 URC522)的分类方式,国际贸易单证按性质不同可分为金融单证和商业单证。金融单证包括汇票、本票、支票或其他类似用以取得款项的凭证。商业单证包括发票、装箱单、运输单据或其他类似单据及任何非金融单据。

3. 根据单证的用途划分

根据单证在国际贸易工作中的用途划分,国际贸易单证可分为资金单据、商业单据、货运单据、保险单据、官方单据和随附单据六类。资金单据包括汇票、本票、支票。商业单据包括商业发票、形式发票、装箱单、重量单。货运单据是指各种运输方式单据的统称,包括海运提单、不可转让海运单、租船合约提单、空运单、公路运单、铁路运单、内河运输单据、专递和邮政收据、报关单、报检单、托运单等。保险单据主要指国际货物运输保险,包括保险单、预借单、保险证明、投保单。官方单据指的是官方机构出具的单据和证明,包括海关发票、领事发票、产地证、检验检疫证。随附单据有寄单证明、寄样证明、装船通知、船舱证明。

4. 根据结汇时所需要的单据类型划分

根据结汇时所需要的单据类型划分,国际贸易单证可分为结汇单证和非结汇单证。结汇单证是指在国际贸易结算时所要使用的各种单据、票据以及证明,如发票、装箱单、保险单、产地证、汇票和各类运输单据等。非结汇单证是指在国际贸易流程中,为了使货物能够顺利出口,在办理相关出口手续时所要使用的各种单据、票据以及证明,如出口许可证、出口报关单、出口收汇核销单、托运单和货物运输保险单等。

二、外贸单证工作的基本要求

单证工作是履行国际贸易程序不可缺少的手段之一,是进出口业务中一项非常重要的基础性工作。单证员的主要工作有审证、制单、审单、交单与归档等一系列业务活动,它贯穿于进出口合同履行的全过程,具有工作量大、涉及面广、时间性强与要求高等特点。因此,要求单证员严格按照单证工作的要求,高质量地完成单证工作,按时履行合同。

微课:单证制作的基本要求

(一)对单证制作的要求

单证工作应做到"四相符,五要求"。

"四相符"是指单据与信用证相符、单据与单据相符、单据与实际货物相符、单据与贸易合同相符,其中单据与信用证相符是前提,离开这个前提,单单之间即使相符,也会遭到银行的拒付。单据与实际货物相符主要是指单据的内容应该与实际交货一致,也与合同一致。这样,单证才能真实代表出运的货物,确保履约正常,安全收汇。另外,各种单据必须符合有关国际惯例和进出口国有关法令和规定。

"五要求"是指正确、完整、及时、简明、整洁。

1. 正确

正确是单证工作的前提,也是安全收汇的保证。在信用证业务中,单据的正确性要求精确到不能有一字之讹,还要求出口人出具的单据种类、份数和签署等必须与信用证的规定相符。

2. 完整

(1) 体现在单据的内容要完整,即每一种单据本身的内容(包括单据本身的格式、项目、文字和签章、背书等)必须完备齐全,否则就不能构成有效文件,也就不能为银行所接受。

(2) 体现在单据的种类要完整,单据必须是成套齐全而不是单一的,遗漏一种单据,就是单据不完整。单据应严格按照信用证规定一一照办,除主要单据外,一些附属证明、收据一定要及时催办,不得遗漏。

(3) 体现在单据的份数要完整,要求在信用证项下的交易中,进出口商需要哪些单据,一式几份都已明确,尤其是提单的份数,更应注意按要求出齐,避免多出或少出。

3. 及时

及时是指进出口单证工作的时间性很强,必须紧紧掌握装运期、交单期、信用证的有效期。及时出单包括两个方面的内容:①各种单据的出单日期必须符合逻辑。也就是说,每一种单据的出单日期不能超过信用证规定的有效期限或按商业习惯的合理日期。例如,保险单、检验证的日期应早于提单的日期,而提单的日期不应晚于信用证规定的最迟装运期限,否则,就会造成单证不符。②交单议付不得超过信用证规定的交单有效期。例如,信用证不做规定,按国际商会《跟单信用证统一惯例》规定:"银行将拒绝接受迟于运输单据出单日期21天后提交的单据,但无论如何,单据也不得迟于信用证到期日提交。"

4. 简明

单证的内容在符合信用证或合同、商业习惯所规定的要求下,力求简明扼要,防止复杂烦琐,以利于减少差错,提高单证质量和工作效率。

5. 整洁

整洁是指单证表面的整洁、美观、大方,单证内容简洁明了。如果正确和完整是单证的内在质量,那么整洁则是单证的外观质量。它在一定程度上反映了一个国家的科技水平和一个企业的业务水平。单证是否整洁,不仅反映出制单人的业务熟练程度和工作态度,还会直接影响出单的效果。单证的整洁是指单证格式的设计和缮制力求标准化与规范化,单证内容的排列要行次整齐、主次有序、重点项目突出醒目,单证字迹清晰、语言通顺、语句流畅、用词简明扼要、恰如其分,更改处要盖校对章或简签。如单证涂改过多,应重新缮制单证。

(二)对单证工作人员的要求

随着外贸行业持证上岗制度实施力度的逐步加强,外贸从业资格证书受到越来越多用人单位与求职者的认可,市场上对外贸人才的要求也越来越高。首先表现在对从业者要求的提高上,即不仅要取得相应的资格证书,还要掌握足够丰富的专业知识。那么对单证员有哪些要求呢?

(1) 有相当的文化水平和一定的外语基础,基本能看懂信用证和往来函电,能用英文拟写单证内容和回复函电。

(2) 了解国际贸易术语,懂得一些外贸知识和国际地理知识,学习一些相关的产品知识。

(3) 掌握常用办公软件操作,打字技术熟练。工作耐心细致,有高度的责任感。

(4) 善于学习新知识,不断钻研业务,掌握一些贸易国别或地区的政策、风俗习惯。

(5) 做事细心认真,以免在制作单据的过程中出错,从而造成公司收不到货款。

(6) 善于与运输、商检、海关、银行等有关部门紧密协作。

(7) 细致、耐心、熟悉产品、熟悉外贸流程和公司内部流程、熟悉单证、吃苦耐劳、具有良好的职业道德。

综上所述,作为一名单证员,应具有扎实的国际贸易专业知识与娴熟的单证操作能力,单证工作涉及的业务杂、环节多,在对外签订、履行合同的过程中,其对外贸知识的掌握是十分重要的。目前,许多单证都是通过计算机制作完成的,从业人员必须具备操作计算机和有关应用软件的能力,了解电子商务方面的知识。同时,单证工作人员需要具备良好的英语水平。

 知识链接

检 验 机 构

世界各国为了维护本国的公共利益,一般会制定检疫、安全、卫生、环保等方面的法律,由政府设立监督检验机构,依照法律和行政法规的规定,对有关进出口商品进行严格的检验管理,这种检验称为法定检验、监督检验或执法检验。在国际贸易中,从事商品检验的机构多种多样,归纳起来,包括官方机构、非官方机构、生产制造厂商和用货单位或买方四类。我国从事进出口商品检验的机构有中华人民共和国海关总署及其设在全国各地的直属海关和隶属海关。除政府设立的官方商品检验机构外,许多国家还有由商会、协会、同业公会或私人设立的半官方或民间商品检验机构,担负着国际贸易货物的检验和鉴定工作。

目前在国际上比较有名望、有权威的民间商品检验机构有瑞士通用公证行(SGS)、英国英之杰检验集团(IITS)、日本海事检定协会(NKKK)、新日本检定协会(SK)、日本海外货物检查株式会社(OMIC)、美国安全试验所(UL)、美国材料与试验学会(ASTM)、加拿大标准协会(CSA)、国际羊毛局(IWS)、中国商品检验公司(CCIC)。

 思政园地

中国一汽砥砺奋进向"新"出发

中国第一辆汽车、第一辆东风牌小轿车、第一辆红旗牌高级轿车、第一个现代化汽车工业基地、第一个产销百万辆的企业……伴随着中国汽车工业发展成长起来的中国一汽,建厂70年来创造了中国汽车工业的多个"第一",交出了一份令人满意的答卷。

身为推动中国汽车工业崛起的亲历者、建设者和贡献者,中国一汽70年来始终坚持产业报国、工业强国,勇担建设汽车强国的"长子"责任。

回望中国一汽发展历程,从荒原建厂、三年实现投产,奠定中国汽车工业基础;到相继下线中国第一辆解放牌载货汽车、第一辆东风牌小轿车以及第一辆红旗牌高级轿车,结束了我国不能制造汽车的历史;再到建成我国第一个现代化汽车工业基地,完成中国汽车工业史上第一次大规模技术改造,中国一汽一步一个脚印,铸造了中国汽车发展史上一个又一个里程碑。进入新时代的创新发展期,中国一汽始终勇当建设汽车强国时代先锋。

伴随着全球汽车产业加速变革,电动化、智能化转型浪潮风起云涌,中国一汽加快推进高水平科技自立自强、掌控关键技术。

2023年7月14日,中国一汽科技创新基地正式启用,这是国内首个新能源智能网联创新园区。该基地2020年3月开始建设,2023年6月投入使用,总面积26万平方米,可容纳约3 000名技术人员开展创新研发。中国一汽科技创新基地的建成启用,彰显了中国一汽加快实施创新驱动发展战略的坚强决心,将进一步推动中国一汽高水平科技自立自强取得新成果,为新时代中国汽车产业高质量发展注入新动力。

作为中国汽车工业的排头兵,走在新时代,中国一汽将继续砥砺奋进向"新"出发,不负初心使命,领航中国汽车产业发展,为建设汽车强国提供有力支撑,绘制一幅"风景这边独好"的美好画卷。

资料来源:https://baijiahao.baidu.com/s?id=1772534165356053855&wfr=spider&for=pc。

任务二　掌握进出口单证的操作流程

任务导入

张爽入职大连欣欣进出口有限公司后,继续保持着勤奋、刻苦的工作态度,遇到问题虚心向前辈请教,因此短短几个月,她对公司业务就有了全面的认识,进步非常大。考虑单证员张爽已经对制单业务有了初步的认识,接下来公司将安排她对进出口工作过程中涉及的单证进行综合分析,掌握相关单证的操作程序,以便完成后续的履约工作。请跟随张爽一起完成相关工作任务。

一、出口单证的申领及操作流程

在我国出口贸易中,除大宗交易有时采用FOB(free on board,离岸价)条件成交外,多数采用CIF(cost insurance and freight,成本加保险费加运费)与CFR(cost and freight,成本加运费)条件成交,并采用即期信用证付款。履行此类出口合同,涉及面广、工作环节多、手续繁杂,且影响履约的因素很多。以信用证支付方式的CIF出口合同为例,履行出口合同的程序,一般包括备货、催证、审证、改证、租船、订舱、报关、报验、投保、装船、制单、结汇等工作环节,如图1-1所示。在这些工作环节中,以货(备货)、证(催证、审证和改证)、船(租船、订舱)、款(制单、结汇)四个环节的工作最为重要。只有做好这些环节的工作,才能防止出现"有货无证""有证无货""有货无船""有船无货""单证不符"或违反装运期等情况。我国对外贸易长期实践的经验表明,在履行出口合同时,应做好下列各环节的工作。

微课:出口单证的操作程序

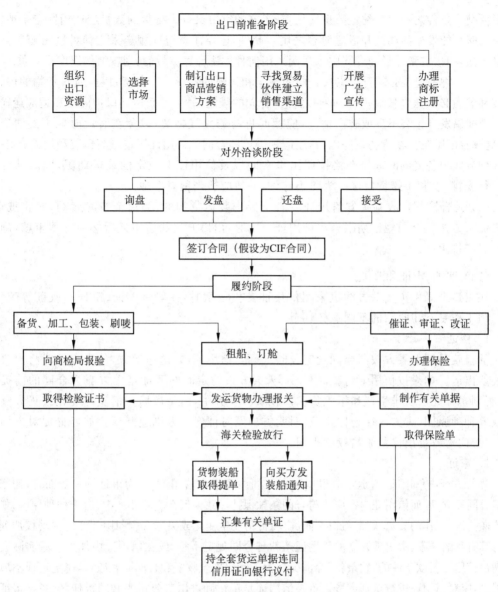

图 1-1　信用证支付方式的 CIF 出口合同履行

(一) 备货

为了保证按时、按质、按量交付约定的货物，在订立合同之后，卖方必须及时落实货源，备妥应交的货物，并做好出口货物的报验工作。

备货工作内容包括出口部门及时与生产加工单位或供应部门安排货物的生产、加工、收购和催交，认真核对应交货物的品质、规格、数量和包装、刷唛等工作。在备货工作中，应注意以下几个方面的问题。

(1) 货物的品质、规格必须与出口合同的规定一致。凡是凭规格等文字说明达成的合同，交付货物的品质必须与合同规定的规格等文字说明相符；凡是凭样品达成的合同，则必须与样品相符。若既凭文字说明，又凭样品达成的合同，则两者均须相符。

(2) 货物的数量必须符合出口合同和信用证的规定。货物的数量是国际货物买卖合同中的主要交货条件之一。按约定数量交货,是卖方的重要义务。备货的数量应适当留有余地,以备装运时可能发生的调换和适应舱容之用。此外,还要注意合同规定采用何种度量衡制度和计量方法,如按重量计量而合同中未写明采用何种方法计算重量的,则按惯例以净重计重。

(3) 货物的包装必须符合出口合同的规定和运输的要求。在备货过程中,对货物的内、外包装和装潢必须认真核对,一方面使之符合合同的规定;另一方面达到保护商品和适应运输的要求。如果发现包装不良或破损情况,应及时进行修整或换装,以免在装运时取不到清洁提单,造成收汇困难。在货物备齐以后,还应视需要和合同或信用证规定刷写包装和运输标志。

(4) 货物备妥的时间应严格按照出口合同以及信用证上规定的装运期限,同时结合船期进行安排,以利于船货衔接。为防止意外,一般应适当留有余地。

(5) 凡合同规定收到买方信用证后若干天内装运货物的,为保证按时履约,防止被动,应督促买方按照合同规定期限开出信用证。同时,出口方收到信用证后必须立即审核,确认后及时安排生产。

(二) 催证、审证和改证

在出口合同中买卖双方约定采用信用证支付货款时,一般有催证、审证和改证等工作,这三项工作是互相联系的不同业务环节。

1. 催证

催证就是催促买方按照合同规定及时地开立信用证,并送达卖方,使卖方按时将出口货物装船出运。如果按信用证付款条件成交,买方按约定时间开证是卖方履行合同的前提条件,否则卖方无法安排生产和组织货源。在实际业务中,由于市场行情发生变化或买方资金短缺等种种原因,买方往往会拖延,这时卖方应及时催促对方迅速开证。如经催促对方仍不履行,应向对方提出保留索赔权的声明。

2. 审证

当买方开出信用证后,卖方应根据买卖合同内容审查信用证,称为审证。一般而言,信用证依据合同开立,因而信用证内容应该与合同条款保持一致。但在实际业务中,由于种种原因,如电文传递错误、工作的疏忽、贸易习惯不同、市场行情发生变化或买方有意利用开证的主动权加列一些对其有利的条款,常出现开立的信用证条款与合同规定不符,或在信用证中加列一些实际上无法满足信用证付款条件的"软条款"等情况。为了确保安全收汇和合同顺利履行,避免造成不应有的损失,应对信用证进行认真审核。审核信用证是银行和进出口公司的共同责任,但各自审证的侧重点不同。银行负责审查开证行的资信能力、付款责任、索汇路线和信用证的真伪等方面的内容,而进出口公司则侧重审查信用证的内容与原订合同是否一致。在审证时应注意下列问题。

(1) 开证银行。开证银行的政治背景和资金情况与我方安全收汇有非常密切的关系,并且涉及国家的有关政策问题。所以凡是政策规定不与之进行经贸往来的国家的银行开来的信用证,均应拒绝接受,并请客户另行委托其他我方允许往来的银行开证。对资信差的开证银行,可采取适当措施。

(2) 信用证的性质。信用证的性质和开证银行所承担的责任是否明确具体,直接关系到出口货物能否安全收汇。所以来证必须注明为"不可撤销",并且在证内写明"开证银行保证付款"的字句。另外,要注意信用证内不得有限制性条款或其他保留条件。

(3) 信用证金额及采用的货币。信用证金额应与合同金额一致。如合同有溢短装条款,则信用证金额还应包括溢短装部分的金额。信用证采用的货币应与合同规定的货币一致。信用证金额中单价与总值必须填写正确,大、小写并用。

(4) 信用证应表明受国际商会最新出版的《跟单信用证统一惯例》的约束。

(5) 信用证中应载明所使用的贸易术语,并与买卖合同的规定一致。

(6) 有关货物的记载。注意信用证中对品名、数量或重量、规格、包装和单价等项内容的记载是否与合同的规定相符,有无附加特殊条款。如发现信用证与合同规定不符,应酌情做决定接受或修改。

(7) 有关装运期、信用证有效期和到期地点的规定。按惯例,一般信用证都必须规定一个交单付款、承兑或议付的到期日,未规定到期日的信用证不能使用。通常信用证中规定的到期日是指受益人最迟向出口地银行交单议付的日期。如信用证规定的是在国外交单的到期日,由于寄单费时且有延误的风险,一般应提请修改。否则,就必须提前交单,以防逾期。装运期必须与合同规定一致,如来证太晚,无法按期装运,应及时申请国外买方延展装运期限。信用证有效期与装运期应有合理的间隔,以便在装运货物后有足够的时间办理制单结汇工作。信用证有效期与装运期规定在同一天的,称为双到期。应当指出,双到期是不合理的,受益人是否就此提出修改,应视具体情况而定。

(8) 单据。对来证要求提供的单据种类、份数及填制方法等,要仔细审查。如发现有不适当的规定和要求,应酌情处理。

(9) 保险。对来证中有关保险金额和险别等项内容,必须认真审核。如发现与合同规定不符,应根据国家政策和中国人民保险公司有关规定加以处理。

(10) 其他特殊条款。审查来证中有无与合同规定不符的其他特殊条款。如发现有对我方不利的附加特殊条款,一般不宜接受。如对我方无不利之处,而且能办到,可酌情灵活掌握。

3. 改证

在审证过程中,如发现信用证内容与合同规定不符,应区别问题的性质,分别同有关部门研究,妥善予以处理。一般来说,如发现有不能接受的条款,应及时提请开证申请人修改。在同一信用证上,如有多处需要修改的,应当一次提出,尽量避免多次提出,否则不仅增加双方的手续和费用,而且会对外造成不良影响。对不可撤销信用证中任何条款的修改,都必须在有关当事人全部同意后才能生效,这是各国银行的惯例。应当指出,对来证不符合合同规定的各种情况,还要进行具体分析,不一定坚持全都办理改证手续。只要来证内容不违反政策原则和不影响安全顺利收汇,即可酌情灵活处理。

(三) 租船订舱

按 CIF 或 CFR 条件成交时,租船订舱由我方负责,而我方可将此项工作委托给中国对外贸易运输公司办理。出口货物数量较大,需要整船载运的,可由外运公司办理租船手续;出口货物数量不大,不需整船装运的,可由外运公司代为洽订班轮或租订部分舱位运输。租船订舱程序如下。

(1) 外运公司每月编印出口船期表并分发给各进出口公司。在表内列明航线、船名、国籍、抵港日期、截止收单期、预计装运日期和停挂港口的名称等项内容,供各进出口公司委托订舱时参考。

(2) 各进出口公司如货证齐全,即可办理托运手续。根据信用证和合同的有关运输条款,将货物名称、件数、装运港、装运日期等写在托运单(booking note,B/N)上,作为订舱的依据,在截止收单期以前送交外运公司。

(3) 外运公司在收到托运单后,会同中国外轮代理公司,根据配载原则,结合货物性质、数量、装运港和目的港等情况安排船只和舱位。然后,由外轮代理公司签发装货单(shipping order,S/O),作为通知船方收货装船的凭证。

(4) 船到港后,外运公司到仓库提取货物送到码头,经海关查验放行后,凭装船单装船。

(5) 装船完毕,由船长或大副签发大副收据(mate's receipt),载明收到货物的详细情况。托运人则凭大副收据向外轮代理公司交付运费后,换取正式提单。

(四) 通关环节

1. 报验

凡属法定检验的出口货物,必须根据国家有关进出口商品检验检疫方面的法规,在规定的时间和地点向当地海关办理检验检疫。经检验检疫合格后,由海关发给检验证书,海关才予以放行,否则不得出口。

申请报验须填写出口报验申请单,并附上合同和信用证副本等有关资料,供海关发证时参考。出口报验申请单的内容一般包括品名、数量(或重量)、规格、包装、产地等项目。出口单位在检验合格取得检验证书后,务必在有效期内运出货物。关于商品检验证书的有效期,一般货物是发证日期起二个月内有效;鲜果、鲜蛋类为2~3个星期内有效;动植物检疫证书20天内有效;鲜活商品证书14天内有效。如果超过有效期装运出口,应向海关申请延期,由海关复验合格后,才能出口。商检部门根据情况进行抽验换证,报验后发现申报检验单内容有误需要更正时,应填写更改申请书,并阐明理由。

2. 报关

报关是指货物装运前向海关办理申报手续。各进出口公司须填写出口货物报关单,连同其他必要的单证,如装货单、合同副本或信用证副本、发票、装箱单、检验检疫证书、出口许可证等交海关申报。货物经海关检验货、证、单相符无误,并在装货单上加盖放行章后,即可放行装船。

目前,我国的出口企业在办理报关时,既可以自行办理报关手续,又可以通过专业的报关经纪行或国际货运代理公司来办理。

(五) 投保

按照CIF贸易术语成交的出口合同,在装船前须由进出口公司及时向保险公司办理投保手续,填制投保单。出口商品的投保手续一般都是逐笔办理的。投保人投保时,应将货物名称、保额、运输路线、运输工具、开航日期、投保险别等一一列明。保险公司接受投保后,即签发保险单或保险凭证。

(六) 装船

货物装船后,在信用证规定的时间内,卖方应及时向买方发出装船通知。若按FOB或CFR价成交,卖方向买方发出装船通知,以便买方及时办理进口投保手续并做好接货准备。如果由于卖方未及时或未发出装船通知,对方未能办理保险,一旦货物遭受损失,卖方将承担责任。若按CIF价成交,卖方在装完船并取得提单后,也应及时向买方发出装船通知,以便买方了解装运情况和进行接货前的准备。

(七) 制单、结汇

出口货物装运之后,出口商即应按信用证要求缮制单据,并在信用证规定的交单有效期内,向有关银行办理议付、结汇手续。为了确保安全、迅速收汇,缮制单据时必须做到"正确、完整、及时、简明、整洁"。

1. 我国出口结汇的三种方式

（1）收妥结汇。收妥结汇又称先收后结或收妥付款，是指议付行收到出口商的出口单据后，经审查无误，将单据寄交国外付款行索取货款的结汇做法。这种方式下，议付行都是待收到付款行的货款后，即从国外付款行收到该行账户的贷记通知书（credit note）时，才按当日外汇牌价，将货款折成人民币拨入出口商的账户。

（2）定期结汇。定期结汇是指议付行根据向国外付款行索偿所需时间，预先确定一个固定的结汇期限，并与出口商约定，该期限到期后，无论是否已经收到国外付款行的货款，都主动将票款金额折成人民币拨交出口商。

（3）议付结汇。议付结汇又称买单结汇或出口押汇，是指议付行在审单无误的情况下，按信用证条款贴现受益人（出口商）的汇票或以一定的折扣买入信用证项下的货运单据，从票面金额中扣除从议付日到估计收到票款之日的利息，将余款按议付日外汇牌价折成人民币，拨给出口商。议付行向受益人垫付资金、买入跟单汇票后，即成为汇票持有人，可凭票向付款行索取票款。银行之所以做出口押汇，就是为了给出口商提供资金融通的便利，这有利于加速出口商的资金周转。

实践表明，由议付银行议付结汇是一种广为使用且行之有效的结汇方式。按《跟单信用证统一惯例》的规定，银行如仅审核单据，而不付出对价，不能构成议付。在信用证付款条件下推广议付结汇方式，有利于发展我国的出口贸易。

2. 信用证项下结汇的主要单据

信用证项下结汇的单据很多，主要有下列几种。

（1）汇票（bill of exchange，draft，B/E）。汇票一般开具一式两份，两份具有同等效力，其中一份付讫，另一份则自动失效。汇票内容应按信用证规定填写。

① 付款人。采用信用证方式时，汇票的付款人应按信用证规定填写。如来证未规定付款人名称，则认为是开证行。

② 受款人。除个别来证另有规定外，汇票的受款人应为议付行或托收行，即中国银行。

③ 出票依据。采用信用证方式时，应按来证规定的文句填写。如信用证内没有规定具体文句，可在汇票上注明开证行的名称、地点、信用证号码及开证日期。

（2）发票（invoice）。发票种类很多，通常指的是商业发票。此外，还有其他发票，如海关发票、领事发票和厂商发票等。

① 商业发票（commercial invoice）。商业发票是卖方开立的载有货物名称、数量、价格等内容的清单，是买卖双方交接货物和结算货款的主要单证，也是进出口报关完税必不可少的单证之一。

② 海关发票（customs invoice）。海关发票是某些国家的海关制定的一种固定的发票格式，是要求由卖方填写的单证。进口国家要求国外出口商按进口国海关规定的格式填写海关发票，主要作为估价完税或征收差别待遇关税、反倾销税的依据。此外，海关发票也可供编制统计资料之用。

③ 领事发票（consular invoice）。有些进口国家要求国外出口商必须向该国海关提供该国领事签证的发票，其作用与海关发票基本相似。有些国家规定了领事发票的特定格式，也有些国家规定可在出口商的发票上由该国领事签证。各国领事签发领事发票时，均需收取

一定的领事签证费。

④ 厂商发票(manufacturer's invoice)。厂商发票是由出口厂商所出具的以本国货币计算价格、用来证明出口国国内市场的出厂价格的发票,其作用是进口国海关可以据此估价、核税以及征收反倾销税。如国外来证要求提供厂商发票,应参照海关发票有关国内价格的填写办法处理,发票的抬头人应该是出口人。

(3) 提单(bill of lading)。提单是各种单据中最重要的单据,是确定承运人和托运人双方权利与义务、责任与豁免的依据。各船公司所印制的提单格式各不相同,但其内容大同小异,其中包括承运人、托运人、收货人、通知人的名称,船名,装卸港名称,有关货物和运费的记载,以及签发提单的日期、地点及份数等。

(4) 保险单(insurance policy)。按 CIF 条件成交时,出口商应代为投保并提供保险单,保险单的内容应与有关单据的内容衔接。例如,保险险别与保险金额应与信用证的规定相符;保险单上的船名、装运港、目的港、大约开航日期以及有关货物的记载,应与提单内容相符;保险单的签发日期不得晚于提单日期;保险单上的金额,一般应相当于发票金额加成10%。

(5) 产地证明书(certificate of origin)。产地证明书是一种证明货物原产地或制造地的证件。不用海关发票或领事发票的国家,要求提供产地证明,以便确定对货物应征收的税率。有的国家限制从某个国家或地区进口货物,因而要求以产地证明书来证明货物的来源。

产地证明书没有固定格式,内容没有统一规定。一般列明发票号、信用证号、货物名称、数量或重量,并注明中国出产或制造。

产地证明书一般由出口地的公证行或工商团体签发。在我国可由海关总署或各地贸易促进委员会签发。

(6) 普惠制单据(generalized system of preferences documents)。普惠制单据是给惠国的进口海关给受惠国减免关税的依据。目前,新西兰、加拿大、日本、欧盟等国家和地区给予我国普惠制待遇。对这些国家和地区的出口货物,需提供普惠制单据,作为进口国海关减免关税的依据。因此,填制单据时务必将单据中的有关内容填写正确,并符合各个项目的要求。一旦填错,就可能丧失享受普惠制待遇的机会。

(7) 装箱单和重量单(packing list and weight memo)。装箱单和重量单是用来补充商业发票内容的不足的,便于国外买方在货物到达目的港时供海关检查和核对货物。装箱单又称花色码单,列明每批货物的逐件花色搭配;重量单则列明每件货物的毛重和净重。

(8) 检验证书(inspection certificate)。各种检验证书分别用以证明货物的品质、数量、重量和卫生条件。在我国这类证书一般由海关总署出具。如合同或信用证无特别规定,也可以依据不同情况,由进出口公司或生产企业出具。但应注意,证书的名称及所列项目或检验结果,应与合同及信用证规定相同。

(八) 核销、退税

货物出运后,一般30天左右,货代会退还核销单和报关单。在收到退回来的核销单据时,要仔细检查,核销单和报关单是否盖有海关验讫章,报关单上还要有代理报关行的报关专用章和报关员的章。然后,先在海关网上进行交单和报送,并打印逐笔核销报表(盖公章),带上核销单、报关单(核销联和退税联)、水单和发票,到外汇局进行核销。核销后,在核销单上外汇局签注栏(两处)、报关单(核销联和退税联)和水单上盖上出口核销专用章。核销完后,把核销单上的核销专用联、报关单的核销联和水单、发票整理,归档。

出口退税全称为出口货物退/免税,其本质意义是指当企业的货物以出口为目的,在国内经过物流或者是生产运输环节产生的增值税、消费税等进行退还或是免缴,这样可以减轻国内企业产品的税收负担,提升产品的国际竞争力,让本国产品在不含税的情况下进入国际市场,提高企业的存活率以及收入。

核销完后,复印盖过核销专用章的水单(退税时会用到),连同增值税发票、报关单退税联、核销单退税联和发票等相关信息录入出口退税操作系统。需要提供预申报的数据U盘和打印的报表,去税务局进行预申报(或者是直接上传到税务局的预申报系统里);税务局系统里有信息,通知正式申报时,提供正式申报的数据U盘和报表去税务局退税。退税报表需盖公章和财务人员私章。具体流程如下。

打开"单一窗口"标准版门户网站(https://www.singlewindow.cn/)。

首次打开网站,也可单击门户网站标题旁"全部应用"展开菜单,或进入"业务应用—标准版应用"界面,直接选择要使用的应用,系统同样会跳转到登录界面。

"退税申报"模块中包含"外部数据管理"和"退税数据管理"两个模块。

(1)在生成申报数据页面,单击生成申报数据,可以生成申报数据。

(2)勾选想要远程申报的数据,单击"远程申报"按钮,即可做远程申报操作。

(3)进入"生成退税申报数据",可以对前面确认无误的明细数据进行检查、汇总以及生成数据进行上传和申报。

(4)按照右上角的按钮顺序进行操作,单击进行"数据一致性检查"。

(5)如果数据存在问题,会在界面中显示相关提示;显示为空白,则代表数据没有任何问题。

(6)检查无误后,再单击"生成汇总数据",选择生成的汇总所属期,填写当期的不得抵扣税额累加和期末留底税额。

(7)数据确认无误后,单击"生成申报数据",选择所属期,可以生成退税申报数据。

(8)生成数据后,会在"申报数据上传"这个页签中生成数据记录,随后勾选这笔数据,单击"数据自检"将数据上传进行自检申报。单击"自检状态查询"可以刷新自检进度。

(9)刷新自检进度,待数据自检完成后,自检的疑点反馈自动读入系统,进入"疑点反馈"页签查看是否存在疑点。

(10)如果数据不存在,不可跳过疑点,返回"申报数据上传"页签,在数据后面单击"确认申报",将数据转为正式申报。

(11)已生成申报的数据,自检存在不可跳过疑点,需要撤回修改数据,或转为正式申报的数据被税务局退回,都可以单击"撤销申报数据",撤回数据后进行修改和调整。

二、进口单证的申领及操作流程

进口通常分为一般贸易进口和进料加工企业的进口两种方式,进口单证的操作程序如下。

(一)申领进口许可证

进口企业需要进口的商品如果是国家限制进口商品,除国家另有规定外,都必须事先领取进口许可证,经国家批准经营该项进口业务的企业办

微课:单证员制单寄单流程

理进口订货。海关凭进口许可证查验放行。申请进口货物许可证的单位必须向发证机关提交进口货物许可证申请表,并提供厅、局级以上主管部门和归口审查部门批准进口的证件。经发证机关审核,符合有关规定,手续完备的,予以签发进口货物许可证。领到进口许可证后,方可对外订货。

(二) 申请开立信用证

采用以信用证为支付方式下,买方开立信用证是履行合同的前提条件,因此签订进口合同后,应按合同的规定办理开证手续。进口合同签订后,必须按合同规定的时间向银行办理申请开立信用证的手续,填制信用证申请书。银行开立的信用证的所有条款应以信用证申请书为依据。因此,填制信用证申请书时应注意各条款与合同条款相符。如合同规定在收到卖方货物备妥通知或在卖方确定装运期后开证,买方应在接到上述通知后及时开证;如合同规定在卖方领到出口许可证或支付履约保证金后开证,买方应在收到对方已领到许可证的通知或银行通知履约保证金已收讫后开证。买方向银行办理开证手续时,必须按合同内容填写开证申请书,银行将按开证申请书内容开立信用证,因此信用证的内容是以合同为依据开立的,它与合同内容应完全一致。信用证的开证时间应按合同的规定办理。如合同规定在卖方确定交货期后开证,买方则应在接到卖方上述通知后开证;如合同规定在卖方领到出口许可证或支付履约保证金后开证,则买方应在收到卖方已领到许可证的通知或银行转知保证金已照收后开证。

银行根据信用证申请书开立正式信用证。正本信用证由开证行寄交对方,副本信用证退交进口企业作为审核备查之用。对方收到信用证后,如提出修改意见,经我方同意,即向开证行提出改证要求,办理改证手续。最常见的修改内容有展延装运期和信用证有效期、变更装港、价格条件修改等。

(三) 租船订舱

当进口企业以 FOB 条件成交,进口企业必须负责派船到对方装运港接运货物。一般合同中应规定卖方在备妥货物后将预计装运期通知进口企业。进口企业在收到上述通知后,应及时到外运或外代公司办理租船订舱手续。在办妥租船订舱手续后,应及时把船名、船期通知对方,让对方做好备运工作,并应保持联系,随时掌握对方备货、装运的实际情况。

目前,我国大部分进口货物是委托中国对外贸易运输公司、中国租船公司或其他运输代理机构代办运输,也有的直接向中国远洋运输公司或其他办理国际货运的实际承运人办理托运手续。由于进口货物大多通过海洋运输并按 FOB 条件成交,所以做好租船订舱工作很重要。如合同规定卖方在交货前一定时间内应向买方发出货物备妥通知,则买方在接到该通知后应及时办理租船订舱手续。若卖方未及时发出该项通知,买方应及时催促卖方办理;若进口货物数量不大,但批次较多,为了节省时间和简化手续,也可事先委托卖方代为订舱。

按 FOB 条件卖方装船后,按照国际贸易惯例,应用电报向我方发出装船通知,以便对方办理保险和接货等项手续。

按 CIF 和 CFR 条件进口的货物由卖方负责租船订舱和安排装运。在此情况下,买方也应及时与卖方联系,以掌握对方备货与装运动态。

当买方办妥租船订舱手续后,为了防止船、货脱节的情况发生,买方应及时催促卖方做好备货装船工作,特别是对于数量大或重要的进口货物,更要催促卖方按时装船发货。必要时,可请买方驻外机构就地协助了解和督促卖方履约,或派人前往出口地点检验督促,以利于接运工作的顺利进行。

(四) 投保货运险

以 FOB、CFR 条件成交的进口合同,保险由进口企业办理。一般情况下,我国的进口企业都与保险公司签订预约保险合同,故投保手续简便。按预约保险合同规定,所有 FOB 或 CFR 条件进口货物的保险由保险公司承保,当进口企业收到国外装运通知后,立即缮制保险通知单,将船名、提单号、开船日期、估计到达时间、商品名称、发票金额、数量、装运港、目的港等内容通知保险公司,即作为办妥保险手续。保险公司则对该批货物负自动承保的责任,一旦发生承保范围内的损失,由保险公司负责赔偿。如进口企业未与保险公司签订预约保险合同,进口企业在收到对方的装船通知后,应立即到保险公司办理货物保险手续,填制投保单。保险公司接受投保,签发保险单后,对该批货物负承保责任。

(五) 审单付款

货物装船后,卖方即凭提单等有关单据向当地银行议付货款。议付行寄来单据后,经银行审核无误即通知买方付款赎单。如银行审单时发现单证不符或单单不符,应分不同情况进行处理。例如,拒付货款;相符部分付款,不符部分拒付;货到检验合格后再付款;凭卖方或议付行出具担保付款;在付款的同时提出保留索赔权。审单付款是进口履约程序中的重要环节,它关系到卖方提供单据的有效性,直接影响买方的及时、顺利收货。

(六) 报关、报验与检验

1. 报关

买方付款赎单后,进口货物运抵目的港,进口货物的收货人或其代理人开始进口报关。进口报关是指进口收货人或其代理人应在海关规定的期限内,向海关提交进口货物报关单及有关货物单据,办理申报手续。海关以申报单据为依据,对进口货物进行实际核对和检查,以确保货物合法进口。经海关查验无误后,进口货物的纳税人应在规定时间内缴纳关税和其他税费,以取得海关对货物的放行。

2. 报验与检验

进口报验是指有些进口货物要向海关申请检验,以判明进口商品的规格、质量、数量、技术性能等是否符合国家规定或订货合同的规定。进口货物的收货人在向海关申请检验时,要正确填写进口货物报关单,并提供合同和有关单证与资料。买方为了在规定时效内对外提出索赔,凡属下列情况的货物,均应在卸货口岸就地报验。

(1) 合同写明需在卸货港检验的货物。
(2) 合同规定货到检验合格后付款的货物。
(3) 合同规定的索赔期限很短的货物。
(4) 货物卸离海轮时已发现残损、短少或有异状或提不到货等。

凡属法定检验的进口货物到达后,用户或接运货物的单位必须向卸货口岸或到达站的海关登记,海关在报关单上加盖"已接受登记"的印章,即凭此印章验放。如合同有约定,检验在约定地点进行;如合同没有约定,则在卸货口岸、到达站或海关指定的地点进行。如卸货时发现残损、短少,则必须及时检验。凡需要结合安装调试的机电、仪器产品和成套设备,可酌情在收货人所在地进行检验。

法定检验的进口货物经登记后,收货人即应在规定的时间和地点,持买卖合同、发票、装箱单和货运单等有关单证向海关报验。海关对已报验的货物,应在索赔期限内检验完毕,并出具相应的检验检疫证书。非法定检验的进口货物,如合同规定由海关检验的,应按规定办理报验和检验;如合同未规定由海关检验,但卸货口岸已发现有残、损、短缺情况,应及时向口岸海关申请检验出证。其他情况下,由收货人按合同规定验收。

(七)提取与运交货物

进口货物的报关、纳税等手续办完后,即可在报关口岸按规定提取货物或运交货物。在进口货物卸货时,港务局也应该进行核对。如发现货物短少,即填制短卸报告交船方签认,并向船方提出保留索赔权声明;如发现货物残损,即将货物存放于海关指定仓库,由保险公司会同当地海关出具检验证明,以便在有效索赔期内对外索赔;如用货单位在卸货口岸附近,则就近运交货物;如用货单位不在卸货地区,则委托货运代理将货物转运内地,并运交给用货单位。

(八)办理索赔

在履行进口合同的过程中,往往因卖方未按期交货,或货到后发现品质、数量和包装等方面有问题,致使买方遭受损失,而需向有关责任方提出索赔。根据造成损失原因的不同,进口索赔主要有以下三个方面。

1. 向卖方索赔

凡属于货物品质、规格与合同规定不符,原装数量不足,包装不良致使货物受损,未按期交货或根本不交货等,均可向卖方索赔。

2. 向承运人索赔

凡属于货物数量少于提单所载数量;提单为清洁提单,而货物残损且属于承运人过失所致的;货物所受的损失,根据租船合约有关条款应由船方负责等,均可向承运人索赔。

3. 向保险公司索赔

凡属于自然灾害、意外事故或运输中其他事故的发生致使货物遭受损失,并且属于投保险别承保责任以内的;凡承运人不予赔偿或赔偿金额不足抵补损失的部分,并且属于承保范围之内的,均可向保险公司索赔。办理索赔时,应注意以下几个问题。

(1)索赔证据。首先,应制备索赔清单,随附商检局签发的检验证书、发票、装箱单、提单副本。其次,对不同的索赔对象要另附其他有关证件。向卖方索赔时,如果属于 FOB 或 CFR 价格成交的合同,还要随附保险单一份;向承运人索赔时,还应另附由船长及港务理货员签发的理货报告及船长签发的短缺或残损证明;向保险公司索赔时,还应另附保险公司与买方的联合检验报告等。

(2)索赔金额。索赔金额应适当确定,除包括受损商品价值外,还应加上有关费用,如商品检验费、装卸费、银行手续费、仓租、利息等。索赔金额究竟多少,其中应包括哪些费用,应视具体情况而定。

(3)索赔期限。向责任方提出索赔,应在规定的期限内提出,过期提出则索赔无效。在买卖合同中,一般规定了索赔期限,如向卖方索赔,则应在规定期限内提出。如合同未规定索赔期限,则按《联合国国际货物销售合同公约》规定,买方向卖方声称货物不符合合同规定的时限,是买方实际收到货物之日起两年;向船公司索赔的时限,按《海牙规则》的规定,是货物到达目的港交货后一年;向保险公司索赔的时限,按《中国人民保险公司海洋运输货物保险条款》的规定,为货物在卸货港全部卸离海轮后两年。

(4) 卖方的理赔和补救。进口货物发生损失,除属于承运人和保险公司的索赔责任外,如属于卖方必须承担的责任,应直接向卖方要求索赔,防止卖方制造借口推卸责任。除此之外,买卖双方还可以根据具体情况采取一些其他补救办法:由买方给予卖方一段合理时间,让卖方继续履行其义务;降低价格;交付替代货物;进行修理。

综上所述,履行进口合同需要经过各个工作环节,其中有些基本环节是不可缺少的。应当指出,履行进口合同的环节及其工作内容,主要取决于合同的类别及交易双方约定的支付条件,如图 1-2 所示。例如,在履行凭信用证付款的 FOB 进口合同时,上述许多业务环节都很重要,甚至是不可缺少的,但是在履行凭其他付款方式和其他贸易术语成交的进口合同时,其工作环节有所区别。在采用汇付或托收的情况下,就不存在买方开证的工作环节;在履行 CFR 进口合同时,则买方不负责租船订舱,此项工作由卖方办理;在履行 CIF 进口合同时,买方不仅不承担货物从装运港到目的港的运输任务,而且不负责办理货运投保手续,此项工作由卖方按约定条件代为办理。

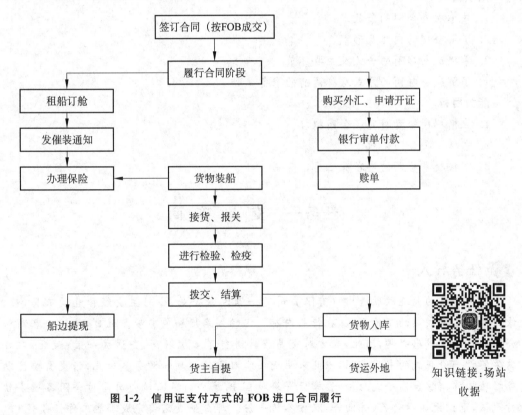

图 1-2　信用证支付方式的 FOB 进口合同履行

实训操练

1. 背景资料

2023 年 3 月,沈阳天天进出口贸易公司与韩国 YOUDA 公司签订了一笔买卖纯棉衬衫的进出口合同。买方按要求开来了不可撤销的即期信用证。

2. 要求

根据上述背景资料,结合教学内容,分析单证的制作要求。

模块二

交易磋商与合同条款

📰 **学习目标**

知识目标
1. 熟悉贸易合同的条款。
2. 了解合同的内容及形式。
3. 掌握交易磋商的含义及主要环节。
4. 了解交易磋商的方式及磋商前的准备工作。

能力目标
1. 能根据所给资料完成合同拟订。
2. 掌握主要合同条款。
3. 掌握交易磋商的内容及程序。

任务一 交易磋商

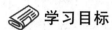 **任务导入**

张爽所在的大连欣欣进出口有限公司是一家私营企业,公司主要经营电动工具,目前,该公司有比较成熟的工作团队,在行业内有一定的知名度和美誉度。近日,英国一客商对该公司的产品比较感兴趣,因此,双方对交易条件进行了多次磋商,并达成一致;最后,双方还需要签订一份正式的书面合同,以此来明确买卖双方的权利和义务。对此,张爽需要协助业务经理拟订销售合同一式两份,签章后寄给英国F.F公司。F.F公司需对合同各项条款进行审核,审核无误后会签,并回寄,双方各持一份。那么张爽需要完成哪些工作任务呢?

交易磋商(business negotiation)是指买卖双方通过直接洽谈或函电的形式,就某项交易的达成进行协商,以求完成交易的过程。

交易磋商是国际贸易的重要环节之一,商品的国际交易能否顺利签订合同,主要取决于交易双方对交易条件磋商的结果。交易双方为了争取有利的贸易条件,经常会产生争端。因此,双方要在平等互利的基础上,通过友好协商,尽量争取达到双赢;还要保证所达成的协议符合各自国家的法律和规定,以及国际贸易惯例。

一、交易磋商的方式

交易磋商的方式主要有直接洽谈方式（口头磋商）和函电磋商方式（书面磋商）两种。

1. 口头磋商

口头磋商是指在谈判桌上面对面的谈判或通过现代语音通信手段进行的交易磋商。具体而言，既可以是在各种交易会、洽谈会或展览会上的洽谈，也可以是代表团出访或邀请国外客户来华洽谈等。其优点是可以使双方及时、准确地了解对方的合作态度，根据具体进展随时调整战略，但最大劣势在于成本相对较高。

2. 书面磋商

书面磋商是指通过信函、传真、电子邮件或互联网等通信方式洽谈。目前，多数企业使用传真。随着现代化通信技术的发展，书面磋商越来越简便易行，而且费用与口头磋商相比有时还更低廉一些，因此，书面磋商成为日常业务中的常用做法。

二、交易磋商前的准备

微课：做好交易磋商的前期准备

在交易磋商前，需要准备的事项很多，主要包括下列内容。

1. 选配素质较高的洽谈人员

为了保证洽商交易的顺利进行，事先应选配精明能干的洽谈人员，尤其是对一些大型的和内容复杂的交易，更要组织一个强有力的谈判班子。这个谈判班子必须包括熟悉商务、技术、法律和财务方面的人员，这些人员应具备较高素质，要善于应战，善于应变，并善于谋求一致，这是确保交易成功的关键。

2. 选择较理想的目标市场

在交易磋商之前，必须从调查研究入手，通过各种途径广泛收集市场资料，加强对国外调拨供销、价格动态、政策法令措施和贸易习惯等方面情况的调查研究，以便择优选择较理想的目标市场和合理稳定的市场布局。

3. 选择适当的交易对象

在交易磋商之前，必须通过各种途径对客户的政治文化背景、资信情况、经营范围、经营能力和经营作风等方面的情况进行了解和分析。为了正确地选择和利用客户，需要建立和健全客户档案，以便对各种不同类型的客户进行分类排队，做到心中有数，并实施区别对待的政策。

4. 正确制订洽商交易的方案

洽商交易的方案是指为了完成某种或某类商品的进出口任务而确定的经营意图，需要达到的预定目标以及为实现该目标所应采取的策略步骤和做法，它是对外洽谈人员遵循的依据，方案内容繁简不一。对大宗进出口商品交易所拟订的经营方案，一般比较详细具体，尤其是制订某些大宗交易或重点商品的谈判方案时，更要考虑周全，因为谈判方案的完善与否，是决定交易成败的关键。至于对一般中小商品的进出口，则只要拟订简单的价格方案即可。

微课：熟悉交易磋商的一般程序　　动画：交易磋商的一般程序　　动画：询盘与回复　　动画：报价与还价　　动画：接受

三、交易磋商的内容及程序

（一）交易磋商的内容

交易磋商的内容涉及拟签订的买卖合同中的各项条款，包括品名、品质、数量、包装、价格、装运、支付、保险以及商品检验、索赔、仲裁和不可抗力等。其中以前七项为主要内容或主要交易条件。买卖双方欲达成交易、订立合同，必须至少就这七项交易条件进行磋商并取得一致意见（特殊情况可以例外）。其他交易条件，特别是检验、索赔、不可抗力和仲裁，它们虽非成立合同不可缺少的内容，但是为了提高合同质量，防止和减少争议的发生，以及便于解决可能发生的争议，买卖双方在交易磋商时也不容忽视。

（二）交易磋商的程序

交易磋商可以是口头的（面谈或电话），也可以是书面的（传真、电传或信函）。交易磋商的过程可以分为询盘、发盘、还盘和接受四个环节，其中发盘和接受是必不可少的，是达成交易所必经的法律步骤。

1. 询盘

询盘（inquiry）是交易的一方向对方探询交易条件，表示交易愿望的一种行为。询盘可由买方做出，也可由卖方做出，内容可详可略。例如，买方询盘："有兴趣东北大米，请发盘"，或"有兴趣东北大米，10月装运，请报价"。询盘对交易双方均无约束力。

2. 发盘

发盘（offer）也叫发价，是指交易的一方（发盘人）向另一方（受盘人）提出各项交易条件，并愿意按这些条件达成交易的一种表示。发盘在法律上称为要约，在发盘的有效期内，一经受盘人无条件接受，合同即告成立，发盘人承担按发盘条件履行合同义务的法律责任。发盘多由卖方提出，也可由买方提出。实务中常见的是由买方询盘后，卖方发盘，但也可以不经过询盘，一方径直发盘。

3. 还盘

受盘人不同意发盘中的交易条件而提出修改或变更的意见称为还盘（counter offer）。还盘在法律上又称反要约。还盘实际上是受盘人以发盘人的地位发出的一个新盘。原发盘人成为新盘的受盘人。还盘又是受盘人对发盘的拒绝，发盘因对方还盘而失效，原发盘人不再受其约束。还盘可以在双方之间反复进行，还盘的内容通常仅陈述需变更或增添的条件，对双方同意的交易条件不用重复。

4. 接受

接受（acceptance）是受盘人在发盘的有效期内，无条件地同意发盘中提出的各项交易条件，愿意按这些条件和对方达成交易的一种表示。接受在法律上称为承诺，接受一经送达发盘人，合同即告成立。双方均应履行合同所规定的义务并拥有相应的权利。

如交易条件简单,接受中无须复述全部条件。如双方多次互相还盘,条件变化较大,还盘中仅涉及需变更的交易条件,则在接受时宜复述全部条件,以免疏漏和误解。

知识链接

《2020国际贸易术语解释通则》变更清单

《国际贸易术语解释通则》(International Rules for the Interpretation of Trade Terms,INCOTERMS)是1936年国际商会为统一各种贸易术语的不同解释制定的,随后,为了适应国际贸易实践发展的需要,国际商会先后于1953年、1967年、1976年、1980年和1990年进行过多次修订和补充。国际商会(ICC)新公布的2020年版本《国际贸易术语解释规则》已于2011年1月1日生效,共11种,按照运输方式可以分为两大类:第一类,适合任何运输方式;第二类,适用于水上运输(即海运、内河运输)。

关于FCA,如果双方同意卖方按照FCA(货交承运人)要求将货物交付集装箱码头,买方可以指示承运人在卸货时向卖方签发已装船提单。

关于CIP术语下买方投保要投最高险别,如CIC一切险和ICC(A)险,而CIF术语下投保险别要求保持不变,仍投最低险别即可。

关于DPU,Incoterms 2020中DAT改为DPU,DPU术语的交货地点仍旧是目的地,但这个目的地不再局限于运输的终点,而可以是任何地方。

自定义运输方式的承运:FCA、DAP、DPU、DDP允许买方/卖方使用自己的运输工具(2010通则中规定的是"第三方承运人")。

对担保义务更清晰的分配:INCOTERMS 2020包括运输义务和成本中与安全相关的要求,每个术语下都明确规定了与安全有关的义务分配规则以及相应的费用承担方式,并且2020通则中对双方应该承担的费用提供了"一站式费用清单"。

微课:合同的商定

四、合同形式及内容

(一)合同形式

合同形式又称合同的方式,是当事人合意的表现形式,即合同内容的外在表现。在现代合同法中,合同形式的重要性正在逐步下降,合同原则上奉行形式自由的原则,当事人可以采用书面形式、口头形式或其他形式,一般不会因欠缺形式要件而无效。《中华人民共和国民法典》合同编第四百六十九条规定:当事人订立合同,可以采用口头形式、书面形式或者其他形式。

动画:进口合同履行程序

1. 口头形式

合同的口头形式是以口头语言的方式订立合同,其意思表示都是用口头语言的形式表示的,没有用书面语言记录下来。当事人直接运用语言对话的形式确定合同内容,订立合同,是口头合同。

2. 书面形式

合同的书面形式是指以文字等有形的表现方式订立合同的形式。合同书和合同确认书是典型的书面形式的合同,即"书面形式是合同书、信件等可以有形地表现所载内容的形式"。书面形式的合同能够准确地固定合同双方当事人的权利和义务,在发生纠纷时有据可查,便于处理。因此,法律要求凡是比较重要、复杂的合同,都应当采用书面形式订立合同。使用数据电文,包括电报、电传、传真、电子数据交换和电子邮件等订立的合同,都是能够有形地表现所载内容,并且可以随时调取查用的电子数据,具有与文字等形式订立的合同相同的属性。因而,对于这一类用数据电文订立的合同,视为书面合同,承认其书面合同的效力。

3. 其他形式

合同的其他形式有两种:①当事人未以书面形式或以口头形式订立合同。但从双方从事的民事行为能够推定双方有订立合同意愿的,可以认定是合同的其他形式。②法律另有规定或者当事人约定采用公证形式、鉴证形式订立的合同。

(二)合同内容

1. 合同名称等表明合同自身的情况

除合同名称外,在这部分内容中还应当包括合同号,即通常是由一组数字和字母所组成的号码。

2. 合同当事人的情况

在国际货物买卖合同中必须将双方当事人的情况规定清楚,因为只有这样,才能明确谁是合同项下权利义务的主体。通常通过以下各项内容规定当事人的情况。

(1)当事人的名称或姓名。

(2)当事人的国籍。

(3)当事人的注册地址、营业地点或住所。

(4)当事人的电话、电传、电报及传真号码。

(5)当事人的银行账户。

3. 签订合同的时间与地点

为了确定当事人合同项下权利义务开始的时间,以及计算合同中所规定的一些履约期限,必须在合同中明确规定合同订立的时间。同时,也应当在合同中将签订合同的地点规定清楚,因为在很多情况下,合同的订立地与合同的法律适用紧密相关。

4. 合同标的的名称、种类、范围、质量、标准、规格和数量

为了明确特定合同项下的特定标的,就应当在合同中把合同标的的名称、种类和范围做出明确的规定。但是,为了明确特定合同项下的特定标的,仅规定标的的种类和范围是不够的,还必须对合同标的的质量、标准、规格和数量加以规定,这样才能达到此目的。

对于散装货物和其他不容易精确计算装运量的货物等,在规定合同标的数量时,通常需规定溢短装条款。

5. 履行合同的期限、地点和方式

合同当事人双方履行其合同义务,都必须按照合同规定的期限、地点和方式来进行。因此,合同中必须对履行合同的期限、地点和方式做出明确的规定。

6. 价格条件、支付金额、支付方式和各种附带费用

支付货款是买方的基本合同义务之一,相应地收取货款是卖方的基本合同权利之一。因此,合同中必须明确地规定价格条件、支付金额、支付方式和各种附带费用。

在现代国际贸易实务中，当事人经常采用国际商会《国际贸易术语解释通则》中的国际贸易术语（即价格术语）作为价格条件。此种价格术语是以货物的单价所包括的内容来表示的。在支付金额条款中，应当规定支付货款的币种和合同总价格。在支付方式条款中，应当规定支付货款的具体方式，如现金支付、汇付、托收或信用证。还应当规定付款的期限，以及是否允许分期付款等事项。

在采取跟单托收和跟单信用证付款的情况下，应当进一步规定以跟单托收或跟单信用证付款时的全部条件。应当注意的是，这里的付款条件是指单证化的付款条件。还应当注意的是，在现代国际贸易实务中，通常当事人会在合同中引用国际商会的《托收统一规则》和《跟单信用证统一惯例》。因此，合同中规定的付款条件不应与《托收统一规则》或《跟单信用证统一惯例》中的相关规定相矛盾。

7. 包装与唛头

为使卖方依一定的规则履行其交货义务，在合同中应当规定货物的包装与唛头。在规定包装条款时，应当注意货物的特性、具体运输方式及运输时间的要求。

所谓"唛头"，即"运输标识"。在货物上喷刷唛头的目的是方便货物运输、划分与移交。

8. 运输

国际货物买卖合同很多涉及货物的运输。合同中的运输条款主要应当规定以下内容：运输方式、装运时间与地点、目的地、转运与分批运输事项、运输中的通知、联络事项等。应当注意的是，在合同采用价格术语的条件下，运输条款的内容应当与合同中所使用的价格术语相协调。

9. 单证

为使卖方能够在合同规定的条件下收取货款，合同中必须规定单证条款，在以托收和信用证为支付方式的场合，尤其如此。

合同一经订立，就成为具有法律效力的文件，对双方都有约束力。在订立书面合同时，应做到内容完备、条款明确、文字严密、条款间相互衔接，且与磋商的内容要一致，以利于合同的履行。

 实例体验

DALIAN XINXIN IMPORT & EXPORT CO., LTD.
62, RENMIN ROAD DALIAN, CHINA

销售确认书　　　　　S/C NO.: DL2023
SALES CONFIRMATION　　DATE: SEP. 07, 2023

电话 TEL: 0411-8937××××
传真 FAX: 0411-8937××××
TO MESSRS:
　　F.F COMPANY
　　3-7 HOLY GREEN LONDON UK

微课：销售合同　　动画：买卖
缮制示范　　　　　合同订立

兹经买卖双方同意成交下列商品，订立条款如下：
THE UNDERSIGNED SELLERS AND BUYERS
HAVE AGREED TO CLOSE THE FOLLOWING TRANSACTION ACCORDING TO

THE TERMS AND CONDITIONS STIPULATED BELOW:

唛头 SHIPPING MARK	货物描述及包装 DESCRIPTION OF GOODS, PACKING	数量 QUANTITY	单价 UNIT PRICE	总值 AMOUNT
M.E DL2023 LONDON C/NO. 1-60	POWER TOOLS KK1 KK2 KK3 PACKED IN ONE CARTON OF 10PCS EACH	300PCS 200PCS 100PCS	CFR LONDON USD10.00 USD13.00 USD15.00	USD3 000.00 USD2 600.00 USD1 500.00
TOTAL		600PCS		USD7 100.00

装运港 LOADING PORT:DALIAN PORT
目的港 DESTINATION:LONDON PORT
装运期限 TIME OF SHIPMENT:LATEST DATE OF SHIPMENT OCT. 30,2023
付款条件 TERMS OF PAYMENT:IRREVOCABLE L/C AT SIGHT
分批装运 PARTIAL SHIPMENT: ALLOWED
转船 TRANSSHIPMENT:PROHIBITION
保险 INSURANCE:TO BE EFFECTED BY SELLERS FOR 110% OF FULL INVOICE VALUE COVERING   ALL RISKS AND WAR RISK.

Remarks:

1. The buyer shall have the covering letter of credit reach the seller 30 days before shipment, failing, which the seller reserves the right to rescind without further notice, or to regards still valid whole or any part of this contract not fulfilled by the buyer, or to lodge a claim for loss sustained, if any.

2. In case of any discrepancy in quality, claim should be filed by the buyer within 130 days safer the arrival of the goods at port of destination; while for quantity discrepancy, claim should be filed by the buyer within 150 days after the arrival of the goods at port of destination.

3. For transactions concluded on C.I.F. basis, it is understood that the insurance amount will. be for 110% of the invoice value against the risks specified in the sales confirmation. If additional insurance amount or coverage required, the buyer must have the consent of the seller before shipment, and the additional premium is to be borne by the buyer.

4. The seller shall not hold liable for non-delivery or delay in delivery of the entire lot or apportion of the goods here under by reason of natural disasters, war or other causes of force.

5. Majeure, however, the seller shall notify the buyer as soon as possible and furnish the buyer within 15 days by registered airmail with a certificate issued by the China council for the promotion of international trade attesting such event(s).

6. All deputies arising out of the performance of, or relating to this contract, shall be settled through negotiation. In case no settlement can be reached through negotiation, the case shall

then be submitted to the China international economic and trade arbitration commission for arbitration in accordance with its arbitral rules. The arbitration shall take place in Shanghai. The arbitral award is final and binding upon both parties.

7. The buyer is requested to sign and return one copy of this contract immediately after contract immediately after receipt of the same. Objection, if any, should be raised by the buyer within 3 working days, otherwise it is understood that the buyer has accepted the terms and conditions of this contract.

8. Special conditions, these shall prevail over all printed terms in case of any conflict.

买方 THE BUYER： 卖方 THE SELLER：

买方 THE BUYER：JOHN   THE SELLER：ZHANG SHUANG
F.F COMPANY   DALIAN XINXIN I/E CORP.

任务二　合同条款

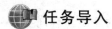 任务导入

张爽在大连欣欣进出口有限公司工作一段时间后，已经对公司的业务有了初步的了解。近期公司经理与英国F.F进出口贸易公司Lisa经理进行了进一步的洽商。洽谈中张爽将公司的进出口贸易合同的一般交易条款（包括商检、不可抗力、异议和仲裁等）和公司的产品介绍交给了Lisa。双方需要签订一份正式的书面合同，对此，张爽需要熟悉相关合同条款，并拟订销售合同一式两份。请思考张爽的具体工作任务有哪些。

国际货物买卖合同是地处不同国家的当事人双方买卖一定货物达成的协议，是当事人各自履行约定义务的依据；也是一旦发生违约行为时，进行补救、处理争议的依据。为此，一项有效的国际货物销售合同必须具备必要的内容，否则就会使当事人在履行义务、进行违约补救或处理争议时产生困难。一般来说，国际货物销售合同应包括以下九个方面的基本内容。

一、品质条款

商品的品质（quality of goods）是指商品的内在素质和外观形态的综合。前者包括商品的物理性能、机械性能、化学成分和生物的特性等自然属性；后者包括商品的外形、色泽、款式或透明度等。

在出口交易中，商品品质主要有以实物表示和以说明表示两种表示方法。

（一）以实物表示品质

以实物表示品质包括凭现货成交和凭样品成交。

1. 凭现货成交

当买卖双方采用看现货成交时，则买方或其代理人通常在卖方存放货物的场所验看货物，一旦达成交易，卖方就应按对方验看过的商品交货。只要卖方交付的是验看过的货物，

买方就不得对品质提出异议。这种做法多用于寄售、拍卖和展卖业务中。

2. 凭样品成交

样品通常是指从一批商品中抽出来的或由生产、使用部门设计、加工出来的,足以反映和代表整批商品品质的少量实物。

在国际贸易中,按样品提供者的不同,可分为以下几种。

(1) 卖方样品(seller's sample)。

(2) 买方样品(buyer's sample)。

(3) 对等样品(counter sample),又称确认样品。

(二) 以说明表示品质

所谓以说明表示品质,是指用文字、图表、照片等方式来说明成交商品的品质。在这类表示品质方法中,可细分为以下几种。

(1) 凭规格买卖(sale by specification)。

(2) 凭等级买卖(sale by grade)。

(3) 凭标准买卖(sale by standard)。

(4) 凭说明书和图样买卖(sale by descriptions and illustrations)。

(5) 凭商标(trade mark)或品牌(brand mark)买卖。

(6) 凭产地名称(name of origin)买卖。

品质机动幅度(quality latitude)是指经交易双方商定,允许卖方交货的品质与合同要求的品质略有不同,只要没有超出机动幅度的范围,买方就无权拒收。

品质公差(quality tolerance)是指国际性工商组织所规定的或各国同行业所公认的产品品质的误差。

品质的增减价条款依附于品质条款,是卖方交付货物的品质与合同中品质条款的要求出现差异时,对货物价格所做相应调整方面的规定。

品质条款的基本内容是所交易商品的品名、等级、标准、规格、商标或牌号等,如表 2-1 所示。品质条款是商品说明的重要组成部分,也是交易双方在交接货物时对货物品质界定的主要依据。

表 2-1 品质条款的基本内容

项 目	内 容	样 例
品质条款	在凭样品买卖时,合同中除要列明商品的名称外,还要定明样品的编号,必要时列出寄送的日期	玩具车,货号 AS12,60 厘米,有帽子和围巾,根据卖方于 2023 年 6 月 20 日寄送的样品 Art. No. AS12,60cm,toy car,with caps and scarf,as per the samples dispatched by the seller on JUN. 20,2023
	在凭文字说明买卖时,应根据具体情况在合同中对选用规格、等级、标准、牌名、商标或产地等方法进行品质说明	花生,水分(最高)19%,杂质(最高)4%,含油量(最低)30%(如实际装运货物的油量高于或低于规定的 1%,价格应相应增减 1%) Peanut, Moisture (max.) 19%, Admixture (max.) 4%, Oil Content (min.) 30% (Should the oil content of the goods actually shipped be 1% higher or lower, the price will be accordingly increased or decreased by 1%)

(三) 订立品质条款时的注意事项

(1) 根据商品的特性来确定表示的方法。例如,工艺品用样品表示;土特产用产地表示;机电产品用说明书、图样表示。

(2) 凡能用一种方法表示品质的,一般不宜用两种或两种以上的方法来表示。

(3) 品质描述准确具体,科学合理,避免笼统含糊,如大约、左右;又忌绝对化,如棉布无瑕疵。

(4) 重视应用品质机动幅度(如规定范围、规定极限、规定上下差异)和品质公差(如允许交付货物的特定质量指标有在公认的一定范围内的差异),掌握灵活性。

二、数量条款

(一) 数量条款的基本内容

合同中的数量条款一般包括商品的具体数量、计量单位及/或数量机动幅度的规定,如表 2-2 所示。

表 2-2 数量条款的基本内容

项 目	内 容	样 例
数量条款	在国际贸易实务中,根据商品的不同性质,通常使用的计量单位有重量、容积、个数、长度、面积和体积六种。其中重量可以按净重、毛重、"以毛作净"、公量和理论重量等方法进行计量	中国大米,200公吨,以毛作净,卖方可溢短装 5%,增减部分按合同价计算 Chinese rice, 200M/T gross for net, 5% more or less at seller's option at contract price

(二) 商品数量的计量单位和重量的计算方法

1. 商品数量的计量单位

国际贸易中的不同商品,通常采用以下计量单位。

(1) 按重量:克、公斤、公吨、长吨、短吨、磅、克拉。

(2) 按个数:件、双、套、打、罗、令、卷。

(3) 按长度:米、英尺、码。

(4) 按面积:平方米、平方英尺、平方码。

(5) 按体积:立方米、立方英尺、立方码。

(6) 按容积:公升、加仑、夸特。

由于世界各国的度量衡制度不同,同一计量单位所表示的数量不一。在国际贸易中,通常采用公制(The Metric System)、英制(The Britain System)、美制(The U. S. System)和国际标准计量组织在公制基础上颁布的国际单位制(The International of Unit)。根据《中华人民共和国计量法》规定:"国家采用国际单位制。国际单位制计量单位和国家选定的其他计量单位,为国家法定计量单位。"目前,除个别特殊领域外,一般不许再使用非法定计量单位。我国出口商品,除照顾对方国家贸易习惯约定采用公制、英制或美制计量单位外,应使用我国法定计量单位。我国进口的机器设备和仪器等应要求使用法定计量单位。否则,一般不许进口。如确有特殊需要,也必须经有关标准计量管理部门批准。

上述不同的度量衡制度导致同一计量单位所表示的数量有差异。例如,就表示重量的吨而言,实行公制的国家一般采用公吨,每公吨为 1 000 公斤;实行英制的国家一般采用长吨,每长吨为 1 020 公斤;实行美制的国家一般采用短吨,每短吨为 903 公斤。此外,有些国家对某些商品还规定了自己习惯使用的或法定的计量单位。

2. 重量的计算方法

在国际贸易中,按重量计量的商品很多。根据一般商业习惯,通常重量的计算方法有下列几种。

(1) 毛重(gross weight)。毛重是指商品本身的重量加包装物的重量。这种计重方法一般适用于低值商品。

(2) 净重(net weight)。净重是指商品本身的重量,即除去包装物后的商品实际重量。净重是国际贸易中最常见的计重方法。不过,有些价值较低的农产品或其他商品,有时也采用"以毛作净"(gross for net)的方法计重。在采用净重计重时,对于如何计算包装重量,国际上有下列几种做法:①按实际皮重(actual tare or real tare)计算;②按平均皮重(average tare)计算;③按习惯皮重(customary tare)计算;④按约定皮重(computed weight)计算。

(3) 公量(conditioned weight)。有些商品,如棉花、羊毛、生丝等有比较强的吸湿性,所含的水分受客观环境的影响较大,其重量也就很不稳定。为了准确计算这类商品的重量,国际上通常采用按公量计算,其计算方法是以商品的干净重(即烘去商品水分后的重量)加上国际公定回潮率与干净重的乘积所得出的重量。

(4) 理论重量(theoretical weight)。对于一些按固定规格生产和买卖的商品,只要其重量一致,或每件重量大体是相同的,一般即可从其件数推算出总量。

(5) 法定重量(legal weight)和实物净重(net weight)。按照一些国家海关法的规定,在征收从量税时,商品的重量是以法定重量计算的。所谓法定重量是商品加上直接接触商品的包装物料,如销售包装等的重量,而除去这部分重量所表示的纯商品的重量,则称为实物净重。

(三) 数量条款机动幅度的有关规定

为了便于履行合同和避免引起争议,进出口合同中的数量条款应当明确具体。一般不宜采用"大约""近似""左右"(about, circa, approximate)等带伸缩性的字眼来表示。

溢短装条款(more or less clause)是指在合同的数量条款中明确规定交货数量可以增加或减少,但增减的幅度以不超过规定的百分比为限。

(四) 订立数量条款时的注意事项

(1) 按重量计算的商品应明确采用哪种计重方法,即按毛重、净重或以毛作净等。在合同中未明确按毛重或净重计量时,按惯例应以净重计量。

(2) 使用"约"量时必须注意其机动幅度及适合的情况。

(3) 在使用溢短装条款(规定卖方实际交货数量可增减的百分比条款,也称增减条款)时应注明溢短装部分的百分比、溢短装部分的选择权及溢短装部分的作价原则等。

三、包装条款

(一) 包装条款的基本内容

商品包装是商品生产的继续,凡需要包装的商品,只有通过包装,才算完成生产过程,商品才能进入流通领域和消费领域,才能实现商品的使用价值和价值。这是因为包装是保护商品在流通过程中质量完好和数量完整的重要措施,有些商品甚至根本离不开包装,它与包装成为不可分割的统一体。

经过适当包装的商品,不仅便于运输、装卸、搬运、储存、保管、清点、陈列和携带,而且不易丢失或被盗,为各方面提供了便利。

在当前国际市场竞争十分激烈的情况下,许多国家都把改进包装作为加强对外竞销的重要手段之一。因为良好的包装,不仅可以保护商品,还能宣传美化商品,提高商品身价,吸引顾客,扩大销路,提高售价,并在一定程度上显示出口国家的科技、文化艺术水平。根据包装在流通过程中所起作用的不同,可分为运输包装(即外包装)和销售包装(即内包装)两种类型。前者的主要作用在于保护商品和防止出现货损货差,后者除起保护商品的作用外,还具有促销的功能。

中性包装(neutral packing)是指既不标明生产国别、地名和厂商名称,也不标明商标或品牌的包装,也就是说,在出口商品包装的内外,都没有原产地和出口厂商的标记。中性包装包括无牌中性包装和定牌中性包装两种,前者是指包装上既无生产国别和厂商名称,又无商标、品牌;后者是指包装上仅有买方指定的商标或品牌,但无生产国别和厂商名称。

采用中性包装,是为了打破某些进口国家与地区的关税和非关税壁垒以及适应交易的特殊需要(如转口销售等),它是出口国家厂商加强对外竞销和扩大出口的一种手段。

定牌是指卖方按买方要求在其出售的商品或包装上标明买方指定的商标或牌号。

当前,世界上许多国家的超级市场、大百货公司和专业商店,对其经营出售的商品,都要在商品上或包装上标有本商店使用的商标或品牌,以扩大本店知名度和显示该商品的身价。许多国家的出口厂商,为了利用买主的经营能力及其商业信誉和品牌声誉,以提高商品售价和扩大销路,也愿意接受定牌生产。

(二) 运输包装上的标志分类

运输包装上的标志,按其用途可分为三种。

1. 运输标志

运输标志又称唛头,它通常是由一个简单的几何图形和一些字母、数字及简单的文字组成,其作用在于使货物在装卸、运输、保管过程中容易被有关人员识别,以防错发错运。其主要内容包括:①收货人代号;②发货人代号;③目的港(地)名称;④件数、批号。此外,有的运输标志还包括原产地、合同号、许可证号和体积与重量等内容。运输标志的内容繁简不一,由买卖双方根据商品特点和具体要求商定。

2. 指示性标志

指示性标志是提示人们在装卸、运输和保管过程中需要注意的事项,一般以简单、醒目的图形和文字在包装上标出,故有人称其为注意标志。

3. 警告性标志

警告性标志又称危险货物包装标志。凡在运输包装内装有爆炸品、易燃物品、有毒物品、腐蚀物品、氧化剂和放射性物质等危险货物时,都必须在运输包装上标明用于各种危险品的标志,以示警告,便于装卸、运输和保管人员按货物特性采取相应的防护措施,以保护物资和人身的安全。

包装条款（packing clause）主要包括商品包装的方式、包装的材料、包装的费用和包装的运输标志等内容，如表 2-3 所示。

表 2-3　包装条款的基本内容

项　目	内　容	样　例
包装条款	商品的包装条款一般包括包装的材料、包装的方式、包装的费用和包装的运输标志等内容	In international standard cartons, 20 cartons on a pallet, 10 pallets in a FCL container

（三）订立包装条款时的注意事项

（1）规定明确的包装材料、包装方式。不宜笼统地规定，不宜采用"适合海运包装""习惯包装"等字眼，以免引起争议。

（2）包装费用负担问题。包装费用一般计入货价内，不另计价，但如果买方提出特殊包装要求，额外的包装费用应由买方负担。

（3）运输标志（唛头）问题。一般由卖方决定，无须在合同中做出具体的规定，但如果买方对唛头有具体要求，那么在合同中明确规定唛头的具体样式和内容，并规定提交唛头的具体时间限定，以免延误交货。

（4）对于一些容易破碎、残损、变质的商品，应在外包装上贴上相应指示性标志（如"怕湿""向上""小心轻放""禁止手钩"等）。对于危险物品，应在外包装上贴上相应警告性标志（如"有毒品""爆炸物""腐蚀性物品"等）。

四、价格条款

1. 价格条款的基本内容

买卖合同中的价格条款由单价和总额两个部分组成，具体内容如表 2-4 所示。

表 2-4　价格条款的基本内容

项　目	内　容	样　例
价格条款	单价主要由计价货币、单位货币金额、计量单位、价格术语四个部分组成。价格术语是关于价格条件的一种专门用语，即用一个简短的英文词语或缩写的英文字母表示商品的价格构成，买卖双方各自应办理的手续、承担的费用与风险以及货物所有权转移的界限	USD100 PER M/T　CFR TOKYO（每公吨 100 美元 CFR 东京）
	总额由阿拉伯数字和币别符号两个部分构成	USD8,000.00 TOTAL VALUE: US＄8,000.00（SAY US DOLLARS EIGHT THOUSAND ONLY）

在用文字填写时应注意以下三点。

(1) 第一个词用"Say",最后一个词用"Only"。

(2) 一般每个单词的第一个字母大写,或者所有字母都大写。

(3) 币别也可以写在后面,如 Say Six Thousand US Dollars Only。

2. 订立价格条款时的注意事项

(1) 单价条款由四个部分组成,即计价的数量、单位价格、金额、计价货币和贸易术语等。四者缺一不可,且前后左右顺序不能随意颠倒。

(2) 单价与总值的金额要吻合,且币别要保持一致。

(3) 计价货币和贸易术语要根据实际情况慎重选用。

(4) 如果数量允许增加,则合同中的总金额也应有相应的增减。

五、运输条款

1. 运输条款的基本内容

对外磋商交易和签订合同时,要争取把合同中的装运条款订得合理、明确,以利于进出口业务的顺利开展。运输条款的基本内容如表 2-5 所示。

表 2-5　运输条款的基本内容

项　目	内　容	样　例
运输条款	合同中的运输条款主要包括装运时间、装运港或装运地、目的港或目的地,以及分批装运和转运等内容,有的还规定装船通知条款、滞期速遣条款等	2023 年 6 月 21 日或 21 日前装运 Shipment on or before/not later than/ latest on JUN. 21,2023

2. 订立运输条款时的注意事项

(1) 一般在合同中应明确规定具体的装运时间。避免采用笼统规定近期装运的做法,如"立即装运"(immediate shipment)、"尽快装运"(shipment as soon as possible)、"即刻装运"(prompt shipment)等,笼统表述方法各国解释不一致,容易引起纠纷。

(2) 订立装运时间时应考虑货源和船源的实际情况。卖方签合同时,要了解货源、船源情况,避免船、货脱节。同时要考虑运输情况,对有直达船和航次较多的港口,装运期可短一些;对无直达船或偏僻的港口,装运期要长一些。

(3) 一般应选择费用低、装卸效率高的港口作为装运港或目的港。考虑装卸港口的具体条件,如有无直达班轮航线、有无冰封期、对船舶国籍有无限制等因素。

(4) 不接受内陆城市为装运港或目的港的条件,否则我方要承担从港口到内陆城市的运费和风险。

(5) 应注意国外港口有无重名,如有重名,应在合同中明确注明港口所在国家或地区的名称。例如,全世界有 12 个维多利亚,悉尼、波士顿等都有重名的。

(6) 对于分批装运的分批时间、分批次数、批量,要根据实际货源情况订立。

(7) 在下列情况下应当规定"允许转船":①目的港无直达船或无固定船期;②航次少,间隔长的;③成交量大,而港口拥挤、作业条件差的。

六、保险条款

1. 保险条款的基本内容

合同中的保险条款因不同贸易术语而异,具体内容如表 2-6 所示。

表 2-6 保险条款的基本内容

项 目	内 容	样 例
保险条款	以 CIF、CIP 术语成交,合同中的保险条款一般包括四个方面的内容:由何方办理保险、投保金额、投保险别及以哪一个保险公司保险条款为准等 以 FOB、CFR 或 FCA、CPT 术语成交,合同中的保险条款无须说明具体内容(由买方自行安排),保险条款直接订为"保险由买方办理"即可	保险由卖方按发票金额的 110% 投保一切险和战争险,以中国人民保险公司 1981 年 1 月 1 日海洋货物运输保险条款为准 To be covered by the seller for 110% of total invoice value against all risks and war risk as per the relevant ocean marine cargo clauses of the people's insurance company of China dated JAN. 1,1981 保险由买方办理 Insurance to be covered by the buyers

2. 订立保险条款时的注意事项

买卖双方约定的险别通常为平安险、水渍险、一切险三种基本险别中的一种,还可在此基础上加保一种或若干种附加险。在买卖双方未约定投保险别的情况下,按照 INCOTERMS® 2010 的要求,卖方只需按保险公司的最低险别投保。

七、支付条款

1. 汇付条款

依据不同的付款方式,合同中的支付条款内容和注意事项各异,汇付条款的基本内容如表 2-7 所示。

表 2-7 汇付条款的基本内容

项 目	内 容	注意事项	样 例
汇付条款	汇付通常用于预付款和赊账交易,应当在合同中明确规定汇付的时间、具体的汇付方法和金额等内容	为明确责任,防止拖延收付款时间,影响及时发运货物和企业的资金周转,对于使用汇付方式结算货款的交易,在买卖合同中应当明确规定汇付的时间、具体的汇付方式和金额等	买方应在 2023 年 6 月 25 日前将 100% 的货款以电汇(信汇/票汇)方式预付给卖方 The buyer shall pay 100% of the sales proceeds in advance by T/T (M/T or D/D) to reach the seller not later than JUN. 25,2023

2. 托收条款

在采用托收方式时,要具体说明使用即期付款交单、远期付款交单还是承兑交单,注意承兑交单、远期付款交单的风险把握,托收条款的基本内容如表 2-8 所示。

表 2-8 托收条款的基本内容

项　目	内　容	样　例
即期付款交单托收条款	以托收方式结算货款的贸易，合同必须规定交单条件和付款、承兑责任以及付款期限等内容	买方凭卖方开具的即期跟单汇票，于第一次见票时立即付款，付款后交单 Upon first presentation the buyers shall pay against documentary draft drawn by the seller sat sight. The shipping documents are to be delivered against payment only
远期付款交单托收条款		买方对卖方出具的见票后××天付款的跟单汇票于第一次提示时予以承兑，并在汇票到期日付款，付款后交单 The buyers shall duly accept the documentary draft by the sellers at … days sight upon first presentation and make payment on its maturity. The shipping documents are to be delivered against payment only
承兑交单托收条款		买方应于第一次提示卖方出具的见票后××天付款的跟单汇票时予以承兑，并在汇票到期日付款，承兑后交单 The buyers shall duly accept the documentary draft drawn by the sellers at …days sight upon first presentation and make payment on its maturity. The shipping documents are to be delivered against acceptance

3. 信用证条款及注意事项

在国际货物买卖中应对信用证条款做出明确的规定，包括开证时间、开证银行、受益人、信用证类别、信用证金额、信用证有效期和到期地点等，如表 2-9 所示。

表 2-9 信用证条款及注意事项

项　目	内　容	样　例
即期信用证	即期信用证是指开证行或付款行收到符合信用证条款的汇票和单据后，立即履行付款义务的信用证。国际贸易结算中使用的大部分是即期信用证，它是指受益人根据信用证的规定，可凭即期跟单汇票或仅凭单据收取货款的信用证	买方应通过为卖方所接受的银行于装运月前××天开立并送达卖方不可撤销即期信用证，有效期至装运月后第 15 天，在中国议付 The buyers shall open through a bank acceptable to the sellers an irrevocable sight letter of credit to reach the sellers … days before the month of shipment, valid for negotiation in China until the 15th day after the month of shipment
远期信用证	远期信用证是指开证行或付款行收到信用证的单据时，在规定期限内履行付款义务的信用证。远期信用证主要包括承兑信用证和延期付款信用证	买方应通过为卖方所接受的银行于装运月前××天开立并送达卖方不可撤销见票后 30 天付款的信用证，有效期至装运月后第 15 天，在上海议付 The buyers shall open through a bank acceptable to the sellers an irrevocable letter of credit at 30 days' sight to reach the sellers … days before the month of shipment, valid for negotiation in Shanghai until the 15th day after the month of shipment

八、检验条款

进出口合同中的检验条款一般包括下列内容:有关检验权的规定、检验或复验的时间和地点、检验机构、检验检疫证书等。

例如,买卖双方同意以装运港(地)海关总署签发的品质和重量(数量)检验检疫证书作为信用证下议付所提交的单据的一部分,买方有权对货物的品质(数量)进行复验,复验费由买方负担。但若发现品质和/或重量(数量)与合同规定不符,买方有权向卖方索赔,并提供经卖方同意的公证机构出具的检验报告。索赔期限为货物到达目的港(地)后45天。

It is mutually agreed that the General Administration of Customs of the People's Republic of China at the port of shipment shall be part of the documents to be presented for negotiation under the relevant L/C. The buyers shall have the right to reinspect the quality and quantity (weight) of the cargo. The reinspection fee shall be borne by the buyers. If the quality and/or quantity (weight) is found not in conformity with that of the contract, the buyers are entitled to lodge with the sellers a claim which should be supported by survey reports issued by a recognized surveyor approved by the sellers. The claim, if any, shall be lodged within 45 days after arrival of the cargo at the port of destination.

九、索赔、仲裁与不可抗力条款

1. 索赔条款

国际货物买卖合同中的索赔条款有两种:一种是异议和索赔条款(discrepancy and claim clause);另一种是罚金条款(penalty clause)。一般买卖合同中,多数只订异议和索赔条款。异议和索赔条款除规定一方如违反合同,另一方有权索赔外,还包括索赔依据、索赔期限、赔偿损失的办法和赔付金额等。

例如,买方对货物的任何异议必须于装运货物的船只到达提单指定目的港××天内提出并须提供经卖方同意的公证机构出具的检验报告。

Any claim by the buyer regarding the goods shall be filed within… days after the arrival of the goods at the port of destination specified in the relative B/L and supported by a survey report issued by a surveyor approved by the seller.

2. 仲裁条款

仲裁条款主要包括仲裁地点、仲裁机构、仲裁程序和仲裁裁决的效力等内容。其中仲裁地点的选择是一个关键问题。因为在一般情况下,在何国仲裁即采用何国的仲裁规则或相关法律。在我国的国际贸易实践中,仲裁地点大致有三种订法:①在我国仲裁;②在被告所在国仲裁;③在双方同意的第三国仲裁。关于裁决的效力,一般应在合同中明确订明:仲裁裁决是终局的,对双方当事人均有约束力。

例如,凡因执行本合同所发生的或与本合同有关的一切争议,双方应通过友好协商解决。如果协商不能解决,应提交中国国际经济贸易仲裁委员会,根据该会的仲裁规则进行仲裁。仲裁裁决是终局的,对双方都有约束力。仲裁费用除仲裁庭另有规定外,均由败诉方负担。

An disputes in connection with this contract or arising from the execution of there, shall be amicably settled through negotiation in case no settlement call be reached between the two parties. The case under disputes shall be submitted to international economic and trade arbitration commission, for arbitration in accordance with its rules of arbitration. The arbitral award is final and binding upon both parties. The arbitration fee shall be borne by the losing party unless otherwise awarded by the arbitration court.

3. 不可抗力条款

国际货物买卖合同中的不可抗力条款(force majeure clause)主要包括：不可抗力事故的范围，对不可抗力事件的处理原则和方法，不可抗力事件发生后通知对方的期限和方法，以及出具证明文件的机构等。我国进出口合同中的不可抗力条款主要有以下三种规定方法：①概括式；②列举式；③综合式。综合式这种方法既明确具体，又有一定的灵活性，是一种较好的方法，我国在实际业务中多采用此法。

例如，战争、地震或其他不可抗力的原因致使卖方对本合同项下的货物不能装运或迟延装运，卖方对此不负任何责任。但卖方应立即通知买方并于15天内以航空挂号函件寄给买方由中国国际贸易促进委员会出具的证明发生此类事件的证明书。

If the shipment of the contracted goods is prevented order layed in whole or in part by reason of war, earthquake or other causes of force majeure, the seller shall not be liable. However, the seller shall notify the buyer immediately and furnish the letter within 15 days by registered airmail with a certificate issued by the China council for the promotion of international trade attesting such event or events.

实例体验

(1) 价格条款：包含币别、金额、计量单位、贸易术语四个要素。

例如，Unit Price：USD10 PER PC CFR LONDON。

(2) 品名：包含商品编号和名称。

例如，Product：KK1 KK2 KK3 POWER TOOLS。

动画：出口合同履行程序

(3) 规格或质量要求：有两种表示方法，即以文字说明和以样品实物表示。

例如，Description：KK1 power tools；Meas：0.33CM；G.W.：33,000；Packing：10pc/carton；Quality：As per samples No. 1226 submitted by seller on March 13, 2023。

(4) 数量：欲交易的或是最终合同的交易货物数量。

例如，QUANTITY：6,000PCS。

(5) 包装：根据货物的特点明确包装方式。

例如，Packing：10pc/carton。

(6) 付款方式：根据交易国家和自身的情况选择合适的付款方式。

例如，Payment：L/C at sight。

(7) 运输方式：选择适合商品的运输方式。

例如，Means of Transport：BY sea。

(8) 有效期：明确该发盘的有效时间或在将来的某个时间点前截止。

例如，This quotation is valid for 3 days。

(9) 装运时间：确切告知对方货物出运时间。

例如，Shipment：Within 3 weeks of receiving L/C。

(10) 装运港：出口国所在国家港口。

例如，Port of Shipment：DALIAN。

(11) 目的港：进口商所在国家港口。

例如，Port of Destination：LONDON。

(12) 保险条款：在 CIF/CIP 情况下，出口商需代理进口商保险。若进口商在磋商中并没有提及保险条款，出口商只需投保最低险别；若进口商明确提出多投险种，则出口商可投保，多出的费用由进口商承担。

例如，Insurance：To be effected by the seller for 110% invoice value against all risk & war risk。

(13) 唛头：内容繁简不一，由买卖双方根据商品特点和具体要求商定。唛头内容包括：①收货人或买方名称字首；②参照号码；③目的港（地）名称；④件数、批号。其作用在于使货物在装卸、运输、保管过程中容易被有关人员识别，以防错发错运。

例如，SHIPPING MARK：

  M. E
  DL2023
  LONDON
  C/NO. 1-60

(14) 商检证书的要求：进口商根据货物的特点要求出口商提供的商检证书，一般有品质证书、健康证书、植物检疫证书和数量/重量证书四种。

例如，Documents Required：Certificate of quality in 3 originals and 3 copies。

思政园地

拥有核心技术，打造民族品牌，让世界爱上中国的格力空调

2023 年农历春节，格力以"中国红、智造蓝、环保绿"的崭新广告形象登上纽约时代广场。新年伊始，万象更新，珠海格力电器在"世界十字路口"向海内外中华儿女送上新春祝福，并再次诠释了"中国制造"的科技实力与企业价值。

这是格力电器登上美国地标户外屏幕的第 12 年。跟随着中国国家形象宣传片在美国纽约时代广场亮相，格力就开启了向世界传递"让世界爱上中国造"的产品追求。在大洋彼岸的美国，格力用宣传行动展现其打造世界一流品牌、参与智造时代的全球竞争与合作的坚定信念。

以格力"代言"中国品质——"家用空调全球销量领先"

格力于 20 世纪 90 年代中期开始进入巴西市场，2001 年在当地投资建厂，是第一批进入巴西发展的制造业企业之一，也成为"中国制造"的代言。

以绿色发展书写中国智慧——"碳排放减少 85.7%"

作为全球型工业集团的格力，凭借在多领域国际领先的硬核创新实力，向世界诠释了

"中国智慧"。在各大型活动赛事中惊艳亮相的格力,其背后正是自主创新的核心科技支撑。节能创新模式不仅推动产业技术升级,还是实现绿色发展目标的有力保障。

以创新引领表达中国自信——"让世界爱上中国造"

创新让中国品牌的发展有了更多可能和更广阔的道路,格力因此更加注重发展自主创新能力。格力搭建了以国家级科研平台为依托的多层次、高水平研发平台体系,形成了全员创新、产学研协同创新体系,以创新链驱动价值链,以价值链支撑创新链,实现产学研的高效转化。格力的核心技术、研发平台、管理环境等,都充分显现了强大的自主创新意识和能力。

"让世界爱上中国造"不仅是格力电器始终坚持的发展方针和目标,也是作为一个有责任、有担当的企业为国家和民族发展作出应有贡献的有力承诺。

格力电器董事长兼总裁董明珠说:"格力的目标从来不仅是海外市场的开拓,更重要的还在于带着中国制造走出去,带着优质的产品走出去,带着高端技术走出去,最终实现民族品牌走出去,让中国制造的技术、产品服务于全世界。"

资料来源:https://xueqiu.com/1566609429/241022123。

实训操练

1. 背景资料

(1) 卖方:沈阳天天进出口贸易公司

沈阳市中山区人民路 51 号　电话:024-6250××××　传真:024-6250××××

(2) 买方:YOUDA COMPANY

TTY57-4,BUSAN,KOREA

(3) 货名:全棉衬衫(COTTON SHIRT)

(4) 数量:L　3,000PCS

　　　　　M　2,000PCS

　　　　　S　1,000PCS

(5) 包装:PACKED IN ONE CARTON OF 10 PCS EACH

(6) 价格:CFR BUSAN

　　　　　L　USD10.00

　　　　　M　USD15.00

　　　　　S　USD15.00

(7) 支付方式:不可撤销跟单远期信用证(AFTER 60 DAYS SIGHT)

(8) 开证时间:2023 年 3 月 20 日前将不可撤销跟单远期信用证开到买方

(9) 交货时间:不迟于 2023 年 10 月 30 日

(10) 分批装运:允许

(11) 转运:允许

(12) 装运港:营口

(13) 目的港:釜山

(14) 保险:按发票金额 110% 投保中国人民保险公司海洋货物运输险一切险

(15) 合同号:SY2023

2. 合同模板

销售合同 S/C NO.：
SALES CONTRACT DATE：

卖方 SELLER：
买方 BUYER：
兹经买卖双方同意成交下列商品，订立条款如下：
THE UNDERSIGNED SELLERS AND BUYERS HAVE AGREED TO CLOSE THE FOLLOWING TRANSACTION ACCORDING TO THE TERMS AND CONDITIONS STIPULATED BELOW：

唛头 SHIPPING MARK	货物描述及包装 DESCRIPTION OF GOODS, PACKING	数量 QUANTITY	单价 UNIT PRICE	总值 AMOUNT
TOTAL				

装运港 LOADING PORT：
目的港 DESTINATION：
装运期限 TIME OF SHIPMENT：
付款条件 TERMS OF PAYMENT：
分批装运 PARTIAL SHIPMENT：
转船 TRANSSHIPMENT：
保险 INSURANCE：
Remarks：

1. The buyer shall have the covering letter of credit reach the seller 30 days before shipment, failing, which the seller reserves the right to rescind without further notice, or to regards still valid whole or any part of this contract not fulfilled by the buyer, or to lodge a claim for loss sustained, if any.

2. In case of any discrepancy in quality, claim should be filed by the buyer within 130 days safer the arrival of the goods at port of destination; while for quantity discrepancy, claim should be filed by the buyer within 150 days after the arrival of the goods at port of destination.

3. For transactions concluded on C.I.F. basis, it is understood that the insurance amount will be for 110% of the invoice value against the risks specified in the sales confirmation. If additional insurance amount or coverage required, the buyer must have the consent of the seller before shipment, and the additional premium is to be borne by the buyer.

4. The seller shall not hold liable for non-delivery or delay in delivery of the entire lot or

apportion of the goods here under by reason of natural disasters, war or other causes of force.

5. Majeure, however, the seller shall notify the buyer as soon as possible and furnish the buyer within 15 days by registered airmail with a certificate issued by the China council for the promotion of international trade attesting such event(s).

6. All deputies arising out of the performance of, or relating to this contract, shall be settled through negotiation. In case no settlement can be reached through negotiation, the case shall then be submitted to the China international economic and trade arbitration commission for arbitration in accordance with its arbitral rules. The arbitration shall take place in Shanghai. The arbitral award is final and binding upon both parties.

7. The buyer is requested to sign and return one copy of this contract immediately after contract immediately after receipt of the same. Objection, if any, should be raised by the buyer within 3 working days, otherwise it is understood that the buyer has accepted the terms and conditions of this contract.

8. Special conditions, these shall prevail over all printed terms in case of any conflict.

买方 THE BUYER：　　　　　　　　　卖方 THE SELLER：

3. 要求

请以单证员的身份根据上述资料拟订一份销售合同书，要求格式完整、内容正确。

模块三

信用证操作

学习目标

知识目标

1. 熟悉信用证的概念、特点、作用。
2. 理解信用证当事人的权利与义务。
3. 掌握信用证业务的办理程序，明确信用证的分类。
4. 掌握信用证操作的一般流程。
5. 掌握开证申请书的内容。

技能目标

1. 能准确填写信用证开证申请书。
2. 能根据合同正确审核信用证，并找出信用证中的不符点。
3. 能根据合同等所给资料修改信用证。

任务一 认识信用证

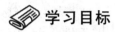任务导入

2023年，张爽所在的大连欣欣进出口有限公司与英国F.F公司就电动工具的购买事项再次达成协议，双方在合同中明确规定采用信用证的支付方式。因此，英国F.F公司的单证员和大连欣欣进出口有限公司的单证员张爽都需要了解并掌握信用证这种支付方式。那么，什么是信用证？信用证的当事人都有谁？采用信用证的支付方式具体操作流程有哪些？

信用证产生于19世纪，是迄今为止国际贸易中使用最为广泛的一种结算方式。这种支付方式首次使不在交货现场的买卖双方在履行合同时处于同等地位，在一定程度上重新找回了"一手交钱，一手交货"的现场交易所具有的安全感，解决了双方互不信任的矛盾。我们知道，采用汇付进行预期付款是买方处于不利地位，采用汇付进行延期付款则是卖方处于不利地位，而采用托收方式，即使是即期交单付款方式，对卖方来说，也是一种延期付款。因为

卖方必须在装运后,才能获得全套收款的单据。一旦买方拒付货款,即使货物的所有权还在卖方手里,卖方的损失也是难以避免的。

为了使买卖双方都处于同等地位,人们发明了信用证支付方式,由银行出面担保,只要卖方按合同规定交货,就可拿到货款,而买方又无须在卖方履行合同规定的交货义务前支付货款。信用证是有条件的银行担保,是银行(开证行)应买方(申请人)的要求和指示保证立即或将来某一时间内付给卖方(受益人)一笔款项。卖方(受益人)得到这笔钱的条件是向银行(议付行)提交信用证中规定的单据,如商业、运输、保险、政府和其他用途的单据。

信用证是我国现阶段对外贸易中使用最普遍的付款方式,由于这种付款方式既安全又快捷,信用证成为当今国际贸易的一种主要结算方式,在我国现阶段的对外贸易中也较为常用。

一、信用证的含义、当事人及特点

(一)信用证的含义

在国际贸易活动中,买卖双方可能互不信任,买方担心预付款后,卖方不按合同要求发货;卖方也担心在发货或提交货运单据后买方不付款。因此需要两家银行作为买卖双方的保证人,代为收款交单,以银行信用代替商业信用。银行在这一活动中所使用的工具就是信用证。

微课:信用证的
含义及当事人

信用证(letter of credit,L/C)是指银行根据进口人(买方)的请求,开给出口人(卖方)的一种保证承担支付货款责任的书面凭证。在信用证内,银行授权出口人在符合信用证所规定的条件下,以该行或其指定的银行为付款人,开具不得超过规定金额的汇票,并按规定随附装运单据,按期在指定地点收取货物。

微课:信用证
的内容

信用证并无统一格式,其主要内容大致有以下几项。

(1)对信用证本身的说明。主要是信用证的种类和性质(如即期或远期、可转让性等)、编号、金额、开证日期、交单期、有效期及到期地点、当事人(如开证申请人、开证行、通知行、受益人、议付行等)和地址等。

(2)货物的名称、品质、规格、数量、包装、运输标志、单价等。

(3)对运输的要求。包括装运期限、装运港、目的港、运输方式、可否分批装运或中途转运等。

(4)对单据的要求。如单据的名称、内容、份数和种类等。单据主要分为三类:①货物的单据(包括发票、装箱单、重量单、产地证、商检证等);②运输单据(提单等);③保险单据。

(5)特殊条款。根据进口国政治经济贸易情况的变化或每一笔具体业务的需要,可做出不同的规定。

(6)开证行对受益人和汇票持有人保证付款的责任文句。

(7)国外来证大多数均加注:"除另有规定外,本证根据国际商会《跟单信用证统一惯例》即国际商会 600 号出版物 UCP600 办理。"

（二）信用证的主要当事人

信用证的当事人较多，主要当事人如表 3-1 所示。

表 3-1　信用证的主要当事人

序号	主要当事人	内容
1	开证申请人 Applicant	UCP600 第 2 条："申请人指要求开立信用证的一方。"开证申请人是指向开证银行申请开立信用证的人，即进口商
2	开证行 Opening Bank, Issuing Bank	UCP600 第 2 条："开证行指应申请人要求或者代表自己开出信用证的银行。"承担开证的银行遵循开证申请人的要求和委托开立信用证，并按信用证规定的条款承担付款责任。开证银行通常是在进口商所在地的银行，银行可代表自己开立备用信用证，旨在融资。信用证作为支付方式是否能顺利进行，开证银行的选择至关重要，故选择信用好、业务经验丰富而手续简便的银行，作为开证银行为妥
3	通知行 Advising Bank, Notifying Bank	UCP600 第 2 条："通知银行指应开证行的要求通知信用证的银行。"通知银行是指受开证银行的委托，将信用证转交给受益人的银行。通知银行通常是在出口商的所在地。通知银行只负责通知、传递信用证，不承担义务
4	受益人 Beneficiary	UCP600 第 2 条："受益人指接受信用证并享受其利益的一方。"受益人是在信用证中载明有权使用信用证，并可依照信用证所列条款签发汇票或提示单据收取信用证所列金额者，一般为出口商
5	议付行 Negotiating Bank	议付银行又称购票银行、押汇银行或贴现银行（discount bank）。议付银行对受益人提交的跟单汇票予以办理议付。UCP600 第 3 条："一家银行在不同国家的分支机构被视为不同的银行。"该条规定旨在明确各银行机构承担各自的责任。信用证载明由某银行议付，称限定议付；若信用证中没有指定议付银行，则称自由议付或非限定议付
6	付款行 Paying Bank, Drawee Bank	付款银行的责任是根据提交的符合信用证要求的单据向受益人履行付款责任，故称付款银行。按汇票付款，不管汇票的持有人是谁，只要汇票符合信用证规定的条件，银行应予以付款，故又称受票银行，付款银行通常由开证银行来承担

信用证的当事人除上述六个之外，根据需要还可以有保兑行（confirming bank）、偿付行（reimbursement bank）、承兑行（accepting bank）和转让行（transferring bank）等。

（三）信用证的特点

1. 开证行是第一付款人

信用证支付方式是一种银行信用，由开证行以自己的信用做出付款保证，开证行提供的是信用而不是资金，其特点是在符合信用证规定的条件下，首先由开证行承担"承付"（承兑或付款）的责任。UCP600 第 7 条明确规定：只要规定的单据提交给指定银行或开证行，并且构成相符交单，则开证行必须承付。开证行也可授权另一银行（称指定银行）进行付款或承兑该汇票，但如果该指定银行未按时承付，则开证行要承付，即开证行承担第一付款人的责任。

2. 信用证是一项独立文件

信用证虽以贸易合同为基础，但它一经开立，就成为独立于贸易合同之外的一种契约。贸易合同是买卖双方之间签订的契约，只对买卖双方有约束力；信用证则是开证行与受益人之间的契约,开证行和受益人以及参与信用证业务的其他银行均应受信用证的约束。但这些银行当事人与贸易合同无关,故不受合同的约束。对此,UCP600第4条明确规定:"就性质而言,信用证与可能作为其开立依据的销售合同或其他合同之间,是相互独立的交易。即使信用证中提及该合同,银行亦与该合同完全无关,且不受其约束。因此,一家银行做出兑付、议付或履行信用证项下其他义务的承诺,并不受申请人与开证行之间或与受益人之间在已有关系下产生的任何索偿或抗辩的制约。"

3. 信用证业务处理的是单据

UCP600第5条明确规定:"银行处理的是单据,而不是单据可能涉及的货物、服务或其他行为。"由此可见,信用证业务是一种纯粹的凭单据付款的单据业务。UCP600在第14条和第34条对此做了进一步的规定和说明,也就是说,仅以单据为基础,以决定单据在表面上看来是否构成相符交单,只要单据在表面上构成相符交单,银行就要凭单据承付。因此,单据成为银行付款的唯一依据,也就是说,银行只认单据是否构成相符交单,而对任何单据的形式、充分性、准确性、内容真实性、虚假性或法律效力,或对单据中规定或添加的一般或特殊条件,概不负责;银行对任何单据所代表的货物品质、数量、包装等或其存在与否,相关当事人诚信与否,作为或不作为、资信状况等情况,也概不负责。因此,在使用信用证支付的条件下,受益人要想安全、及时收到货款,必须做到"表面上相符交单"。

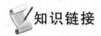知识链接

SWIFT 信用证简介

SWIFT 信用证是"Society for Worldwide Interbank Financial Telecommunications"(全球银行间金融电讯协会)的简称。该组织于1973年在比利时成立,协会已有209个国家的9 000多家银行、证券机构和企业客户参加,通过自动化国际金融电讯网办理成员银行间资金调拨、汇款结算、开立信用证、办理信用证项下的汇票业务和托收等业务。目前开立SWIFT信用证的格式代号为MT700和MT701,表3-2对MT700格式做了简单介绍。

表3-2 MT700开立跟单信用证

M/O项目类型	代 号	栏位名称	内 容
M	27	Sequence of Total 合计次序	信用证的页次
M	40A	Form of Documentary Credit 跟单信用证类别	信用证的类型
M	20	Documentary Credit Number 信用证号码	开证行编制的流水号
O	23	Reference to Pre-Advice 预通知的编号	预先通知号码
O	31C	Date of Issue 开证日期	信用证开立的日期
M	31D	Date and Place of Expiry 到期日及地点	信用证规定的最迟提交单据的日期和地点

续表

M/O项目类型	代号	栏位名称	内容
O	51a	Applicant Bank 申请人的银行	开立信用证的银行的名称和代码
M	50	Applicant 申请人	一般为进口商的名称和地址
M	59	Beneficiary 受益人	一般为出口商的名称和地址
M	32B	Currency Code,Amount 币别代号、金额	开证行承担付款责任的最高限额和币种
O	39A	Percentage Credit Amount Tolerance 信用证金额加减百分比	信用证金额上下浮动允许的最大范围,该项目的表达方法较为特殊,数值表示百分比的数值,如5/5表示上下浮动最大为5%
O	39B	Maximum Credit Amount 最高信用证金额	信用证最大限制金额
O	39C	Additional Amounts Covered 可附加金额	额外金额,表示信用证所涉及的保险费、利息、运费等金额
M	41A	Available with…by… 向……银行押汇,押汇方式为……	指定的有关银行及信用证兑付的方式
O	42C	Drafts at… 汇票期限	汇票付款日期,必须与42A同时出现
O	42A	Drawee 付款人	汇票付款人名称,必须与42C同时出现
O	42M	Mixed Payment Details 混合付款指示	混合付款条款
O	42P	Deferred Payment Details 延迟付款指示	迟期付款条款
O	43P	Partial Shipments 分批装运	表示该信用证的货物是否可以分批装运
O	43T	Transshipment 转运	表示该信用证是直接到达,还是通过转运到达
O	44A	Loading on Board/Dispatch/Taking in Change at/from… 由……装船/发运/接管地点	装船、发运和接收监管的地点
O	44B	For Transportation to… 装运至……	货物发运的最终地
O	44C	Latest Date of Shipment 最后装运日	装船的最迟日期,44C与44D不能同时出现
O	44D	Shipment Period 装运期间	船期

续表

M/O 项目类型	代 号	栏 位 名 称	内 容
O	45A	Description of Goods and/or Services 货物描述及/或交易条件	（货物描述）货物的情况、价格条款
O	46A	Documents Required 应具备单据	各种单据的要求
O	47A	Additional Conditions 附加条件	特别条款
O	71B	Charges 费用	表明费用是否由受益人（出口商）出，如果没有这一条，表示除议付费、转让费以外，其他各种费用由开信用证的申请人（进口商）支付
O	48	Period for Presentation 交单期限	信用证项下全套单据必须提交的期限
M	49	Confirmation Instructions 保兑指示	开证行是否要求保兑的指示
O	53A	Reimbursement Bank 清算银行	偿付行
O	78	Instructions to the Paying/Accepting/Negotiation Bank 对付款/承兑/议付银行之指示	开证行对付款行、承兑行、议付行的指示
O	57A	"Advise Through" Bank 通知银行	通知行
O	72	Sender to Receiver Information 银行间的通知	附言

二、信用证支付的一般流程

信用证是一种由银行依照客户的要求和指示开立的有条件的承诺付款的书面文件，信用证支付的操作流程如图 3-1 所示。

微课：信用证支付的一般流程

（1）买卖双方在贸易合同中规定使用信用证支付。

（2）买方通知当地银行（开证行）开立以卖方为受益人的信用证，并向开证行递交开证申请书，约定信用证内容，并支付押金或提供保证人。

（3）开证行接受开证申请书后，根据申请开立信用证，正本寄给通知行，指示其转递或通知出口商。

（4）由通知行转递信用证或通知出口方信用证已开立。

动画：信用证支付方式训练

（5）出口商认真核对信用证是否与合同相符，如果不符，可要求进口商通过开证行进行修改，待信用证无误后，出口商根据信用证备货、装运、开立汇票并缮制各类单据，船运公司将装船的提单交予出口商，即装运货物。

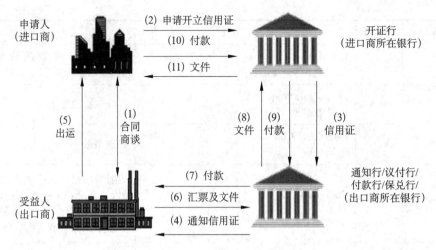

图 3-1 信用证支付的操作流程

（6）卖方将单据提交指定银行。该银行可能是开证行，或是信用证内指定的付款、承兑或议付银行。

（7）该银行按照信用证审核单据。如单据符合信用证规定，银行将按信用证规定进行支付、承兑或议付。

（8）开证行以外的银行将单据寄送开证行。

（9）开证行审核单据无误后，以事先约定的形式，对已按照信用证付款、承兑或议付的银行偿付。

（10）进口方付款赎单，如发现不符，可拒付款项并退单。进口方发现单证不符，也可拒绝赎单。

（11）开证行将单据交予进口商。

三、信用证的种类

信用证从其性质、用途、期限、流通方式等不同角度，可以分为以下几种。

1. 跟单信用证和光票信用证

按信用证项下是否随附货运单据可分为跟单信用证和光票信用证。

（1）跟单信用证（documentary credit）是指凭跟单汇票或仅凭单据付款的信用证。由于货运单据代表着货物的所有权，控制单据就意味着控制了货物，故国际贸易结算中使用的信用证绝大部分是跟单信用证。

（2）光票信用证（clean credit）是指凭不附货运单据的汇票付款的信用证。

2. 可撤销信用证和不可撤销信用证

按开证行对所开立的信用证所负的责任可分为可撤销信用证和不可撤销信用证。

（1）可撤销信用证（revocable L/C）是在 UCP600 之前的《跟单信用证统一惯例》中规定的一种开证行对所开信用证不必征得受益人同意，有权随时修改或撤销的信用证。但 UCP600 中明确规定："信用证是不可撤销的，即使信用证中对此未作指示也是如此。"因此，按 UCP600 规定开出的信用证都是不可撤销信用证。

（2）不可撤销信用证(irrevocable L/C)是指信用证一经开出,在有效期内,除非经信用证有关当事人同意,开证行不能片面修改或撤销的信用证。其具有不可撤销性,自开立信用证之日起,开证行就受到其条款和承诺的约束。如果撤销或修改,在受益人向通知修改的银行表示接受该修改之前,原信用证的条款对受益人依然有效。当然,在征得开证行、保兑行和信用证受益人同意的情况下,即使是不可撤销信用证,也是可以撤销和修改的。由于不可撤销信用证对受益人较有保障,所以在国际贸易结算中使用最多。

3. 保兑信用证和不保兑信用证

从信用证是否有另一家银行对之加以保证兑付货款的角度可分为保兑信用证和不保兑信用证。

（1）保兑信用证(confirmed credit)是指开证行开出信用证以后,再由另一家开证行之外的银行做出承付或议付"相符单据"的确定承诺。对信用证加具保兑的银行称为保兑行。保兑行一经保兑,就和开证行一样承担付款责任。所以,保兑信用证是一种双重保证的信用证,对出口方安全收汇是非常有利的。

（2）不保兑信用证(unconfirmed credit)是未经保兑的信用证,即一般的信用证。

4. 即期信用证和承兑信用证

根据付款期限的不同可分为即期信用证和承兑信用证。

（1）即期信用证(sight credit)是开证行或付款行收到符合信用证条款的汇票和单据后,立即履行付款义务的信用证。

（2）承兑信用证(acceptance credit)是开证行或付款行收到符合信用证的单据时,不立即付款,而是等到汇票到期日履行付款义务的信用证。

5. 可转让信用证与不可转让信用证

按受益人对信用证权利可否转让可分为可转让信用证和不可转让信用证。

（1）可转让信用证(transferable credit)是指开证行授权通知行在受益人的要求下,可将信用证的全部或一部分金额转让给一个或数个第二受益人,即受让人。凡可转让的信用证,必须注明"可转让(transferable)"字样。如无此注明,则被视为不可转让信用证。

（2）不可转让信用证(nontransferable credit)是指受益人不得将所持信用证的权利转让给任何人的信用证。

6. 循环信用证

当买卖合同的交易数量较大,需要在较长的一段时间内分期分批交货时,如分批开证,不但会增加买方的开证费用,卖方也不能获得收取全部货款的银行保证。对此种交易,可使用循环信用证。

循环信用证(revolving credit)是指受益人在一定时间内使用完规定的金额后,重新恢复信用证原金额再度使用,直至达到规定的时间、次数或余额为止的信用证。它与一般信用证的不同之处在于它可以多次循环使用,而一般信用证在使用后即告失效。循环信用证可分为两种:按时间循环使用的循环信用证与按金额循环使用的循环信用证。循环信用证主要适用于长期或较长期内分批交货的供货合同。使用这种信用证,买方可节省开证押金和逐单开证的手续及费用,卖方也避免了等证、催证、审证的麻烦,因而有利于买卖双方业务的开展。

7. 对背信用证

对背信用证(back to back credit)又称背对背信用证。中间商收到进口方开来的信用证后,要求该证的通知行或其他银行以原证为基础另开立一张内容近似的新证给供货人。另开的新证就称为对背信用证。

8. 对开信用证

在以一种出口货物交换另一种进口货物,货款需要逐笔平衡时,交易双方互相开立的信用证为对开信用证(reciprocal credit)。当交易双方进行互有进出口和互有关联的对等交易时,可使用对开信用证,即双方都对其进口部分向对方开出信用证。对开信用证的特点是两张信用证互相联系、互相约束、互为条件。任何一张信用证的开证人和受益人分别为另一张信用证的受益人和开证人;任何一张信用证的开证行通常就是另一张信用证的通知行;两证的金额大致相等;两证往往同时生效。对开信用证多用于易货贸易、补偿贸易和来料加工、来件装配等业务。

9. 预支信用证

预支信用证(anticipatory credit,prepaid credit)是开证行授权付款行,允许出口商在装货交单前支取全部或部分货款的信用证。这种信用证与其他信用证相反,是受益人收款在前而交单在后。等货运单据交到后,付款行再扣除预交货款的本息。为了醒目,这种预交货款的条款常用红字打出,故习惯称其为"红字条款信用证"。不过,现在信用证的预支条款并非都用红字表示,但效力相同。

10. 备用信用证

备用信用证(stand by L/C)是代表开证行对受益人承担一项义务的凭证。备用信用证是一种特殊形式的信用证,实际上是银行保函性质的支付承诺:支付债务人承担的负债;债务不履约时负责偿付。备用信用证最早流行于美国,是在债务上违约时使用的信用证。在备用信用证中,开证行保证在开证申请人未能履行其应履行的义务时,受益人只要凭备用信用证的规定向开证行开具汇票,并随附开证申请人未履行义务的声明或证明文件即可得到开证行偿付。

11. 付款信用证、承兑信用证和议付信用证

付款信用证(payment credit)、承兑信用证(acceptance credit)、议付信用证(negotiation credit)分别是指采用即期或延期付款、承兑、议付来使用信用证金额的信用证。

(1) 即期付款信用证(sight payment credit)是指信用证规定受益人开立即期汇票或不需即期汇票仅凭单据即可向指定银行提示请求付款的信用证。付款行付款后无追索权。

(2) 延期付款信用证(deferred payment credit)是指不需要汇票,仅凭受益人交来单据,审核相符,指定银行承担延期付款责任起,延长一段时间,直至到期日付款的信用证。

在业务处理上,延期付款信用证与承兑信用证类似,所不同的是受益人不需要出具汇票,只需将符合信用证规定的单据交到指定银行;指定银行在验单无误后收入单据,待信用证到期再进行付款。

延期付款信用证由于没有汇票,也就没有银行承兑,对于受益人来说明显的不利之处在于无法像承兑信用证那样去贴现汇票。如果受益人急需资金而向银行贷款,银行贷款利率比贴现率高,可见延期付款信用证不利于企业对资金的利用。

(3) 承兑信用证是指信用证规定开证行对于受益人开立以开证行自己为付款人或以其

他银行为付款人的远期汇票,在审单无误后,应承担承兑汇票并于到期日付款责任的信用证。

(4)议付信用证是指议付行议付或购买受益人在信用证项下交来的汇票或单据,只要这些汇票、单据与信用证条款相符,就将由开证行正当付款的信用证。

 知识链接

双到期信用证

有的信用证规定的最迟装运期和信用证的有效期是同一天,这就是所谓的"双到期"。为了保证有足够的改单、交单时间,出口商一般应提前10天左右装运。如果信用证没有规定交单期,应在提单日后的21天内且在信用证有效期前交单。

任务二　开立信用证

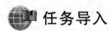 任务导入

经过前期双方的多次往来磋商,大连欣欣进出口有限公司与英国F.F公司签订了买卖合同,双方在合同中规定的支付条款为不可撤销的跟单信用证,因此,英国F.F公司需要按期在合同规定的开证时间内,通过英格兰银行(The Bank of England)及时向大连欣欣进出口有限公司开来本交易项下的不可撤销跟单信用证。那么,申请开证都需要哪些程序?又如何填写开证申请书呢?

当进出口双方在贸易合同中确立以信用证方式结算后,进口方与出口方签订国际贸易货物进出口合同并确认以信用证为结算方式后,进口方即可按贸易合同规定向当地银行申请开立信用证。开证申请是整个进口信用证处理实务的第一个环节,进口方应根据合同规定的时间或在规定的装船前一定时间内申请开证,并填制开证申请书,开证行根据有关规定收取开证押金和开证费用后开出信用证。开证申请书是银行开具信用证的依据。银行按照开证申请书开立信用证后,在法律上就与进口商构成了开立信用证的权利与义务的关系,两者之间的契约就是开证申请书。

一、开证申请书的含义

开证申请人(进口方)在向开证行申请开证时必须填制开证申请书(irrevocable documentary credit application)。开证申请书是开证申请人对开证行的付款指示,也是开证申请人与开证行之间的一种书面契约,它规定了开证申请人与开证行的责任。在这一契约中,开证行只是开证申请人的付款代理人。开证申请书主要依据贸易合同中的有关主要条款填制,申请人填制后附合同副本一并提交银行,供银行参考、核对。但信用证一经开立则独立于合同,因而在填写开证申请时应审慎查核合同的主要条款,并将其列入申请书中。一般情况下,开证申请书都由开证行事先印就,以便申请人直接填制。开证申请书通常为一式两联,申请人除填写正面内容外,还须签具背面的"开证申请人承诺书"。

二、申请开立信用证的程序

在国际贸易中,信用证是很常用的一种付款方式,为国际贸易提供了很大的便利性。除需要了解信用证的作用外,还需要对开立信用证的流程有一定的了解。申请开立信用证的程序如图 3-2 所示。

微课:申请开证的程序及方法

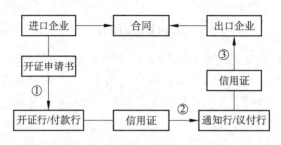

图 3-2　申请开立信用证的程序

具体说明如下。

(1) 进口商向银行申请开证,要依照合同各项有关规定填写开证申请书,并交付押金或其他保证金。

① 递交有关合同的副本及附件。进口商在向银行申请开证时,要向银行递交进口合同的副本以及所需附件,如进口许可证、进口配额证、某些部门审批文件等。

② 填写开证申请书。进口商根据银行的规定填写开证申请书,一式三份,一份留业务部门,一份留财务部门,一份交银行。填写开证申请书,必须按合同条款的具体规定,写明信用证的各项要求,内容要明确、完整,无词意不清的记载。

③ 缴纳保证金。按照国际贸易的习惯做法,进口商向银行开立信用证,应向银行缴付一定比例的保证金,其金额一般为信用证金额的百分之几到百分之几十,一般根据进口商的资信情况而定。在我国的进口业务中,开证行根据不同企业和交易情况,要求开证申请人缴付一定比例的保证金,然后银行才开证。

④ 支付开证手续费。进口人在申请开证时,必须按规定支付一定金额的开证手续费(费率一般为 0.15%)。

(2) 开证行根据申请书要求开立信用证,将正本寄送通知行,副本交进口企业。

(3) 通知行凭信用证向出口企业议付。

三、开证申请书的填制内容

信用证申请书的格式和内容大致相同,现以中国银行的格式为例,介绍开证申请书的填制内容。

微课:开证申请书的填制

(1) 申请开证日期:在申请书右上角。

(2) 传递方式:有四种,即信开(航空邮寄)、电传(电报)、快递、简电,随寄电报证实书,需要采用哪一种方式,在前面方框中打"×"。

(3) 信用证性质:不可撤销跟单信用证已印制好,如要增加保兑或可转让等内容,可加上。信用证号码由开证行填写,信用证有效期及到期地点由申请人填写。

(4) 申请人:必须填写全称及详细地址,还要注明联系电话、传真号码等,便于有关当事人之间的联系。

(5) 受益人:必须填写全称及详细地址,也要注明联系电话、传真号码等,便于联系。

(6) 通知行:由开证行填写。

(7) 信用证金额:必须用数字和文字两种形式表示,并且要表明币种。信用证金额是开证行付款责任的最高限额,必须根据合同的规定明确表示清楚,如果有一定比率的上下浮动幅度,也应表示清楚。

(8) 分批与转运:应根据合同的规定明确表示"允许"或"不允许",在选择的项目前方框中打"×"。

(9) 装运条款:应根据合同规定填写装运地(港)及目的地(港),最晚装运日期,如有转运地(港),也应写清楚。

(10) 价格术语:有 FOB、CFR、CIF 及"其他条件"四个备选项目,根据合同成交的贸易术语在该项前方框中打"×"。如是其他条件,则在该项目后面写明。

(11) 付款方式:信用证有效兑付方式有四种选择——即期支付、承兑支付、议付、延期支付,应根据合同规定,在所选方式前的方框中打"×"。

(12) 汇票要求:应根据合同的规定,填写信用证项下应支付发票金额的百分之几。另外,还应填写汇票的支付期限。最后是填写付款人,根据 UCP600 的规定,信用证项下汇票的付款人必须是开证行或指定付款行。

(13) 单据条款:印制好的单据要求共 12 条,其中第 1~12 条是针对具体的单据,第 12 条是"其他单据",即以上 12 种单据以外的单据要求,可填在第 13 条中,有几条可顺序添加几条。

(14) 合同项下的货物包括:货物的名称、规格、数量、包装、单价条款、唛头等。所有内容必须与合同规定一样,尤其是单价条款、数量条款不得有误。包装条款如有特殊要求的,如包装规格、包装物的要求等,应具体、明确表示清楚。

(15) 附加条款:印制好的有 6 条,其中第 1~6 条是具体的条款要求,如需要可在前面括号里打"×",内容不完整的,可根据合同规定和买方的需要填写清楚,第 7 条是"其他条款",即以上 6 条以外还有附加条款的,可填在该条款中,有几条可顺序添加几条。

(16) 申请书下面是有关申请人的开户银行(银行名称)、账户号码、执行人、联系电话、申请人(法人代表)签字等内容。

四、信用证开证申请书填写说明

To:致××行。填写开证行名称,即进口行名称(详见银行网站首页)。

Date:申请开证日期,必须符合日期格式且在合同日期之后。例如,2023-05-15。

微课:开证申请书填制示范

(1) Issue by Airmail(以信开的形式开立信用证),选择此种方式,开证行以航邮将信用证寄给通知行。

(2) With Brief Advice by Teletransmission(以简电开的形式开立信用证),选择此种方式,开证行将信用证主要内容发电预先通知受益人,银行承担必须使其生效的责任,但简电本身并非信用证的有效文本,不能凭以议付或付款,银行随后寄出的证实书才是正式的信用证。

(3) Issue by Express Delivery(以快递的形式开立信用证),选择此种方式,开证行采用快递(如 DHL)将信用证寄给通知行。

（4）Issue by Teletransmission（Which Shall be the Operative Instrument）（以电传的形式开立信用证），选择此种方式，开证行将信用证的全部内容加注密押后发出，该电讯文本为有效的信用证正本。如今大多用电传的方式开立信用证。

（5）Credit No.（信用证号码），由银行填写。

（6）Date and Place of Expiry（信用证有效期及地点）。有效期为日期格式（YYYYMMDD），且必须在申请开证日期之后。信用证的到期地点可以规定在出口地（议付行所在地，通常也是受益人所在地。受益人是信用证上所指定的有权使用该信用证的人，一般为出口商，也就是买卖合同的卖方）、进口地（开证行所在地）或第三国（付款行所在地）。例如，20230526 CHINA，此栏有效期至少距离当前日期五天。

（7）Applicant（开证申请人），又称 Opener（开证人），是指向银行提出申请开立信用证的人，一般为进口人，就是买卖合同的买方。开证申请人为信用证交易的发起人。此栏填写开证申请人名称及地址，即进口商英文名称和地址，可在公司资料中复制。

（8）Beneficiary（Full Name and Address）（受益人），受益人是指信用证上所指定的有权使用该信用证的人。一般为出口人，也就是买卖合同的卖方。此栏填写受益人全称和详细地址，即出口商英文名称和地址，可在合同中复制。

（9）Advising Bank（通知银行），如果该信用证需要通过收报行以外的另一家银行转递、通知或加具保兑后给受益人，该项目内填写该银行。此栏填写通知行名址，即出口行英文名称和地址。

（10）Amount（信用证金额），填写合同币别和合同金额。例如，USD7,100 USD SEVEN THOUSAND ONE HUNDRED ONLY。

注意：大写金额必须与合同完全一致，建议直接复制合同"Say Total"。

（11）Parital Shipments（分批装运条款），填写跟单信用证项下是否允许分批装运。

（12）Transshipment（转运条款），填写跟单信用证项下是否允许货物转运。

（13）Loading on Board/Dispatch/Taking in Charge at/from（船上装货/发货/接管），填写装运港名称。装运港需根据合同规定填写，与合同"Port of Shipment"完全一致，格式为"港口名＋国家"。例如，DALIAN CHINA。

（14）Not Later Than（最迟装运期），必须为八位日期格式，并在开证日期之后、信用证有效期之前。例如，20230616。

（15）For Transportation to，填写目的港。目的港需根据合同规定填写，与合同"Port of Destination"完全一致，格式为"港口名＋国家"。例如，LONDON UK。

（16）价格条款，根据合同内容选择或填写价格条款。如果是 CIF、FOB、CFR，直接选择。如果是其他术语，先选择"or other terms"，再选择正确的贸易术语。

（17）Credit Available with，填写此信用证可由×××银行（押汇银行或出口地银行名称）。即期付款、承兑、议付、延期付款。如果信用证为自由议付信用证，银行可用"ANY BANK IN…（地名/国名）"表示。如果信用证为自由议付信用证，而且对议付地点也无限制，可用"ANY BANK"表示。

（18）By Sight Payment，勾选此项，表示开具即期付款信用证。即期付款信用证是指受益人（出口商）根据开证行的指示开立即期汇票或无须汇票仅凭运输单据即可向指定银行提示请求付款的信用证。如果合同中付款方式选择"AT SIGHT"，则可选择即期付款（sight payment)信用证或议付(negotiation)信用证。

(19) By Acceptance,勾选此项,表示开具承兑信用证。

承兑信用证是指信用证规定开证行对于受益人开立以开证行为付款人或以其他银行为付款人的远期汇票,在审单无误后,应承担承兑汇票并于到期日付款的信用证。

如果合同中付款方式选择"AT 30 DAYS AFTER SIGHT"等远期付款期限,则可选择承兑信用证。进口商若开立承兑信用证,可以直接承兑后办理,不需要立刻付款,直接承兑后,办理取回单据的步骤即可。

(20) By Negotiation,勾选此项,表示开具议付信用证。议付信用证是指开证行承诺延伸至第三当事人,即议付行,其拥有议付或购买受益人提交信用证规定的汇票/单据权利行为的信用证。如果信用证不限制某银行议付,可由受益人(出口商)选择任何愿意议付的银行,提交汇票、单据给所选银行请求议付的信用证称为自由议付信用证,反之为限制性议付信用证。如果合同中付款方式选择"AT 30 DAYS AFTER SIGHT"等远期付款期限,则可选择承兑(acceptance)信用证、议付(negotiation)信用证、延期付款(deferred payment at)信用证。

(21) By Deferred Payment at,勾选此项,表示开具延期付款信用证。如果开具这类信用证,需要写明延期多少天付款。例如,at 60 days from payment confirmation(60天承兑付款)、at 60 days from B/L date(提单日期后60天付款)等。延期付款信用证指不需汇票,仅凭受益人交来单据,审核相符,指定银行承担延期付款责任起,延长直至到期日付款。该信用证除能够为欧洲地区进口商避免向政府交纳印花税而免开具汇票外,其他都类似于远期信用证。如果合同中付款方式选择"AT 30 DAYS AFTER SIGHT"等远期付款期限,则可选择承兑信用证、议付信用证、延期付款信用证。

(22) against the documents detailed herein and beneficiary's draft(s) for _____% of invoice value at _____ sight drawn on _____。此栏为汇票信息,解释如下。

连同下列单据:

受益人按发票金额_____%,做成限制为_____天、付款人为_____的汇票。注意延期付款信用证不需要选择连同此单据。

例如,against the documents detailed herein and beneficiary's draft(s) for 100% of invoice value at * * * sight。

(23) At ____ Sight(付款期限)。如果是即期,需要在"at   sight"之间填"* * * *"或"— — — —",不能留空。

远期有几种情况:at ×× days after date(出票后××天),at ×× days after sight(见票后××天)或at ×× days after date of B/L(提单日后××天)等。

如果是远期,要注意两种表达方式的不同:一种是见票后××天(at ×× days after sight),另一种是提单日后××天(at ×× days after B/L date)。这两种表达方式在付款时间上是不同的,"见单后××天"是指银行见到申请人提示的单据时间算起,而"提单日后××天"是指从提单上的出具日开始计算的××天,所以如果能争取到以"见单后××天"的条件成交,等于又争取到了几天迟付款的时间。

(24) Drawn on(指定付款人)。注意汇票的付款人应为开证行或指定的付款行。

例如,drawn on THE BANK OF ENGLAND。

如果选择"即期付款信用证",此栏可选可不选。

如果选择"承兑信用证"或"议付信用证",必须选择此栏。

如果选择"延期付款信用证",此栏不可选。

(25) Documents Required:(marked with ×)[信用证需要提交的单据(用"×"标明)]。

根据国际商会《跟单信用证统一惯例》规定,信用证业务是纯单据业务,与实际货物无关,所以信用证申请书上应按合同要求明确写出所应出具的单据,包括单据的种类,每种单据所表示的内容,正、副本的份数,出单人等。一般要求提示的单据有海运提单(或空运单、收货单)、发票、箱单、重量证明、保险单、数量证明、质量证明、产地证、装船通知、商检证明以及其他申请人要求的证明等。

信用证需要提交的单据类型和正本、副本份数应与合同"DOCUMENTS"栏一致,具体解释如下。

① 经签字的商业发票一式____正本和____副本,标明信用证号和合同号。商业发票必须选择。

② 全套清洁已装船海运提单,做成空白抬头、空白背书,注明"运费[　]待付/[　]已付",[　]标明运费金额,并通知。

③ 航空运提单收货人为____,注明"运费[　]待付/[　]已付",[　]标明运费金额,并通知。

注意:

a. 海运提单、航空运提单必须二选一,并与运输方式相符。

b. 如果是以 CFR、CIF、CIP、CPT 成交,就要求对方出具的提单为"运费已付"(freight prepaid),如果是以 FOB、FCA 成交,就要求对方出具的提单为"运费到付"(freight collect)。

④ 保险单/保险凭证(insurance policy/certificate)一式____正本和____副本,按发票金额的____%投保,注明赔付地在____,以汇票同种货币支付,空白背书,投保____。

注意:

a. 如果按 CIF、CIP 成交,必须选择保险单,且正本、副本份数必须与合同一致。

b. 赔付地要求在到货港,一旦出现问题,方便解决。

c. 投保加成必须与合同一致。

d. 投保险别请单击横线选择,并且必须与合同一致。

⑤ 装箱单(packing list)一式____正本和____副本,注明每一包装的数量、毛重和净重。装箱单必须选择。

⑥ 数量/重量证书(certificate of quantity/weight)一式____正本和____副本。

⑦ 品质证书(certificate of quality)一式____正本和____副本。

⑧ 一般原产地证书(certificate of origin)一式____正本和____副本。

注意:数量/重量证书、品质证书、一般原产地证书应根据合同选择,如果合同里规定了,这里必须选择,并且正本、副本份数必须与合同一致。

(26) Other Documents,if any(其他单据)。

① 植物检疫证书(certificate of phytosanitary)一式____正本和____副本。

② 健康证书一式(health certificate)____正本和____副本。

③ 普惠制原产地证书(certificate of origin form A)一式____正本和____副本。

注意:植物检疫证书、健康证书、普惠制原产地证书应根据合同选择,如果合同里规定了,这里必须选择,并且正本、副本份数必须与合同一致。

(27) Description of Goods(货物描述),包括商品编号、商品英文名称、商品英文描述(必须与合同中的商品描述完全一致)

(28) Quantity(商品销售数量),与合同一致,注意单位的单复数。Price(商品单价)。

例如,POWER TOOL(商品英文名称)

MEAS:0.33G. W. ;33,000;PACKING:10PCS/CARTON(商品英文描述,与合同中的商品描述一致)

QUANTITY:6,000PCS(商品销售数量,需与合同中的商品销售数量完全一致)

PRICE:USD5(商品单价,需与合同中的商品单价完全一致)

(29) Additional Instructions(附加条款),是对以上各条款未述之情况的补充和说明,且包括对银行的要求等。

① 开证行以外的所有银行费用由受益人担保。
② 所需单据须在运输单据出具日后____天内提交,但不得超过信用证有效期。
③ 第三方为托运人不可接受,简式/背面空白提单不可接受。
④ 数量及信用证金额允许有____%的增减。
⑤ 所有单据须指定____船公司。

(30) Other Terms,if any(其他条款)。

知识链接

申请开证时应注意的问题

(1) 开证时间。如果合同规定了开证日期,就必须在规定期限内开立信用证;如果合同只规定了最后装运期,那么买方应在合理的时间内开证,即要让卖方收到信用证后能在合同规定的装运期内出运为原则。

(2) 申请开立信用证前,一定要落实进口批准手续及外汇来源。

(3) 开证时要注意"证同一致",必须以对外签订的正本合同为依据,不能用"参阅××号合同"为依据,也不能将有关合同附件附在信用证后,因为信用证是一个独立的文件,不依附于任何贸易合同。

(4) 当合同规定为远期付款时,要明确汇票期限,价格条款必须与相应的单据要求、费用负担及表示方法相一致。

(5) 由于银行是凭单付款,不管货物质量如何,都不受合同约束,所以为使货物质量符合规定,可在开证时规定要求对方提供商检证书,明确货物的规格品质,指定商检机构。

(6) 信用证各项内容应明确无误,明确规定各种单据的出单人(商业发票、保险单和运输单据除外),规定各单据表述的内容。

(7) 合同规定的条款应转化在相应的信用证条件里或转化成有关单据,因为信用证结算方式下,只要单据表面与信用证条款相符合,开证行就必须按规定付款。如信用证申请书中含有某些条件而未列明应提交与之相应的单据,银行将认为未列此条件,而不予理睬。

(8) 国外通知行由开证行指定。如果进出口商在订立合同时,坚持指定通知行,可供开证行在选择通知行时参考。

(9) 在信用证中规定是否允许分批装运、转运、不接受第三者装运单据等条款。

(10) 我方开出的信用证,如对方要求其他银行保兑或通知行保兑,我方原则上不能同意。

(11) 我方一般不宜开出可转让信用证。

(12) 除非有特殊规定,信用证申请书原则上应以英文开立。

五、信用证通知书的填制内容

进口地银行根据进口商提交的信用证开证申请书开立出信用证的同时,将自动生成一份信用证通知书,出口商可凭此通知书前往出口地银行领取信用证。

1. 信用证通知书的通知方式

对于国外银行开来的信用证,其受理与通知是办理出口信用证业务的第一步。

通知行受理国外来证后,应在1~2个工作日内将信用证审核完毕并通知出口商,以利于出口商提前备货,在信用证有效期内完成规定工作。

信用证的通知方式,则因开证形式而异。如系信开信用证,通知行一般以正本通知出口商,将副本存档;对于全电本,通知行将其复制后以复制本通知出口商,原件存档。电开信用证或修改(包括修改通知)中的密押(SWIFT信用证无密押)需涂抹后再行通知。

如果信用证的受益人不同意接受信用证,则应在收到信用证通知书的三日内以书面形式告知通知行,并说明拒受理由。

2. 上方空白栏

信用证的通知行填英文名称,下面填英文地址与传真号。出口方一般选择自己的账户行为通知行,以便于业务联络及解决将来可能发生的贸易融资需求。

例如,中国商业银行大连分行。

COMMERCIAL BANK OF CHINA DALIAN BRANCH.

3. 日期

通知日期。收到国外开来的信用证后,应仔细审核通知行的签章、业务编号及通知日期。

4. TO(受益人名称及地址)

信用证上指定的有权使用信用证的人,一般为出口方。

5. WHEN CORRESPOND PLEASE QUOTE OUT REF NO.(代理行业务编号)

开证行将信用证寄给出口方所在地的代理银行(通知行),出口商收到国外开来的信用证后,应仔细审核通知行的签章、业务编号及通知日期。

6. 开证行

受开证人之托开具信用证、保证付款的银行名称及地址,一般在进口方所在地银行。

7. 转递行

转递行负责将开证行开给出口方的信用证原件递交给出口方。信开信用证才有转递行,电开信用证无转递行。

8. 信用证号

信用证的证号是开证行的银行编号,在与开证行的业务联系中必须引用该编号。信用证的证号必须清楚、没有变字等错误。

如果信用证的证号在信用证中多次出现,应注意前后是否一致,否则应当电洽修改。

9. 开证日期

信用证上必须注明开证日期,如果没有,则视开证行的发电日期(电开信用证)或抬头日期(信开信用证)为开证日期。

有些日期需要根据开证日期来计算或判断,而且开证日期还表明进口方是否按照合同规定期限开出信用证,因此开证日期非常重要,应当清楚明了。

10. 信用证的币别和金额

信用证中规定的币别、金额应该与合同中签订的一致。币别应是国际可自由兑换的币种,货币符号为国际普遍使用的世界各国货币标准代码;金额采用国际通用的写法,若有大小写两种金额,应注意大小写保持一致。

11. 信用证的有效地点

有效地点是指受益人在有效期内向银行提交单据的地点。国外来证一般规定有效地点在我国境内,但如果规定有效地点在国外,则应提前交单以便银行有合理时间将单据寄到有效地点的银行,这一点应特别注意。

12. 信用证的有效期限

信用证的有效期限是受益人向银行提交单据的最后期限,受益人应在有效期限日期之前或当天将单据提交指定地点的指定银行。

一般情况下,开证行和开证申请人(进口方)规定装运期限后 10 天、15 天或 21 天为交单的最后期限。如果信用证没有规定该期限,按照国际惯例,银行将拒绝受理于装运日期后 21 天提交的单据。

13. 信用证付款期限

根据付款期限不同,信用证可分为即期信用证和远期信用证。

14. 未付费用

受益人尚未支付给通知行的费用,如没有,则填"RMB0.00"。

15. 费用承担人

信用证中规定的各相关银行的银行费用等由谁来承担。

16. 来证方式

开立信用证可以采用信开和电开方式,通常为"SWIFT"。

信开信用证由开证行加盖信用证专用章和经办人名章并加编密押,寄送通知行;电开信用证由开证行加编密押,以电传方式发送通知行。

17. 信用证是否生效

通常为"VALID"。有些信用证在一定条件下才正式生效,一般通知行在通知此类信用证时会在正本信用证上加注"暂不生效"字样。因此,在此种情况下,受益人应在接到通知行的正式生效通知后再办理发货。

18．印押是否相符

收到国外开来的信用证后,应仔细审核印押是否相符,填"YES"或"NO"。

信开信用证要注意其签章,看有无印鉴核符签章;电开信用证应注意其密押,看有无密押核符签章(SWIFT L/C 因随机自动核押,无此章)。

在一般情况下,通知行在通知信用证前会预先审查,看其有无不利条款,并在信用证上注明,受益人若发现此类注明,应格外注意或及时接洽开证人修改信用证。

19．是否保兑行

根据信用证内容填写"YES"或"NO"。保兑行是指接受开证行的委托要求,对开证行开出的信用证的付款责任以本银行的名义实行保付的银行。保兑行在信用证上加具保兑后,即对信用证独立负责,承担必须付款或议付的责任。汇票或单据一经保兑行付款或议付,即使开证行倒闭或无理拒付,保兑行也无权向出口商追索票款。

保兑行通常是通知行,也可以是其他银行。

20．通知行签章

收到国外开来的信用证后,应仔细审核通知行的签章、业务编号及通知日期。

六、开证行发出信用证修改通知书单

信用证修改通知书
APPLICATION FOR AMENDMENT

TO: BANK OF CHINA
DATE OF AMENDMENT:

AMENDMENT TO OUR DOCUMENTARY CREDIT NUMBER:	NO. OF AMENDMENT
APPLICANT	ADVISING BANK
BENEFICIAR(BEFORE THE AMENDMENT)	AMOUNT
THE ABOVE MENTIONED CREDIT IS AMENDED AS FOLLOWS: SHIPMENT DATE EXTENDED TO ＿＿＿＿＿＿＿＿ EXPIRY DATE EXTENDED TO ＿＿＿＿＿＿＿＿ AMOUNT INCREASE/DECREASE BY ＿＿＿＿＿＿ TO ＿＿＿＿＿＿ OTHER TERMS: BANKING CHARGES. ALL OTHER TERMS AND CONDITIONS UNCHANGED. AUTHORIZED SIGNATURE	

七、出口商填写信用证分析表

出口商根据信用证和信用证修改通知书的主要内容填写信用证分析表,作为缮制、审核和管理该票业务单证的依据。信用证分析表如表 3-3 所示。

微课:信用证分析表填写示范

表 3-3　信用证分析表

信用证号码		开证日		开证行	
通知行		保兑行		议付行	
申请人		受益人		合同号码	
信用证金额	最高限额规定	有效期		到期日	
付款方式	货币	货物允许增减幅度		金额允许增减幅度	
是否需要提交汇票	汇票付款人	汇票付款期限		汇票金额	
装运港	目的港	可否转运		可否分批	
装运期限	运输标志			交单期	
货物描述					
单据名称	提交银行份数	信用证项下单据条款的证明文句			
发票					
装箱单					
提单	抬头	通知		背书	证明文句
保单	加成	险别		赔付规定	证明文句
商会产地证					
Form A					
商检证					
寄单证明					
其他证明					
所有单据必须注明内容					

实例体验

1. 信用证通知书

信 用 证 通 知 书

NOTIFICATION OF DOCUMENTARY CREDIT

ADDRESS:115 ZHONG SHAN ROAD DALIAN CHINA

CABLE:CHUNGKUO
TELEX:33062 BOCSH ECN
BANK OF CHINA DALIAN BRANCH

SWIFT:BKCHCNBJ73A
DATE:2023/09/18

To：致： DALIAN XINXIN IMPORT & EXPORT CO.，LTD. 62,RENMIN ROAD DALIAN,CHINA	WHEN CORRESPONDING PLEASE QUOTE OUR REF. NO.	
Issuing Bank F. F COMPANY 3-7 HOLY GREEN LONDON UK	Transmitted to us through 转递行/转让行	
L/C No. 信用证号 LC2023 Dated 开证日期 SEP. 18,2023	Amount 金额 USD7,100.00	

Dear sirs,迳启者
We have pleasure in advising you that we have received from the a/m bank a(n)
兹通知贵司,我行收自上述银行
(　) pre-advising of 预先通知
(　) mail confirmation of 证实书
(　) telex issuing 电传开立
(　) ineffective 未生效
(×) original 正本
(　) duplicate 副本
Letter of credit, contents of which are as per attached sheet(s).
This advice and the attached sheet(s) must accompany the relative documents when presented for negotiation.
信用证一份,现随附通知。贵司交单时,请将本通知书及信用证一并提示。
(×)Please note that this advice does not constitute our confirmation of the above L/C nor does it convey any engagement or obligation on our part.
本通知书不构成我行对此信用证之保兑及其他任何责任。
(　)Please note that we have added our confirmation to the above L/C, negotiation is restricted to ourselves only.
上述信用证已由我行加具保兑,并限向我行交单

This L/C consists of two sheet(s),including the covering letter and attachment(s).
本信用证连同面函及附件共二张纸。

If you find any terms and conditions in the L/C which you are unable to comply with and or any error(s), it is suggested that you contact applicant directly for necessary amendment(s)of as to avoid any difficulties which may arise when documents are presented. 如本信用证中有无法办到的条款及/或错误,请迳与开证申请人联系进行必要的修改,以排除交单时可能发生的问题。	BANK OF CHINA DALIAN BRANCH 中国银行 大连分行 信用证 通知章 yours faithfully

2. 开证申请书

2023年英国F.F公司按双方签订的合同，按要求缮制开证申请。现将开证申请填制如下。

IRREVOCABLE DOCUMENTARY CREDIT APPLICATION

TO: BANK OF CHINA　　　　　　　　　　　　　　Date: MAY. 20, 2023

Beneficiary (full Name and Address) DALIAN XINXIN IMPORT & EXPORT CO., LTD. 62, RENMIN ROAD DALIAN, CHINA	L/C NO. Ex-Card No. (快递单号码) Contract No. DL2023 Date and Place of Expiry of the Credit NOV. 20, 2023 CHINA
Partial Shipments ☐allowed ☒not allowed　　Transshipment ☐allowed ☒not allowed	☐Issue by Airmail 信开　☐With Brief Advice by Tele-transmission 简电　☐Issue by Express Delivery 快递 ☒Issue by Teletransmission (Which Shall be the Operative Instrument) 电传
Loading on Board/Dispatch/Taking in Charge at / from DALIAN not later than OCT. 30, 2023 for Transportation to LONDON	Amount (both in Figures and Words) USD7,100.00 SAY U.S. DOLLARS SEVEN THOUSAND ONE HUNDRDED ONLY
Description of Goods: POWER TOOLS Packing: PACKED IN ONE CARTON OF 10PCS EACH	Credit Available with ☐ by Sight Payment　☐ by Acceptance　☐ by Negotiation　☐ by Deferred Payment at Against the Documents Detailed Herein ☒ and Beneficiary's Draft for 100% of the invoice value At USD7,100.00 on 30 DAYS AFTER SIGHT
	☐ FOB　　☒ CFR　　☐ CIF ☐ or other terms

Documents Required: (marked with ×)

1. (×) Signed commercial invoice in 3 copies indicating invoice no., contract no. DL2023.
2. ( ) Full set of clean on board ocean bills of lading made out to order and blank endorsed, marked "freight ( ) to collect / ( ) prepaid ( ) showing freight amount" notifying.
3. ( ) Air waybills showing "freight ( ) to collect / ( ) prepaid ( ) indicating freight amount" and consigned to ____.
4. ( ) Memorandum issued by _____ consigned to _____.
5. ( ) Insurance policy/certificate in copies for ____% of the invoice value showing claims payable in China in currency of the draft, blank endorsed, covering ( ) ocean marine transportation/ ( ) air transportation / ( ) over land transportation ( ) all risks, war risks.
6. (×) Packing list/weight memo in 3 copies indicating quantity / gross and net weights of each package and packing conditions as called for by the L/C.
7. ( ) Certificate of quantity / weight in copies issued by an independent surveyor at the loading port, indicating the actual surveyed quantity / weight of shipped goods as well as the packing condition.
8. (×) Certificate of quality in 2 copies issued by (×) manufacturer / ( ) public recognized surveyor / ( ).
9. (×) Beneficiary's certified copy of FAX dispatched to the accountee with 1 days after shipment advising (×) name of vessel / ( ) date, quantity, weight and value of shipment.

10. (　) Beneficiary's certificate certifying that extra copies of the documents have been dispatched according to the contract terms.
11. (　) Shipping companies certificate attesting that the carrying vessel is chartered or booked by accountee or their shipping agents.
12. (　) Other documents, if any:
　　a) Certificate of origin in copies issued by authorized institution.
　　b) Certificate of health in copies issued by authorized institution.

Additional instructions:
1. (×) All banking charges outside the opening bank are for beneficiary's account.
2. (×) Documents must be presented with days after the date of issuance of the transport documents but within the validity of this credit.
3. (×) Third party as shipper is not acceptable. Short form / blank back B/L is not acceptable.
4. (　) Both quantity and amount ＿＿% more or less are allowed.
5. (　) Prepaid freight drawn in excess of L/C amount is acceptable against presentation of original charges voucher issued by shipping Co. /air line / or it's agent.
6. (　) All documents to be forwarded in one cover, unless otherwise stated above.
7. (　) Other terms, if any:

Account No.: 110061256018102214088　　Transacted by: F. F COMPANY　　Telephone No.: 0411-89963021	with BANK OF ENGLAND. (name of bank)　　(Applicant: name, signature of authorized person)　　LILI (with seal)

任务三　审核与修改信用证

🌐 任务导入

大连欣欣进出口有限公司工作人员，需要对买方银行开来的信用证进行认真审核，对不符合出口合同规定或不能接受的信用证条款提出修改意见。

一、审核信用证

通知行在收到信用证后，应立即审核开证行的业务往来情况、政治背景、资信能力、付款责任和索汇路线等，同时鉴别信用证的真伪。审查无误，则在信用证正本上加盖"证实书"戳印，并将其随信用证通知书交出口方审核。受益人收到信用证后，应对照买卖合同逐条审核信用证，包括修改书，如有与合同不符的内容，则要争取修改。受益人对信用证的审核主要有以下内容。

微课：审核信用证基本信息

微课：审核信用证当事人信息

微课：信用证交单审核

1. 对信用证性质的审核

由于信用证的性质直接关系到我方能否安全收汇,所以受益人应注意对信用证性质(如可转让性等)的审核。

2. 对信用证规定的品质、数量、包装的审核

信用证中商品名称、品质、数量、包装的规定须与合同一致,如发现与合同规定不符,我方又不能接受的,应立即要求对方改证。

3. 对信用证金额、货币的审核

信用证金额与货币应与合同金额一致,如合同定有溢短装条款,信用证金额亦有相应的增减。

4. 对信用证规定单据的审核

对信用证中所要求提供的单据种类、填写内容、文字说明、文件份数、填写方法等都要认真审核。凡是信用证中要求的单据与我国政策相抵触或根本办不到的,应及时与对方联系修改。

5. 对信用证有效期、到期地点、装运期的审核

装运期必须与合同规定的时间相一致。如因来证太晚或发生意外情况而不能按时装运,应及时电请买方展延装运期限。如来证仅规定有效期而未规定装运期,信用证的有效期可视为装运期;来证的有效期和装运期是同一个时期,即为"双到期"的信用证,按我方能否按时装运决定是否让对方修改有效期。一般来说,信用证的有效期与装运期一般有一定的合理时间间隔,以便装船发运货物后有充足的时间办理制单、结汇工作。到期地点一般要求在我国境内,如规定在国外,一般不轻易接受。

在信用证结算方式下,对出口商来说,落实信用证是履行出口合同中不可缺少的重要环节。认真审核和处理信用证中的问题,是出口企业的货物买卖合同顺利履行和安全收汇的重要保证。作为卖家,当你拿到一份国外银行开来的信用证时,所要做的第一步就是审核信用证。如何规避风险使信用证更好地为受益人服务,就是审证的重中之重。

二、审证的依据及步骤

审证的依据主要包括外贸合同、UCP600、业务实际情况:①依据外贸合同,是因为信用证是依据合同开立的;②依据 UCP600,是因为 UCP600 是相符交单的一个重要依据;③依据业务实际,信用证有些条款是无法从外贸合同和 UCP600 当中找到依据的,因此需要根据业务实际来判断信用证条款的合理性。

审证有四个步骤:①熟悉合同条款;②根据合同条款逐条审核信用证;③检查信用证是否有漏开合同的条款;④列举出修改信用证的不符条款。

三、修改信用证

卖方在根据合同审核信用证时,如发现与合同条款不符或其他错误,应立即通知买方修改信用证。凡属于非改不可的,应及时要求进口商改证。如果信用证中需要修改的内容较多,必须一次性提出。如果一份信用证修改通知书包括多项内容,受益人要么全部接受,要么全部拒绝。

1. 修改信用证的原则

UCP600 规定,未经开证行、保兑行及受益人同意,信用证既不得修改,也不得撤销。信用证的修改应由开证申请人向开证行提出,由开证行修改,并经开证行、保兑行和受益人的同意,才能生效。

(1) 只有买方(开证人)有权决定是否接受修改信用证。

(2) 只有卖方(受益人)有权决定是否接受信用证修改。

2. 修改信用证的注意事项

(1) 凡是需要修改的内容,应做到一次性向客人提出,避免多次修改信用证的情况。

(2) 对于不可撤销信用证中任何条款的修改,都必须取得当事人的同意后才能生效。对信用证修改内容的接受或拒绝有两种表示形式:①受益人做出接受或拒绝该信用证修改的通知;②受益人以行动按照信用证的内容办事。

(3) 收到信用证修改后,应及时检查修改内容是否符合要求,并区分情况表示接受或重新提出修改。

(4) 对于修改内容,要么全部接受,要么全部拒绝,部分接受修改中的内容是无效的。

(5) 信用证修改必须通过原信用证通知行寄送才是真实、有效的;通过客人直接寄送的修改申请书或修改书复印件不是有效的修改。

3. 修改信用证的业务流程

一般地,修改信用证的业务流程为开证申请人向开证行提出,开证行凭修改申请书办理。具体程序如图 3-3 所示。

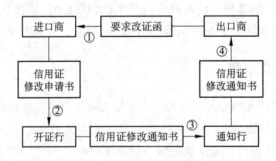

图 3-3 修改信用证的业务流程

说明:

① 出口商审核信用证内容是否符合合同的有关规定,如有不符点,要求进口商改证。

② 进口商如需改证,向开证行递交改证申请书,要求修改信用证。

③④ 开证行将改证后的信用证修改通知书委托通知行转交出口商。

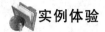 **实例体验**

1. 合同资料

DALIAN XINXIN IMPORT & EXPORT CO., LTD.
62, RENMIN ROAD DALIAN, CHINA

销售确认书

SALES CONFIRMATION　　　S/C NO.: DL2023
　　　　　　　　　　　　　DATE: SEP. 07, 2023

电话 TEL: 0411-8937××××
传真 FAX: 0411-8937××××
TO MESSRS:
　F. F COMPANY
　3-7 HOLY GREEN LONDON UK

兹经买卖双方同意成交下列商品，订立条款如下：
THE UNDERSIGNED SELLERS AND BUYERS HAVE AGREED TO CLOSE THE FOLLOWING TRANSACTION ACCORDING TO THE TERMS AND CONDITIONS STIPULATED BELOW:

唛头 SHIPPING MARK	货物描述及包装 DESCRIPTION OF GOODS, PACKING	数量 QUANTITY	单价 UNIT PRICE	总值 AMOUNT
M. E DL2023 LONDON C/NO. 1-60	POWER TOOLS KK1 KK2 KK3 PACKED IN ONE CARTON OF 10SET EACH	300PCS 200PCS 100PCS	CFR LONDON USD10.00 USD13.00 USD15.00	USD3,000.00 USD2,600.00 USD1,500.00
TOTAL		600PCS		USD7,100.00

装运港 LOADING PORT: DALIAN PORT
目的港 DESTINATION: LONDON PORT
装运期限 TIME OF SHIPMENT: LATEST DATE OF SHIPMENT OCT. 30, 2023
付款条件 TERMS OF PAYMENT: IRREVOCABLE L/C AT SIGHT, REACHING THE SELLER NOT LATER THAN SEP. 20, 2023
分批装运 PARTIAL SHIPMENT: ALLOWED
转船 TRANSSHIPMENT: PROHIBITION
保险 INSURANCE: TO BE EFFECTED BY SELLERS FOR 110% OF FULL INVOICE VALUE COVERING ALL RISKS AND WAR RISK

　买方 THE BUYER: JOHN　　　　　　　卖方 THE SELLER: ZHANG SHUANG
　F. F COMPANY　　　　　　　　　　　　DALIAN XINXIN I/E CORP.

2. 信用证资料

SEQUENCE OF TOTAL　　*27: 1/1

FORM OF DOC. CREDIT	*40A:	IRREVOCABLE
DOC. CREDIT NUMBER	*20:	FF2023
DATE OF ISSUE	31C:	230918
EXPIRY	*31D:	DATE 230810 PLACE CHINA
APPLICANT	*50:	F. F COMPANY
		5-4 HOLY GREEN, LONDON, UK
BENEFICIARY	*59:	DALIAN XINXIN TOOLS IMPORT & EXPORT CO., LTD.
		31, HAIBIN ROAD SHENYANG, CHINA
AMOUNT	*32B:	CURRENCY ¥ AMOUNT 7,100.00
AVAILABLE WITH/BY	*41D:	ANY BANK IN CHINA BY NEGOTIATION
DRAFT AT ...	42C:	AT 60 DAYS AFTER SIGHT FOR FULL INVOICE VALUE
PARTIAL SHIPMENT	43P:	PERMITTED
TRANSSHIPMENT	43T:	PERMITTED
PORT OF LOADING	44E:	DALIAN
PORT OF DISCHARGE	44F:	TOKYO
LATEST DATE OF SHIP.	44C:	NOV. 31, 2023
DESCRIPT. OF GOODS	45A:	

POWER TOOLS AS PER S/C NO DL2023

FOB LONDON

DOCUMENTS REQUIRED 46A:

+COMMERCIAL INVOICE, IN INTRIPLICATE

+FULL SET OF B/L CLEAN ON BOARD MADE OUT TO ORDER OF SHIPPER AND BLANK ENDORSED AND MARKED "FREIGHT COLLECT" AND NOTIFY APPLICANT.

+PACKING LIST IN TRIPLICATE

+INSURANCE POLICY OR CERTIFICATE BLANK ENDORSED FOR 150 PCT OF INVOICE VALUE COVERING ALL RISKS AND WAR RISK.

ADDITIONAL CONDITIONS 47A:

+ALL DOCUMENTS MUST BE MAILED IN ONE LOT TO THE ISSUING BANK BY COURIER SERVICE.

DETAILS OF CHARGES 71B: ALL BANK CHARGES COMMISSIONS ARE FOR ACCOUNT OF BENEFICIARY

PRESENTATION PERIOD 48: WITHIN 5 DAYS AFTER THE DATE OF SHIPMENT BUT

WITHIN THE VALIDITY OF THE CREDIT

CONFIRMATION	*49:	WITHOUT
INSTRUCTION	78:	THIS CREDIT IS SUBJECT TO THE U.C.P.

FOR DOCUMENTARY CREDITS(2007 REVISION)I. C. C. ,PUB. NO. 600

3. 修改意见

出口商大连欣欣进出口有限公司审核编号为 LC2023 的信用证后,发现多处不符点,并提出下列修改意见。

（1）59 受益人地址错误,根据合同应该是 51,RENMIN ROAD DALIAN,CHINA。

（2）31D 信用证到期时间与开证时间矛盾,应该在开证日期及提单日期后一段时间。

（3）44F 卸货港错误,根据合同应该是 LONDON。

（4）32B 信用证金额错误,应该是 USD7,100.00。

（5）43T 转船要求错误,应该是 PROHIBITION。

（6）44C 最迟装运期错误,应该是 OCT.30,2023。

（7）45A 货物描述中的价格术语错误,应该是 CFR LONDON。

（8）42C AT 60 DAYS AFTER SIGHT 错误,根据合同应该是 AT SIGHT。

（9）46A 保险单中的投保加成错误,根据合同投保加成应该是 10%。

（10）46A 提单条款中的"FREIGHT COLLECT"错误,根据合同应该是"FREIGHT PREPAID"。

四、信用证软条款

1. 软条款的概念

信用证中的"软条款"(soft clause),在我国也称陷阱条款(pitfall clause),是指在不可撤销的信用证加列一种条款,使出口商不能如期发货,据此条款开证申请人(买方)或开证行具有单方面随时解除付款责任的主动权,即买方完全控制整笔交易,受益人处于受制于人的地位,是否付款完全取决于买方的意愿。

2. 软条款的审核方法

（1）不是有效的信用证文件或信用证中包括有条件生效的条款。例如,信用证中有"详情后告知""待获得有关当局签发的进口许可证后才能生效""待收到货样或函电确认后生效"等。

（2）做到信用证项下的相符交单取决于开证申请人行为的条款。如信用证只有在收到进口许可证方能生效,而这种生效还需经开证申请人的授权;发货需等申请人通知,申请人的通知作为结汇单据之一,如客检证书等。

（3）信用证中对银行的承付或议付责任设置超出了"相符交单"若干前提条件的条款。例如,要求受益人提交开证申请人验货证明,则须待申请人确认后,开证行方可将款项贷记有关账户。

（4）信用证的规定前后矛盾致使受益人不可能做到"相符交单"的条款。例如,FOB 成交方式中要求在提单上注明"FREIGHT PREPAID",或 CFR 成交方式中要求受益人提交保险单等。

（5）受益人若按信用证的规定行事,将会失去对货物所有权控制的条款。例如,要求将提单做成以开证申请人为抬头的记名提单。

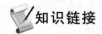
知识链接

常见的软条款

(1) 开证申请人(买方)通知船公司、船名、装船日期、目的港、验货人等,受益人才能装船。此条款使卖方装船完全由买方控制。

(2) 信用证开出后暂不生效,待进口许可证签发后通知生效,或待货样经申请人确认后生效。此类条款使出口货物能否装运,完全取决于进口商,出口商则处于被动地位。出口商见信用证才能投产,生产难安排,装期紧,出运有困难。

(3) 1/3 正本提单迳(直)寄开证申请人。买方可能持此单先行将货提走。

(4) 记名提单,承运人可凭收货人合法身份证明交货,不必提交本提单。

(5) 信用证到期地点在开证行所在国,有效期在开证行所在国,使卖方延误寄单,单据寄到开证行时已过议付有效期。

(6) 信用证限制运输船只、船龄或航线等条款。

(7) 含空运提单的条款,提货人签字就可提货,无须交单,货权难以控制。有的信用证规定提单发货人为开证申请人或客户,可能被不法商人利用此特殊条款进行无单提货。

(8) 品质检验证书须由开证申请人或其授权者签发,由开证行核实,并与开证行印鉴相符。采用买方国商品检验标准,此条款使卖方由于采用本国标准,而无法达到买方国标准,信用证失效。

(9) 收货收据须由开证申请人签发或核实。此条款使买方拖延验货,使信用证失效。

(10) 自相矛盾,既规定允许提交联运提单,又规定禁止转船。

(11) 规定受益人不宜提交的单据,如要求使用 CMR 运输单据,但因为我国没有参加《国际公路货物运输合同公约》,所以我国的承运人无法开出"CMR"运输单据。

(12) 一票货物,信用证要求就每个包装单位分别缮制提单。

(13) 设置质量检验证书障碍,伪造质检证书。

(14) 本证经当局(进口国当局)审批才生效,未生效前,不许装运。

(15) 易腐货物要求受益人先寄一份提单,持此单可先行提货。

(16) 货款须于货物运抵目的地经外汇管理局核准后付款。

(17) 卖方议付时,需提交买方在目的港的收货证明。

(18) 产地证书签发日晚于提单日期,这会被怀疑未经检验,先装船,装船后再检验。

(19) 延期付款信用证下,受益人交单在先,银行付款在后,风险大,应加具保兑。

(20) 不接受联合发票,进口国家拒绝接受联合单据。

(21) 信用证规定指定货代出具联运提单,当一程海运后,二程境外改空运,容易被收货人不凭正本联运提单提货。

(22) 信用证规定受益人在货物装运后,如不及时寄 1/3 提单,开证申请人将不寄客检证,使受益人难以议付单据。

思政园地

探索智能网联,践行社会责任:"枪林弹雨"中的华为

2022 年是华为比较坎坷的一年,但是华为未来可期。华为轮值董事长徐直军表示,华

为将促进各行各业数字化、智能化、绿色化,开创增长机会,预计到2027年华为可参与的市场空间达到万亿美元。2023年是华为生存与发展的关键之年。

本次,华为也对外正式官宣了华为"铁娘子"孟晚舟的任命问题。华为官方发布了"关于公司轮值董事长的当值公告",根据公司轮值董事长制度,2023年4月1日—9月30日由孟晚舟担任轮值董事长,轮值董事长主持公司董事会及董事会常务委员会。

荣誉加身,责任重大。对于孟晚舟来说,前方面临的,可能是比过去华为人所面临的更加充满挑战性和风险性的未来。

尽管如今的华为,依然难以实现全方位的国产替代。因为这个盘子太大,涉及的领域越来越多,"一家通吃"基本是不可能事件。所以,在当前的国际形势下,需要的是整个产业链高度协同,抱团取暖,由华为这条"头狼"带动其他国内有潜力的企业逐渐积聚,形成"狼群效应",而非各谋其位,一盘散沙。

从国内当前的产业链形势来看,经过华米OV等OEM大厂多年的培育和协同,各产业链关键环节已经出现了一批又一批实力强悍的代表性企业,虽然在整体实力、体量以及产品线丰富度、技术方面不如海外对标大厂,但部分成熟领域技术的国产替代已经能够实现。

接下来,对于华为等国内有实力的OEM大厂来说,将是培育更多能够冲上"高精尖"领域的合作商或供应商,提升整个供应链的抗风险性和稳定性,以此为基,才能赢得未来十年甚至几十年的供应链之争。

正如徐直军所说:"打造从沙子、矿石到产品的领先产品研发工具,彻底摆脱对西方产品开发工具的依赖。"这也代表着华为正在以从"0"开始的态度,重新审视自己,从零开始,构建全新的科技帝国。

资料来源:https://new.qq.com/rain/a/20230331A07NHZ00。

 实训操练

一、填写开证申请书
1. 合同资料

SHENYANG TIANTIAN IMPORT & EXPORT TRADE CORPORATION.
51,RENMIN ROAD SHENYANG,CHINA
销售确认书
SALES CONFIRMATION   DATE:MAR. 10,2023

电话 TEL:024-6250××××   S/C NO.:SY2023
传真 FAX:024-6250××××

TO MESSRS:
　　YOUDA COMPANY
　　TTY57-4,BUSAN,KOREA

兹经买卖双方同意成交下列商品,订立条款如下:
THE UNDERSIGNED SELLERS AND BUYERS HAVE AGREED TO CLOSE THE FOLLOWING TRANSACTION ACCORDING TO THE TERMS AND CONDITIONS STIPULATED BELOW:

唛头 SHIPPING MARK	货物描述及包装 DESCRIPTION OF GOODS, PACKING	数量 QUANTITY	单价 UNIT PRICE	总值 AMOUNT
L.C SY2023 BUSAN C/NO. 1-UP	COTTONS SHIRT S M L PACKED IN ONE CARTON OF 10SET EACH	3,000PCS 2,000PCS 1,000PCS	CFR BUSAN USD10.00 USD15.00 USD15.00	USD30,000.00 USD30,000.00 USD15,000.00
TOTAL		6,000PCS		USD75,000.00

装运港 LOADING PORT:YINGKOU PORT
目的港 DESTINATION:BUSAN PORT
装运期限 TIME OF SHIPMENT:LATEST DATE OF SHIPMENT OCT.30,2023
付款条件 TERMS OF PAYMENT:IRREVOCABLE L/C AT SIGHT
分批装运 PARTIAL SHIPMENT:NOT ALLOWED
转船 TRANSSHIPMENT:NOT ALLOWED
保险 INSURANCE:TO BE EFFECTED BY SELLERS FOR 120% OF FULL INVOICE VALUE COVERING ALL RISKS AND WAR RISK

买方 THE BUYER:HAN SONG YOUDA COMPANY　　　　　　卖方 THE SELLER:LIUJIE SHENYANG TIANTIAN I/E CORP.

2. 开证申请书模板

IRREVOCABLE DOCUMENTARY CREDIT APPLICATION

To:BANK OF CHINA,HANGZHOU BRANCH　　　　　FEB.05,2023

( )Issue by airmail ( )With brief advice by tele-transmission ( )Issue by SWIFT	Credit No. Date and place of expiry(1)
Applicant(2)	Beneficiary(3)
Advising bank	Amount(figure and words)(4)
Partial shipment (5)　　　Transshipment(6) ( )allowed　　　　　　( )allowed ( )not allowed　　　　 ( )not allowed	Credit available with (8) by ( )sight payment ( )acceptance ( )negotiation
Port of Loading:(7) not later than Port of discharge: ( )FOB　　( )CFR　　( )CIF ( )Other terms	( )deferred payment at ____ days after against the documents detailed herein and ( )beneficiary's drafts for ____% of invoice value at drawn on

Documents required: (marked with ×)
1. ( ) Signed commercial invoice in ____ copies indicating L/C No. and contract No. HT160120.
2. ( ) Full set of clean on board bill of Lading made out to order and blank endorsed marked freight
   ( ) prepaid/( ) collect notify ____.
   ( ) Air waybill / cargo receipt / copy of railway bill issued by _____ showing freight prepaid ( )/( ) collect indicating freight amount and consigned to _____.
3. ( ) Insurance policy/certificate in _____ for ____% of invoice value showing claims payable in CHINA in the currency of the drafts, blank endorsed, covering All risks.
4. ( ) Packing list in ____ copies.
5. ( ) Certificate of quantity/weight in ____ copies issued by _____.
6. ( ) Certificate of quality in ____ copies issued by ( ) manufacturer/( ) public recognized surveyor/( ).
7. ( ) Certificate of origin in ____ copies issued by _____.
8. ( ) Beneficiary's certified copy of fax / telex dispatched to the applicant within _____ hours after the shipment advising L/C No., name of vessel, date of shipment, name, quantity, weight and value of goods.
Other documents, if any

Description of goods: (9)

Additional instructions:
1. (×) All banking charges outside China are for the account of beneficiary.
2. (×) Documents must be presented within 15 days after the date of issuance of the transport documents but within the validity of this credit.
3. (×) Third party documents is not acceptable, short form / blank back B/L is not acceptable.
4. ( ) Both quantity and amount ____% more or less are allowed.
5. ( ) All documents must be forwarded in _____.
Other terms, if any

STAMP OF APPLICANT
　　　　　　(10)

3. 要求

以单证员的身份根据背景资料及合同内容填写开证申请书。

二、修改信用证

1. 合同资料

2023年3月,沈阳天天进出口贸易公司与韩国YOUDA COMPANY签订了一笔买卖纯棉T恤的合同。买方按要求开来了不可撤销信用证。相关资料见合同。

SHENYANG TIANTIAN IMPORT & EXPORT TRADE CORPORATION.
51,RENMIN ROAD SHENYANG,CHINA
销售确认书
SALES CONFIRMATION

DATE:MAR. 10,2023

S/C NO.:SY2023

电话 TEL:024-6250××××

传真 FAX:024-6250××××

TO MESSRS:

  YOUDA COMPANY

  TTY57-4,BUSAN,KOREA

兹经买卖双方同意成交下列商品,订立条款如下:

THE UNDERSIGNED SELLERS AND BUYERS HAVE AGREED TO CLOSE THE FOLLOWING TRANSACTION ACCORDING TO THE TERMS AND CONDITIONS STIPULATED BELOW:

唛头 SHIPPING MARK	货物描述及包装 DESCRIPTION OF GOODS, PACKING	数量 QUANTITY	单价 UNIT PRICE	总值 AMOUNT
L.C SY2023 BUSAN C/NO. 1-UP	COTTONS SHIRT S M L PACKED IN ONE CARTON OF 10SET EACH	3,000PCS 2,000PCS 1,000PCS	CFR BUSAN USD10.00 USD15.00 USD15.00	USD3,000.00 USD3,000.00 USD1,500.00
TOTAL		6,000PCS		USD75,000.00

装运港 LOADING PORT:YINGKOU PORT

目的港 DESTINATION:BUSAN PORT

装运期限 TIME OF SHIPMENT:LATEST DATE OF SHIPMENT OCT. 30,2023

付款条件 TERMS OF PAYMENT:IRREVOCABLE L/C AT SIGHT

分批装运 PARTIAL SHIPMENT: NOT ALLOWED

转船 TRANSSHIPMENT:NOT ALLOWED

保险 INSURANCE:TO BE EFFECTED BY SELLERS FOR 120% OF FULL INVOICE VALUE COVERING ALL RISKS AND WAR RISK

  买方 THE BUYER:LISA   卖方 THE SELLER:LIUJIE

  YOUDA COMPANY   SHENYANG TIANTIAN I/E CORP.

2. 买方开来的信用证
IRREVOCABLE DOCUMENTARY CREDIT

SEQUENCE OF TOTAL   *27:1/1

FORM OF DOC. CREDIT   *40A:IRREVOCABLE

DOC. CREDIT NUMBER   *20:2023SYTT

DATE OF ISSUE   31C:230918

EXPIRY	*31D:DATE 230810 PLACE CHINA
APPLICANT	*50:KOREA LOTTEE IMPORT AND EXPORT COMPANY
	57-4,BUSAN,KOREA
BENEFICIARY	*59:YINGKOU RUIXING IMPORT & EXPORT CO.,LTD.

31,RENMIN ROAD YINGKOU,CHINA

AMOUNT	*32B:CURRENCY USD AMOUNT 18,000.00
AVAILABLE WITH/BY	*41D:ANY BANK IN CHINA
BY NEGOTIATION	
DRAFT AT …	42C:AT 60 DAYS AFTER SIGHT
FOR FULL INVOICE VALUE	
PARTIAL SHIPMENT	43P:PROHIBITION
TRANSSHIPMENT	43T:PERMITTED
PORT OF LOADING	44E:YINGKOU
PORT OF DISCHARGE	44F:KOREA
LATEST DATE OF SHIP.	44C:NOV. 31,2023
DESCRIPT. OF GOODS	45A:

COTTON SHIRT AS PER S/C NO SY2023

FOB KOREA

DOCUMENTS REQUIRED 46A:

+COMMERCIAL INVOICE,2 ORIGINAL AND 4 COPIES.

+FULL SET OF B/L CLEAN ON BOARD MADE OUT TO ORDER OF SHIPPER AND BLANK ENDORSED AND MARKED "FREIGHT COLLECT" AND NOTIFY APPLICANT.

+PACKING LIST,2 ORIGINAL AND 4 COPIES

+INSURANCE POLICY OR CERTIFICATE BLANK ENDORSED FOR 150 PCT OF INVOICE VALUE COVERING ALL RISKS AND WAR RISK.

DETAILS OF CHARGES 71B:ALL BANK CHARGES OUTSIDE SPAIN ARE FOR THE ACCOUNT OF THE BENEFICIARY

PRESENTATION PERIOD 48:WITHIN 21 DAYS AFTER THE DATE OF SHIPMENT BUT

WITHIN THE VALIDITY OF THE CREDIT

CONFIRMATION	*49:WITHOUT
INSTRUCTION	78: THIS CREDIT IS SUBJECT TO THE
	U.C.P. FOR DOCUMENTARY

CREDITS(2007 REVISION)I.C.C.,PUB. NO. 600

3. 要求

请以单证员的身份根据背景资料及合同内容,分析审核信用证,将其中内容的不符点列出,并加以改正。

模块四

汇付和托收业务操作

学习目标

知识目标
1. 掌握支付方式的种类。
2. 了解汇付和托收两种结算方式的特点。

技能目标
1. 掌握汇付、托收的支付流程。
2. 能根据汇付和托收结合的结算方式下的合同缮制结汇单据。
3. 掌握汇付、托收涉及的主要当事人。

任务一 汇付业务操作

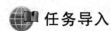任务导入

在信用证、汇付和托收这三种结算方式中,由于信用证结算方式手续复杂,单证制作要求严格,越来越多的外贸企业在与资信情况较好的公司签订合同时考虑采用汇付或托收的结算方式。对此,张爽还应了解汇付的结算方式。那么,什么是汇付方式?汇付的一般流程包括哪些?

一、汇付的含义及当事人

汇付(remittance)是汇出行应汇款人的要求,以一定的方式,把一定的金额,通过汇入行或付款行的国外联行或代理行,付给收款人的一种方式。

汇款方式一般有四个当事人:汇款人、收款人、汇出行和汇入行。当汇款人要求银行把款项汇至另一地,由其自取时,汇款人和收款人是同一人。

二、汇付的种类

汇付方式主要有以下三种。

1. 电汇

电汇(telegraphic transfer,T/T)是汇出行应汇款人的要求,以电报通知汇入行或付款行,请其把款项付给收款人的方式。

汇款人在申请汇款时,应填具汇款申请书,银行接受汇款人的汇款申请后,就应按照汇款申请书的指示执行。汇款金额如为汇出地本国货币,汇款人就按汇款额全数加上应付的电报费交与银行;汇款金额如为汇入地货币或第三国货币,汇出行一般按银行当天该种货币的电汇卖出汇率折算成本国货币加上电报费后向汇款人收取。汇出行应出具电汇回执,由汇款人收存,作为款项已汇出和将来核查的根据。由于电报传递信息难免发生差错,汇出行在拟发电报时,应加注密押。有的银行在发出电报后,把电报证实书寄送汇入行进一步核对。汇入行收到电报后,首先应验证密押,如密押和电文内容相符,即缮制电汇通知书,通知收款人取款。电汇业务流程如图 4-1 所示。

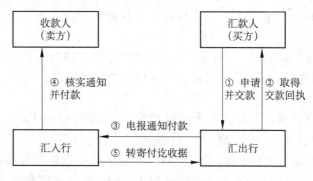

图 4-1 电汇业务流程

2. 信汇

信汇(mail transfer,M/T)业务的处理基本上与电汇相同,唯一的差别仅在汇出行不用电报而是以航邮信汇委托书或支付委托书给汇入行。委托书上一般不加密押,而加具有权签字人的签字,汇入行凭汇出行的印鉴册核对签字无误后,即行解付。

3. 票汇

票汇(banker's demand draft,D/D)是汇出行应汇款人的要求,开立以其在付款地的联行或代理行为付款人的汇票交给汇款人,由汇款人自带或由其寄给收款人,收款人凭此汇票到指定付款地银行(即汇入行)取款的一种支付方式。汇票上指定的收款人向付款银行领取汇款时,应在汇票背后加具背书,无须另出收据。出口公司收到以该公司作为收款人的汇票,在汇票背后加盖公章并签字,送银行收款。如汇票是客户自带以客户为收款人的,则应由客户背书;如背书上列明转让给出口公司,则出口公司应加空白背书,银行核对背书齐全后才能接受办理。付款银行接受收款人的汇票,与汇出行寄来的通知书(或称票根)核对无误,即可付款。现在多数代理行已取消寄送票根的做法,付款行对联行或订有代理合约的汇出行开出的汇票核对印鉴相符后,均可立即付款。对一般代理行或并无往来关系的银行开出的汇票,原则上必须待汇票头寸收妥后才能付给收款人。

票汇与电汇、信汇的区别:付款行无须通知收款人取款,而由收款人上门自取;收款人加具背书可以转让汇票;而电汇和信汇的收款人只能向付款行自取或委托往来银行代收,记入其账户内,不能经过背书转让流通。

三、汇付方式在国际贸易中的运用

买卖双方在国际货物交易中,使用汇付方式结算较简便,从交付货款与出运时间的先后来看,一般有预付货款、分期付款、延期付款和货到付款四种。

1. 预付货款

预付货款是指进口商预先将货款用汇款的方式付给出口商,出口商在一定时期内发运货物。使用预付货款的做法,主要是出口商对进口商不信任,或者出口商品在国际市场行情较好,出现异常突出的卖方市场局面,由此出口商要预收部分或全部货款作担保,这实际上使出口商可以得到进口商一笔无息贷款。这种做法有利于出口商,不利于进口商。

2. 分期付款

分期付款是指进口商根据购买货物的生产进度和交货程序分期付清货款。双方约定分期次数和分期支付的金额,在最后一批货验收后付清全部货款。

3. 延期付款

延期付款是指进口商先付一笔定金,并根据货物生产的进度和交货程序分期支付若干货款,而大部分货款则于交货后若干月或若干年内分期付清。

4. 货到付款

货到付款是指进口商在收到货物后,立即或在一定期限内,将货款汇交出口商。货到付款方式对进口商有利,对出口商不利。

在国际贸易货款结算中很少使用汇付方式,因为进口商和出口商都希望在对自己有利的条件下成交,很难达成协议。汇付方式通常较多地用于贸易从属费用,如佣金、运费、保险费等方面的结算。

任务二 托收业务操作

任务导入

在信用证、汇付和托收这三种结算方式中,由于信用证结算方式手续复杂,单证制作要求严格,越来越多的外贸企业在与资信情况较好的公司签订合同时考虑采用汇付或托收的结算方式。对此,张爽还应了解托收的结算方式。那么,什么是托收方式?托收的一般流程包括哪些?

近年来,由于国际贸易的竞争越来越激烈,出口工作难度加大。为了扩大出口,有时就要给予进口商一定的便利,于是使用托收方式明显增多。

一、托收的含义及当事人

托收(collection)是指债权人(出口人)出具汇票委托银行向债务人(进口人)收取货款的一种结算方式。其基本做法是出口人根据买卖合同先行发运货物,然后开出汇票连同货运单据交出口地银行(托收行),委托托收行通过其在进口地的分行或代理行向进口人收取货款。托收业务涉及以下四方当事人。

(1) 委托人。委托人(principal)就是债权人，通常为出口商。由于委托人一般需开具汇票，委托银行向国外债务人收款，所以也称出票人(drawer)。

(2) 付款人。付款人(payer)就是债务人，也是汇票上的受票人，通常为进口商。

(3) 托收银行。托收银行(remitting bank)又称寄单行，是债权人所在地的银行，即接受委托人委托代为收款的银行。

(4) 代收银行。代收银行(collecting bank)就是接受托收银行的委托，向付款人收款的银行。

在托收业务中，有时还可能有以下两个当事人。

(1) 提示银行。提示银行是向付款人提示单据的银行。在一般情况下，向付款人提示单据和汇票的银行就是代收银行本身，但如果代收银行与付款人没有往来关系，而另一家银行是与付款人有往来关系的银行，这样代收行可主动或应付款人的请求，委托该银行充当提示银行。

(2) 需要时的代理。需要时的代理是委托人指定的在付款地代为照料货物存仓、转售、运回或改变交单条件等事宜的代理人。委托人如需指定需要时的代理，应对授予该代理人的具体权限在托收申请书和托收委托书中做出明确和充分的指示；否则，银行对需要时的代理的任何命令可以不受理。

二、托收的种类及收付程序

按出口人开具汇票是否随附货运单据，把托收分成光票托收和跟单托收。光票托收是指出口人在收取货款时仅凭汇票，不随附任何货运单据。这种方式一般用于信用证收取货款余额的结算、代垫费用、佣金及样品费的结算，使用较少，主要运用的是跟单托收方式。在跟单托收中，按交单条件的不同分为付款交单和承兑交单。

1. 付款交单

付款交单(documents against payment, D/P)是卖方的交单需以买方的付款为条件，即出口人将汇票连同货运单据交给银行托收时，指示银行只有在进口人付清货款时才能交出货运单据。如果进口人拒付，就不能拿到货运单据，也无法提取单据项下的货物。付款交单按付款时间的不同，可分为即期付款交单和远期付款交单两种。

(1) 即期付款交单(documents against payment at sight, D/P Sight)。即期付款交单是指进口人见到相关银行提示的汇票和单据时，立即付清货款换取单据。即期付款交单业务流程如图 4-2 所示。

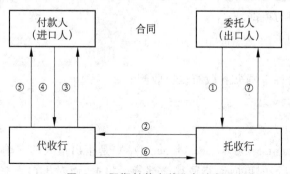

图 4-2　即期付款交单业务流程

说明:

① 出口人按合同规定装运后,填写委托申请书,开立即期汇票,连同货运单据交托收行,请求代收货款。

② 托收行根据托收申请书缮制托收委托书,连同汇票、货运单据交进口地代收行委托代收货款。

③ 代收行按照委托书的指示向进口人提示汇票和单据。

④ 进口人付款。

⑤ 代收行交单。

⑥ 代收行办理转账并通知托收行款已收妥。

⑦ 托收行向出口人交款。

(2) 远期付款交单(D/P at…days after sight)。远期付款交单是指进口人见到相关银行提示的汇票和单据时先承兑,待汇票到期日再付款赎单。由于进口人要等汇票到期日才能从代收行处赎单出来,不利于与市场时机紧密相连。为了能早日提取货物进行转售或使用,可凭信托收据向代收行借单,等汇票到期日再付清款。

远期付款交单业务流程如图 4-3 所示。

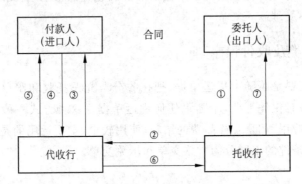

图 4-3 远期付款交单业务流程

说明:

① 出口人按合同规定装运后,填写委托申请书,开立远期汇票,连同货运单据交托收行,委托代收货款。

② 托收行根据托收申请书缮制托收委托书,连同汇票、货运单据交进口地代收行委托代收。

③ 代收行按照委托书的指示向进口人提示汇票和单据。进口人经审核无误在汇票上承兑后,代收行收回汇票与单据。

④ 进口人到期付款。

⑤ 代收行交单。

⑥ 代收行办理转账并通知托收行款已收到。

⑦ 托收行向出口人交款。

2. 承兑交单

承兑交单(documents against acceptance,D/A)是指出口人的交单以进口人的承兑为条件。进口人承兑汇票后,即可向银行取得全部货运单据,而对出口人来说,交出物权凭证之后,其收款的保障就完全依赖于进口人的信用。一旦进口人到期拒付,出口人便会遭受货、款两空的损失。因此,出口人对于接受这种方式必须慎重。承兑交单业务流程如图4-4所示。

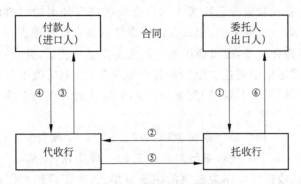

图 4-4　承兑交单业务流程

说明:
① 出口人按照合同规定装货后填写托收申请书,开出汇票,连同货运单据交托收行,委托代收货款。
② 托收行根据托收申请书缮制托收委托书,连同汇票、货运单据,寄交代收行委托代收。
③ 代收行按照托收委托书的指示向进口人提示汇票与单据,进口人在汇票上承兑,代收行在收回汇票的同时,将货运单据交给进口人。
④ 进口人到期付款。
⑤ 代收行办理转账并通知托收款已收到。
⑥ 托收行向出口人交款。

三、托收方式的特点

银行办理托收业务时,只是按委托人的指示办事,并无承担付款人必然付款的义务,出口商风险较大,其货款能否收到,完全依靠进口商的信用。

在付款交单的条件下,虽然进口人在付款前提不到货物,但若进口人到期拒不付款赎单,由于货物已运出,在进口地办理提货、缴纳进口关税、存仓、保险、转售以致低价拍卖或运回国内,出口商会付较高代价。在承兑交单条件下,进口人只要办理承兑手续,即可取得货运单据而提走货物,所以对出口人来说,承兑交单比付款交单的风险更大。但跟单托收对进口人却很有利,减少了其费用支出,从而有利于资金周转。因此,在出口业务中采用托收,可作为推销货物和加强竞争的一种手段。

托收和汇付都属于商业信用,但在国际贸易结算中,使用跟单托收要比汇付方式多。汇付方式的资金负担不平衡,会对某方产生较大的风险。因此,双方都会争取对自己有利的条件,双方利益差距难以统一,故较少使用。托收方式使双方的风险差异得到一些弥补,要比预付货款方式优越,特别是对进口商更有利。

四、跟单托收业务中的进出口押汇

押汇是银行在进出口商品流通期间为进出口商提供的一种资金融通的方式。在跟单托收业务中有两种押汇业务,即托收出口押汇和托收进口押汇。

1. 托收出口押汇

托收出口押汇是指托收银行采用买入出口商向进口商开出的跟单汇票的办法,向出口商融资的一种银行业务。也就是说,出口人以代表货物所有权的单据作为抵押品,由银行续做一种抵押贷款。具体做法是:出口商按照合同规定发运货物后,开出以进口商为付款人的汇票,将汇票及全套货运单据交托收银行委托收取货款时,由托收银行买入跟单汇票,按照汇票金额扣除从付款日(买入汇票日)到预计收到票款日的利息及手续费,将余款先行付给出口商。押汇额的计算公式为

押汇额 = 票面金额 − 押汇利息 − 手续费

这种先付的款项实际上是托收银行对出口商的一种垫款,也是以汇票和单据作为抵押的一种放款。此时,托收银行即作为汇票的善意持票人,将汇票和单据寄至代收银行,向进口商提示,票款收到后,即归还托收银行的垫款。

托收银行做托收出口押汇可以使出口商在货物装运取得货运单据后,立即得到银行的资金融通,有利于出口商加速资金周转和扩大业务量。但汇票付款与否完全取决于进口商的信用,因此,托收银行做出口押汇的风险较大。许多银行不愿意或很少这样做。如果银行承做这种业务,一般是进口商所在国外汇情况较好,进口商资信状况和所销商品在国际市场上销售状况良好。即使在这样的条件下,这项业务也是局限于付款交单的情况下,而且只发放汇票金额的一部分货款,很少像信用证项下的出口押汇那样发放全额货款。

2. 托收进口押汇

托收进口押汇是指代收银行凭进口商信托收据给予进口商提货便利,从而向进口商融通资金的银行业务。在远期付款交单情况下,进口商为了抓住有利的市场行情,不失时机地转售商品,希望能在汇票到期付款前先行提货,就可以要求代收银行做托收进口押汇。具体做法是:由进口商出具信托收据(trust receipt,T/R)向代收银行借取货运单据,先行提货。

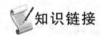

知识链接

信 托 收 据

信托收据是进口方借单时提供的一种书面担保文件,用以表示出具人愿意以代收银行的受托人身份代为提货、报关、存仓、保险、出售;同时承认货物所有权仍属于银行,货物售出后所得货款在汇票到期日偿还代收银行。这种做法纯粹是代收银行自己向进口商提供的信用便利,与出口人和托收银行无关。所以对代收银行来说有一定风险。但是,如果是由出口方指示代收行借单,就是由出口方主动授权银行凭信托收据借给进口方,即所谓远期付款交单凭信托收据借单(D/P,T/R)方式,也就是进口方在承兑汇票后可以凭信托收据先行借单提货,日后如果进口方在汇票到期拒付时,则与银行无关,一切风险由出口方自己承担。

五、托收统一规则

在国际贸易中,各国银行在办理托收业务时,往往由于当事人各方对权利、义务和责任的解释不同,各个银行的具体业务做法也有差异,很容易导致纠纷的产生。国际商会为调和各有关当事人之间的矛盾,促进和保护贸易的安全开展,于1958年草拟了《商业单据托收统

一规则》(Uniform Rules for Collection of Commercial Paper，国际商会第192号出版物），并建议各国银行采用。后来于1967年、1978年和1995年对此规则作了修订，目前采用的是1996年起施行的国际商会《托收统一规则》(第522号出版物），全文共26条，主要内容如下。

（1）在托收业务中，银行除检查所收到的单据是否与委托书所列一致外，对单据并无审核的责任。但银行必须按照委托书的指示行事，如无法照办，应立即通知发出委托书的一方。

（2）未经代收银行事先同意，货物不能直接发给代收银行。如未经同意就将货物发给银行或以银行为收货人，该银行无义务提取货物，仍由发货人承担货物的风险和责任。

（3）远期付款交单下的委托书，必须指明单据是凭承兑交单还是凭付款交单。如未指明，银行只能凭付款交单。

（4）银行对于任何在传递中发生的遗失或差错概不负责。

（5）提示银行对于任何签字的真实性或签字人的权限概不负责。

（6）托收费用应由付款人或委托人负担。

（7）委托人应受国外法律和惯例规定的义务和责任约束，并对银行承担该项义务和责任负赔偿职责。

（8）汇票如被拒付，托收银行应在合理时间内做出进一步处理单据的指示。如提示银行发出拒绝通知书后60天内未接到指示，可将单据退回托收银行，而提示银行不再承担进一步的责任。

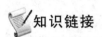知识链接

合同中的托收条款

采用托收付款方式时，应在合同中明确规定托收种类、承兑责任、付款责任及付款期限。下面为托收条款实例。

（1）即期付款交单实例。买方对卖方开具的即期跟单汇票，应于第一次见票时立即付款，付款后交单。（Upon first presentation the buyers shall pay against documentary draft drawn by the sellers at sight. The shipping documents are to be delivered against payment only.）

（2）远期付款交单实例。买方对卖方开具的见票后15天付款的跟单汇票，应于第一次提示时承兑，并应于汇票到期日付款，付款后交单。（The buyers shall duly accept the documentary draft drawn by the sellers at 15 days sight upon first presentation and make payment on its maturity. The shipping documents are to be delivered against payment only.）

（3）承兑交单实例。买方对卖方开具的见票后××天付款的跟单汇票，应于第一次提示时承兑，并应于汇票到期日付款，承兑后交单。（The buyers shall duly accept the documentary draft drawn by the sellers at ×× days sight upon first presentation and make payment on its maturity. The shipping documents are to be delivered against acceptance.）

六、采用托收方式应注意的问题

托收方式对出口商而言有一定的风险，但是对进口商较为有利，它可免去申请开立信用

证的手续,不必预付银行押金,减少费用支出,还有可能预借货物的便利。在出口业务中,为增强竞销能力,促进成交,扩大出口市场,在加强调查研究的基础上,根据不同商品、不同对象、不同国家的习惯,也可应用托收方式。但托收是商业信用,虽可增强销售出口商品的竞争能力,收款却无保障。因此,应注意以下问题。

(1) 事先做好客户的资信调查,掌握适当的授信额度。

(2) 了解进口国家的有关政策法令和商业惯例,以防发生货到后不准进口或不能及时收汇等问题。

(3) 在一般情况下,应争取按 CIF 价格条件成交,以防在进口人未付款前货物在途中受损,可向保险公司理赔。

(4) 严格按照合同规定办理出口和制作单据,以免授人以柄,借口拖延付款或拒付货款。

(5) 为避免风险和损失,出口商应投保卖方利益险或出口信用险。

七、托收方式的制单要点

(1) 在填写托收委托书或托收申请书时,代收行一栏内最好填写国外进口商的开户银行的名称和地址,这样有利于国外银行直接向付款方递交单据,有利于尽快收取货款。

(2) 在缮制汇票的时候要注意和信用证项下的汇票缮制方法的区别。

(3) 托收项下的提单要做成指示性抬头。

对出口方来说,全额托收是一种风险较大的支付方式,很有可能发生不能按时收汇甚至钱货两空的后果。因此,选用全额托收需要格外谨慎和慎重。在实际业务中,托收通常与其他支付方式相结合,如与信用证相结合,以降低出口商的风险。

思政园地

海尔文化中的"诚信"

崇尚信义,重视诚信,是儒家文化的一个重要特色。孔子创立儒家思想,强调守信,他提出"人而无信,不知其可也"。几千年来,"人无信不立""言必行,信必果"已成为普遍流传的口头禅。中国加入世界贸易组织以后,在新的一轮市场竞争中,加强信誉建设,对于企业的发展至关重要。

从企业的生存之道来看,诚信是维持企业可持续发展的主要文化元素之一。"诚交天下友,广纳八方财"。凡中国历史上成功的商业经营者都以诚信为先,靠诚信形成自身的商誉而不断发展。从明代到清代,晋商与徽商雄居中国商界五六百年而不衰,以诚信取胜,注重商誉是其主要特点。加入世界贸易组织后,诚信将成为市场竞争力的主要内容,区分企业优劣主要看企业的诚信度。中国企业应迅速摒弃双重体制并存初期惯用的一些非理性的不讲信誉、投机取巧的原始经营手段,在企业文化建设中注重以诚信为中心的企业信誉建设,把积累企业信誉、提升企业信誉作为企业文化建设的主要目标之一。

1985 年 4 月,张瑞敏收到一封用户的投诉信,信中说海尔冰箱质量有问题。张瑞敏到仓库里,把 400 多台冰箱全都做了检查,发现有 76 台不合格。张瑞敏很恼火,就找来检查部的人,问这批冰箱怎么办,大家说既然已经有这么多劣质品,就内部处理算了。当时,每个人家里都没有冰箱。张瑞敏说,如果这样的话,就说明以后还允许再生产这样劣质的冰箱。他让检查部门搞一次劣质工作、劣质产品展览会。于是检查部门就设了两个大展室,展览了劣质零部件和劣质的 76 台冰箱,让全厂职工都来参观。参观完以后,张瑞敏把生产这些冰箱的责任者和中层领导留下,问他们怎么处理。大多数人的意见是内部处理。张瑞敏说这些冰箱就地销毁。他拿起一把大锤,照着一台冰箱砸了过去,把这台冰箱砸得稀烂,然后把大锤交给责任者,把 76 台冰箱全都销毁了。

海尔就是这样树立起质量观的,通过这个例子我们可以感受到,不管是对一个人还是对一个企业来说,诚信都是通往成功的桥梁。

中国传统文化源远流长,根系深厚,博大精深。经过几千年的发展,在不断地壮大,它是中华民族的"灵魂"。就企业文化的建设而言,民族传统文化是现代企业文化的重要资源。海尔文化就是具有传统特色的文化,它推动着海尔不断地发展和壮大。因此在当代企业文化建设中,中国传统文化必将成为企业重要思想的文化资源。

海尔文化正是遵照了企业文化具有民族性的特点,民族性是企业文化发展的必然规律,在历史潮流中,违背规律是不可能顺应社会发展的。所以我国的企业应该努力发展本民族的企业文化,吸取我国传统文化的精华,只有正确的、合适的企业文化才能准确指导实践工作。

 实训操练

1. 背景资料

出口商:大连东方贸易公司,往来银行为中国银行大连分行。

进口商:日本 JUOLA 贸易公司,往来银行为东京三菱银行。

支付方式:全部交易金额以银行汇票付款。

2. 要求

(1) 请分步骤用文字写出付款交单凭信托收据借单(D/P,T/R)的支付流程。

(2) 根据业务背景写出货款收付流程。

(3) 用中英文订立一个承兑交单支付条款。

(4) 用中英文订立一个电汇支付条款。

模块五

主要结汇单证缮制

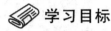 学习目标

知识目标
1. 熟悉主要结汇单证的含义、作用。
2. 熟悉主要结汇单证的内容及分类。
3. 掌握主要结汇单据的制作方法。
4. 掌握主要结汇单据的缮制技巧。

能力目标
1. 能根据合同、信用证及有关资料正确缮制发票。
2. 能根据合同、信用证及有关资料正确缮制装箱单。
3. 能根据合同、信用证及有关资料正确缮制提单。
4. 能根据合同、信用证及有关资料正确办理原产地证书。
5. 能根据合同、信用证及有关资料正确办理保险单。
6. 能根据合同、信用证及有关资料正确填制汇票。

任务一 缮制商业发票

任务导入

大连欣欣进出口有限公司收到英国 F.F 公司开来的信用证后,安排单证部本项目的负责人审证,经审核无误后,按要求及时备货,为了在合同规定的期限内能够安全收汇,单证员张爽接下来的工作是完成相关结汇单据的制作任务,根据要求首先要完成商业发票的缮制。

商业发票又称发票,是出口贸易结算单据中最重要的单据之一,其他单据都应以它为中心来缮制。因此,在制单顺序上,往往首先缮制商业发票。商业发票是卖方对装运货物的全面情况(包括品质、数量、价格,有时还有包装)详细列述的一种货款价目的清单。它常常是卖方陈述、申明、证明和提示某些事宜的书面文件。另外,商业发票也是作为进口国确定征收进口关税的基本资料。

一般来说,发票无正副本之分。来证要求提交几份,制单时在此基础之上多制一份供议

付行使用即可。如需正本,加填"ORIGIN"字样。

一、商业发票的含义及作用

1. 商业发票的含义

商业发票(commercial invoice)简称发票,是出口公司对国外买方开立的载有货物名称、规格、数量、单价、总金额等方面内容的清单,供国外买方凭以收货、支付货款和报关完税使用,是所装运货物的总说明。不同发票的名称表示不同用途,要严格根据信用证的规定制作发票名

微课:商业发票的含义及作用

称。一般发票都印有"INVOICE"字样,前面不加修饰语,如信用证规定用"COMMERCIAL INVOICE""SHIPPING INVOICE""TRADE INVOICE"或"INVOICE",均可作商业发票理解。

2. 商业发票的作用

(1)商业发票可供进口商了解和掌握装运货物的全面情况。

(2)商业发票作为进口商记账、进口报关、海关统计和报关纳税的依据。

(3)出口商凭借商业发票的内容,逐笔登记入账。在货物装运前,出口商需要向海关递交商业发票,作为报关发票,海关凭以核算税金,并作为验关放行和统计的凭证之一。

(4)在不用汇票的情况下,商业发票可以代替汇票作为付款依据。另外,一旦发生保险索赔,商业发票可以作为货物价值的证明等。

二、商业发票的种类

1. 形式发票

形式发票是在没有正式合同之前,经双方签字或盖章之后产生法律效力的充当合同的文件,它包括产品描述、单价、数量、总金额、付款方式、包装、交货期等。形式发票本来只是在客户确认了价格并下了订

微课:商业发票的种类

单之后,卖方所做的使对方再次确认的发票,但在没有正式合同之前,形式发票即是合同。"Proforma"是拉丁文,它的意思是"纯为形式的",所以单从字面来理解,Proforma Invoice 是指纯为形式的、无实际意义的发票。这种发票本来是卖方在推销货物时,为了供买方估计进口成本,假定交易已经成立所签发的一种发票。实际上,并没有发出货物的事实,正因为如此,这种发票也被称为"试算发票"。

2. 海关发票

海关发票(customs invoice/certified invoice)是进口商向进口国海关报关的证件之一,也是根据某些国家海关的规定,由出口商填制的供进口商凭以报关用的特定格式的发票,要求国外出口商填写,供本国商人(进口商)随附商业发票和其他有关单据,凭以办理进口报关手续。

3. 领事发票

领事发票(consular invoice)是由进口国驻出口国的领事出具的一种特别印就的发票,是出口商根据进口国驻在出口地领事所提供的特定格式填制,并经领事签证的发票。这种

发票证明出口货物的详细情况,为进口国用于防止外国商品的低价倾销,同时可用作进口税计算的依据,有助于货物顺利通过进口国海关。各国对于领事发票有不同的规定,如允许出口商在商业发票上由进口国驻出口地的领事签证(consular visa),即"领事签证发票"。出具领事发票时,领事馆一般要根据进口货物价值收取一定费用。这种发票主要为拉美国家所采用。

不同发票的名称表示不同用途,要严格根据信用证的规定制作发票名称。信用证如规定"DETAILED INVOICE"是指详细发票,则应加填"DETAILED INVOICE"字样,而且发票内容中的货物名称、规格、数量、单价、价格条件、总值等应一一详细列出。来证如要求"CERTIFIED INVOICE"证实发票,则发票名称为"CERTIFIED INVOICE"。同时,在发票内注明"We hereby certify that the contents of invoice herein are true & correct"。当然,发票下端通常印就的"E. &. O. E."(有错当查)应去掉。来证如要求"MANUFACTURE'S INVOICE"(厂商发票),则可在发票内加注"We hereby certify that we are actual manufacturer of the goods invoice"。同时,要用人民币表示国内市场价,此价应低于出口 FOB 价。此外,又有"RECEIPT INVOICE"(钱货两讫发票)、"SAMPLE INVOICE"(样品发票)、"CONSIGNMENT INVOICE"(寄售发票)等。

微课:商业发票
首文部分的填制

微课:如何刷制
唛头

微课:发票正文及
结尾部分的填制

动画:商业发票
的缮制

三、商业发票的缮制

商业发票没有统一的格式,每个出具商业发票的单位都有自己的发票格式。虽然格式各有不同,但是商业发票填制的项目大同小异。一般来说,商业发票的内容及缮制方法如表5-1所示。

表 5-1　商业发票的内容及缮制方法

内　　容	缮 制 方 法
1. 出票人,Issuer	出票人(即出口商)的英文名称和地址。发票的出票人一般为出口公司。出票人的名称、地址等描述必须醒目、正确,注意一致性。如采用信用证方式收汇,出票人的名称、地址等必须与信用证上受益人的名称、地址等完全一致。同时要注意与其他单据上显示的出口商的名称地址的一致性 一般来说,出票人名称和地址是相对固定的,因此有许多出口商在印刷空白发票时就有这一内容。但当公司更名或搬迁后,应及时印刷新的发票,以免造成单证不符。当来证规定用公司新名称、地址时,采用新发票;而当来证规定用公司旧名称、地址时,应用旧发票

续表

内　　容	缮 制 方 法
2. 收货人/抬头人，To	收货人也称抬头人，此项必须与信用证中所规定的内容严格一致。在多数情况下，填写进口商的名称和地址，应与信用证开证申请人的名称和地址一致。如信用证无规定，即将信用证的申请人或收货人的名称、地址填入此项。如信用证中无申请人名字，则用汇票付款人。在其他支付方式下，可以按合同规定列入买方名址 此栏前通常印有"To""Sold to Messrs""For Account and Risk of Messrs."等字样 例如，信用证申请人为 ABC Co., Ltd., New York，但又规定 Invoice to be made out in the name of XYZ Co., Ltd., New York，则发票的抬头填后者
3. 发票号，No.	一般由出口企业自行编制。发票号码可以代表整套单据的号码，如出口报关单的申报单位编号、汇票的号码、托运单的号码、箱及其他同笔合同项下的单据编号都可用发票号码代替，因此发票号码尤其重要。有时，有些地区为使结汇不致混乱，也使用银行编制的统一编号 每一张发票的号码应与同一批货物的出口报关单的号码一致
4. 发票日期，Date	出票日期通常在发票右上角。在全套单据中，发票是签发日最早的单据。它只要不早于合同的签订日期，不迟于提单的签发日期即可。一般都是在信用证开证日期之后、信用证有效期之前 日期格式参照合同日期
5. 合同号，S/C No.	发票的出具都有买卖合同作为依据，但买卖合同不都以"S/C"为名称，有时出现"order""P.O.""contract"等。因此，当合同的名称不是"S/C"时，应将本项的名称修改后，再填写该合同的号码
6. 信用证号，L/C No.	当采用信用证支付货款时，填写信用证号码。若信用证没有要求在发票上标明信用证号码或采用其他支付方式，此项不填
7. 启运及目的地，From…To…	起讫地要填上货物自装运地（港）至目的地（港）的地名，有转运情况应予以表示。这些内容应与提单上的相关部分一致。如果货物需要转运，则注明转运地。 例如，From Qingdao To New York. U.S.A. W/T Shanghai 填写运输工具或运输方式，一般还要加上运输工具的名称；运输航线要严格与信用证一致。如果在中途转运，在信用证允许的条件下，应表示"转运"及其地点
8. 唛头及包装号，Marks and Numbers	标准运输标志由收货人名称、参考号、目的地、包装件号四个元素按下面示例中给出的顺序组成，每个元素占一行，并且这些运输标志都应在包装物和相关单证上标出。如没有唛头，应填"No. Mark"或"N/M" 凡认为对于装运货物没有必要的四个元素中的任何一个都可予以省略 收货人名称的首字母缩写或简称：出口商和进口商通常可以商定一套首字母缩写或简称，用于彼此之间所有的货物装运 参考号：参考号应简单明了，避免转抄错误，应仅使用所有参考号中最重要的那一个，如在买方和卖方之间商定的合同号或发票号。应避免像"Order No.（订单号）"这样的信息及其所附年份和日期等信息数字 目的地：标明货物最终目的地港口或地点（卸货港、交货地点、续运承运人交货地点）的名称。在中转的情况下，还可在"VIA（经由）"之后标明进行货物中转的港口或地点名称，如"MUMBAI VIA COLOMBO（经科伦坡中转至孟买）"。在多式联运情况下，只需标明货物的最终目的地点，便于运输经营人选择更合适的运输路线（如经阿德莱德而不是悉尼进行中转），从而避免在中转地中断运输（如货物上标有"CANBERRA VIA SYDNEY（经悉尼中转至堪培拉）"的货物就有在悉尼被扣下清关的可能）

续表

内 容	缮 制 方 法
8. 唛头及包装号,Marks and Numbers	包装件号:标明包装物连续编号及已知的总件数,例如"1/1000""2/1000"……直到"1000/1000"。在单证上表示为"1/1000",表示包装物编号从 1 到 1000。不要使用像"P/NO.(件号/总件数)"的字样进行标注 例如,收货人名称的首字母缩写或简称,如 ABC 公司(ABC COMPANY)——ABCCO 参考号——CONTRACT01 目的地——NAGOYA 包装件号——1/1000
9. 数量及货物描述,Quantity and Description	信用证支付方式下的发票对货物描述应严格与信用证的描述一致。如属托收方式的,发票对货物的描述内容可参照合同的规定结合实际情况进行填制 货物描述内容一般包括合同的四个主要条款:数量条款、品质条款、包装条款,详见合约。有时候来证在有关货物内容引导词的引导下,还包括其他不属于这一类的内容,如有关价格、装运等条款。在制单时,应把这些内容分别填写在合适的单据和栏目中 信用证引导货物内容的词或词组主要有 Description of goods,Covering shipment of,Description of merchandise,Covering the following goods by,Covering Value of,Shipment of goods
10. 单价,Unit Price	单价包括计价货币、计价单位、单位价格金额和贸易术语四部分,根据 UCP600 第 18 条 a 款的规定,发票中显示的单价和币种必须与信用证的要求一致。如信用证有具体规定,则应与信用证一致。发票金额应与汇票金额相同,且不能超过信用证总金额 在商业发票正中下方,通常印有"有错当查"(E. & O. E.),即"Errors and Omissions Excepted"(错误和遗漏除外),表示发票的制作者在发票一旦出现差错时,可以纠正的意思 例如,USD60 PER SET FOB DALIAN 发票的单价必须与信用证上的单价完全一致;一定要写明货币名称、计量单位;贸易术语是关系到买卖双方的风险划分、费用负担问题,同时也是海关征税的依据,应正确缮制

11. 总值,Amount	总值又称总金额,是发票上列明的单价与数量的乘积。除非信用证上另有规定,货物总值不能超过信用证金额。实际制单时,来证要求在发票中扣除佣金,则必须扣除。折扣与佣金的处理方法相同,有时证内无扣除佣金规定,但金额正好是减佣后的净额,发票应显示减佣,否则发票金额超过信用证金额。有时合同规定佣金,但来证金额内未扣除,而且信用证内也未提及佣金事宜,则发票不宜显示,等货款收回后另行汇给买方
	另外,在 CFR 和 CIF 价格条件下,佣金一般应按扣除运费和保险费之后的 FOB 价格计算。有时,来证要求在成交价格为 CIF 时,分别列出运费、保险费,并显示 FOB 的价格,制单时可按照以下格式填写
	例如,TOTAL FOB VALUE $20,000.00
	   FREIGHT $1,200.00
	   INSURANCE $900.00
	   TOTAL CIF VALUE $22,100.00

续表

内　容	缮　制　方　法
11. 总值, Amount	如来证上有过分苛刻的要求，可要求对方修改条款 除非信用证上另有规定，货物总值不能超过信用证金额。实际制单时，来证要求在发票中扣除佣金，则必须扣除。折扣与佣金的处理方法相同，有时证内无扣除佣金规定，但金额正好是减佣后的净额，发票应显示减佣，否则发票金额超证。有时合同规定佣金，但来证金额内未扣除，而且证内也未提及佣金事宜，则发票不宜显示，等贷款收回后另行汇给买方
12. 声明文句	根据买方和信用证的要求，商业发票往往被要求加注一些特殊事项，如加注进口许可证号、货物产地、船名等。此时，应将相应的要求文句缮打在发票下方的空白处。常用的声明字句有以下几种 (1) 证明所到货物与合同或订单所列货物相符。例如，We certify that the goods named have been supplied in conformity with order No. 123.（兹证明本发票所列货物与第123号合同相符。） (2) 证明原产地。例如，We hereby certify that the above mentioned goods are of Korean Origin. 或 This is to certify that the goods named herein are of Korean Origin.（兹证明所列货物系韩国产。） (3) 证明不装载于或停靠限制的船只或港口。例如，We certify that the goods mentioned in this invoice have not been shipped on board of any vessel flying Japanese flag or due to call at any Japanese port.（兹证明本发票所列货物不装载悬挂日本国旗或驶靠任何日本港口的船只。） (4) 证明货真价实。例如，We certify that this invoice is in all respects true and correct both as regards to the price and description of the goods referred herein.（兹证明本发票所列货物在价格和品质规格各方面均真实无误。） (5) 证明已经航邮有关单据。例如，This is to certify that two copies of invoice and packing list have been airmailed direct to applicant immediate after shipment.（兹证明发票、装箱单各两份，已于装运后立即直接航邮开证人。）
13. 出单人签名或盖章	发票的出票人一般为出口公司，出票人栏主要填写出口商的名称和地址，信用证支付方式下出票人应与信用证上受益人的名称、地址等完全一致 除非信用证另有规定，如果是用影印、计算机处理或复写方法制作出来的发票，应该在作为正本的发票上注明"正本"(ORIGINAL)字样，并且由出单人签字。UCP600规定商业发票可不必签字，但有时来证规定发票需要手签的，则不能盖胶皮签字章，必须手签。对墨西哥、阿根廷出口商品，即使信用证没有规定，也必须手签
14. Say Total	以大写文字写明发票总金额，必须与数字表示的货物总金额一致。 例如，USD EIGHTY NINE THOUSAND SIX HUNDRED ONLY
15. 备注, Special Terms	备注栏位于Say Total下方的空白处。在相当多的信用证中，都出现要求在发票中证明某些事项的条款，譬如发票内容正确、真实、货物产地等证明，均应按照信用证要求办理

知识链接

数量及货物描述填写的注意事项

(1) 缮制发票时，数量必须反映货物的实际装运数量，做到单证一致。尤其是当信用证只给定界限时,如"Not Exceed 20,000M/T,Minus 5％ Quantity Allowance",在这样的条件下,需要注明实际装运数量。

(2) 如果信用证规定或实际业务需要,一批货物要分制几套单据,则每套单据应缮制一份发票,各发票的货物数量之和应等于该批货物的总货物数量。

(3) 如果信用证允许分批装运,又规定了一定的增减幅度,则每批货物应该按照相同的增减幅度掌握。

(4) 按 UCP600 规定:"about""circa""approximate"等字样,允许增减 10％;散装货,即使数字前没有"约"字样,也允许增减 5％;但以包装单位或个体计数则不适用。

(5) 对成交商品规格较多的,信用证常规定:"AS PER S/C NO.…"。制单时需分别详列各种规格和单价。

(6) 当使用其他支付方式(如托收)时,货物内容应与合同内容一致。

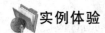 **实例体验**

微课:商业发票
制作示范

DALIAN XINXIN IMPORT & EXPORT CO.,LTD.
62,RENMIN ROAD DALIAN,CHINA
COMMERCIAL INVOICE

INV NO.:DL0016
S/C NO.:DL2023
DATE:OCT.10,2023

电话 TEL:0411-8937××××
传真 FAX:0411-8937××××
TO MESSRS:
    F.F COMPANY
3-7 HOLY GREEN,LONDON,UK

唛头 SHIPPING MARK	货物描述及包装 DESCRIPTION OF GOODS, PACKING	数量 QUANTITY	单价 UNIT PRICE	总值 AMOUNT
M.E DL2023 LONDON C/NO.1-60	POWER TOOLS KK1 KK2 KK3 PACKED IN ONE CARTON OF 10SET EACH	300PCS 200PCS 100PCS	CFR LONDON USD10.00 USD13.00 USD15.00	USD3,000.00 USD2,600.00 USD1,500.00
TOTAL		600PCS		USD7,100.00

WE HEREBY CERTIFY THAT THE CONTENTS OF INVOICE HEREIN ARE TRUE AND CORRECT.

DALIAN XINXIN I/E CORP.
Zhang Shuang

任务二　缮制包装单据

任务导入

单证员张爽根据信用证及合同等资料，首先完成了商业发票的制作任务，根据合同，接下来要完成包装单据的缮制。

在国际贸易中，包装单据与商业发票一样，都是填写其他国际贸易单据内容的信息资源和重要依据。装箱单缮制的优劣不仅关系到承运人装卸货物和安排运输，而且关系到海关查验货物和买方清单销售货物。

装箱单是发票的补充单据，它列明了信用证（或合同）中买卖双方约定的有关包装事宜的细节，便于国外买方在货物到达目的港时供海关检查和核对货物，通常可以将其有关内容加列在商业发票上，但是在信用证有明确要求时，就必须严格按信用证约定制作。类似的单据还有重量单、规格单、尺码单等。其中重量单是用来列明每件货物的毛、净重；规格单是用来列明包装的规格；尺码单用于列明货物每件尺码和总尺码，或用来列明每批货物的每件花色搭配。

一、包装单据的含义及作用

1. 包装单据的含义

包装单据（packing documents）是指一切记载或描述商品包装情况的单据，是商业发票的补充单据，也是货运单据中一个重要单据。除散装货物外，多为不可缺少的文件。进口地海关验货、公证行验证、进口商核对货物时，都可以包装单据为依据，从而了解包装内的具体内容，以便其接收、销售。

微课：装箱单的含义及作用

装箱单名称应按照信用证规定使用，通常用"PACKING LIST""PACKING SPECIFICATION"或"DETAILED PACKING LIST"。如果来证要求用"中性包装单"（NEUTRAL PACKING），则包装单名称填"PACKING LIST"，但包装单内不填卖方名称，不能签章。

2. 包装单据的作用

（1）出口商制作商业发票及其他单据时计量、计价的基础资料。
（2）进口商清点数量或重量以及销售货物的依据。
（3）海关查验货物的凭证。
（4）公证或商检机构查验货物的参考资料。

二、包装单据的种类

不同商品有不同的包装单据，常用的有以下几种。

(1) 装箱单(packing list/packing slip)。
(2) 包装明细单(packing specification)。
(3) 详细装箱单(detailed packing list)。
(4) 包装提要(packing summary)。
(5) 重量单(weight list/weight note)。
(6) 重量证书(weight certificate/certificate of weight)。
(7) 磅码单(weight memo)。
(8) 尺码单(measurement list)。
(9) 花色搭配单(assortment list)。

微课：装箱单的种类

出口商应根据进口商要求及不同商品的特点提供适当的包装单据，应以既能符合信用证的规定，为银行所能接受，又能满足客户的要求为原则。几种主要包装单据的内容缮制要求如下。

1. 装箱单

装箱单又称包装单，重点说明每件商品包装的详细情况，表明货物名称、规格、数量、唛头、箱号、件数和重量，以及包装情况，尤其是对不定量包装的商品，要逐件列出每件包装的详细情况。对定量箱装，每件商品都是统一的重量，则只需说明总件数多少，每箱多少重量，合计重量多少，如果信用证来证条款要求提供详细包装单，则必须提供详细的装箱内容，描述每件包装的细节，包括商品的货号、色号、尺寸搭配、毛净重及包装的尺寸等内容。

2. 重量单

重量单是在排除装箱单上提供的内容外，尽量详细地表明商品每箱毛重、净重及总重量的情况，供买方安排运输、存仓时参考。重量单一般具备编号及日期、商品名称、唛头、毛重、净重、皮重、总件数等内容。

3. 尺码单

尺码单偏重于说明货物每件商品的尺码和总尺码，即在装箱单内容的基础上，重点说明每件不同规格项目的尺码和总尺码。如果货物不是统一尺码的，应逐件列明尺码。

微课：装箱单首文部分缮制要点　　微课：装箱单正文和结文部分缮制及注意事项　　动画：集装箱装箱单的制作　　动画：装箱单的缮制

三、装箱单的缮制

装箱单没有统一格式，各出口企业制作的装箱单大致相同。包装单据的内容及缮制方法如表 5-2 所示。

表 5-2　包装单据的内容及缮制方法

内　　容	缮　制　方　法
1. 出单方，Issuer	出单人的名称与地址，应与发票的出单方相同。在信用证支付方式下，此栏应与信用证受益人的名称和地址一致
2. 受单方，To	受单方也称抬头人，此项必须与信用证中所规定的内容严格一致。受单方的名称与地址，与发票的受单方相同。在多数情况下，填写进口商的名称和地址，并与信用证开证申请人的名称和地址保持一致。在某些情况下也可不填，或填写"To whom it may concern"（致有关人）
3. 箱单号、日期，No. date	装箱单编号一般填发票号码，也可填合同号。出单日期填发票签发日，不得早于发票日期，但也不得迟于提单日期及信用证的有效期
4. 单据名称，Name of Document	单据名称通常用英文粗体标出。常见的英文名称有 Packing List (Note)，Packing Specifications，Specifications。实际使用中，应与信用证要求的名称相符，倘若信用证未作规定，可自行选择
5. 唛头及包装号，Marks and Numbers	唛头制作要符合信用证的规定，并与发票的唛头相一致 标准运输标志由收货人名称、参考号、目的地、包装件号四个元素按下面示例中给出的顺序组成，每个元素占一行，并且这些运输标志都应在包装物和相关单证上标出。如没有唛头，应填"No. Mark"或"N/M"。凡认为对于装运货物没有必要的四个元素中的任何一个都可予以省略 收货人名称的首字母缩写或简称：出口商和进口商通常可以商定一套首字母缩写或简称，用于彼此之间所有的货物装运 参考号：参考号应简单明了，避免转抄错误，应仅使用所有参考号中最重要的那一个，如在买方和卖方之间商定的合同号或发票号。应避免像"Order No.（订单号）"这样的信息及其所附年份和日期等信息数字 目的地：标明货物最终目的地港口或地点（卸货港、交货地点、续运承运人交货地点）的名称。在中转的情况下，还可在"VIA（经由）"之后标明进行货物中转的港口或地点名称，如"MUMBAI VIA COLOMBO（经科伦坡中转至孟买）"。在多式联运情况下，只需标明货物的最终目的地点，便于运输经营人选择更合适的运输路线（如经阿德来德而不是悉尼进行中转），从而避免在中转地中断运输［如货物上标有"CANBERRA VIA SYDNEY（经悉尼中转至堪培拉）"的货物就有在悉尼被扣下清关的可能］ 包装件号：标明包装物连续编号及已知的总件数，例如"1/1000""2/1000"……直到"1000/1000"。在单证上表示为"1/1000"，表示包装物编号从 1 到 1000。不要使用像"P/NO.（件号/总件数）"的字样进行标注 例如，收货人名称的首字母缩写或简称，如 ABC 公司（ABC COMPANY）——ABCCO 参考号——CONTRACT01 目的地——NAGOYA 包装件号——1/1000
6. 品名和规格，Name of Commodity and Specifications	品名和规格必须与信用证的描述相符。规格包括商品规格和包装规格。例如，Packed in polythene bags of 3kgs each, and then in inner box, 20 boxes to a carton.（每 3 千克装一塑料袋，每袋装一盒，20 盒装一纸箱。）
7. 数量，Quantity	数量填写实际件数，需注明每种货物的包装件数，如品质规格不同应分别列出，并累计其总件数

续表

内　　容	缮　制　方　法
8. 单位,Unit	单位是指外包装的包装单位,如箱、包、桶等
9. 毛重,Gross Weight	毛重即每件包装的毛重及总毛重。毛重填入外包装每件重量,规格不同要分别列出,并累计其总重量 注明每个包装件的毛重和此包装件内不同规格、品种、花色货物各自的总毛重,最后在合计栏处注明总毛重。如信用证或合同未要求,不注亦可。如 2,588.36KGS。(小于或等于 1 公斤的填单数 KG)
10. 净重,Net Weight	净重即每件包装的净重量以及总净重。净重填写每件货物的实际重量并计算其总重量 注明每个包装件的净重和此包装件内不同规格、品种、花色货物各自的总净重,最后在合计栏处注明总净重。如信用证或合同未要求,不注亦可。如 760KGS。(小于或等于 1 公斤的填单数 KG)
11. 尺码,Measurement	尺码填写每件包装的体积,并表明总尺码 注明每个包装件的体积,最后在合计栏处注明总体积。如信用证或合同未要求,不注亦可。如 1,623.548CBM
12. 签章,Signature	出单人签章应与商业发票上的相符。如果信用证规定中性包装,此栏可不填
13. 货物总计,Total	分别填入所有货物累计的总包装数、总毛重、总净重和总体积(包括相应的计量单位)
14. Say Total	以大写文字写明总包装数量,必须与数字表示的包装数量一致。例如,FIVE THOUSAND FOUR HUNDRED CARTONS ONLY

四、缮制包装单据的注意事项

(1) 包装单据名称与信用证内规定名称一致,因为包装单据的内容,既包括包装的商品内容,也包括包装的种类和件数,每件毛重和毛、净总重量,每件尺码和总尺码(体积)。

(2) 毛、净重应列明每件毛重和净重,总的毛重和净重数字,必须与发票和运输单据、产地证、出口许可证的数字相符。

(3) 如果信用证规定列明内包装情况(inner packing),必须在单据中充分表示出来,例如,信用证规定,每件装一胶袋,每打装一盒,每十打装一纸箱,则需要证明"Packing each piece in a poly bag,one dozen in a cardbord box and then 10 dozens in a carton"。

(4) 重量单如冠以 Certificate of Weight(重量证明),最好加注"We certify that the weight are true and correct"的证明句。

(5) 当进口商把商品转售给第三方时,一般只交付包装单和货物,不会透露自己的购买成本,因此装箱单据一般不会显示货物的单价和总和。

(6) 为了符合信用证不接受联合单据的要求,可以利用装箱单分别冠以重量单、尺码单的单据,一次缮制,按照信用证规定的份数分别提供给银行。

知识链接

集装箱装箱单的用途

集装箱装箱单(container load plan)是详细记载每个集装箱内所装货物名称、数量、尺码、重量、标志和箱内货物积载情况的单证,对于特殊货物,还应加注特定要求,如对冷藏货物,要注明对箱内温度的要求等。它是集装箱运输的辅助货物舱单,其用途很广,主要用途有以下几个方面。

（1）发货人向承运人提供集装箱内所装货物的明细清单。

（2）在装箱地向海关申报货物出口的单据,也是集装箱船舶进出口报关时向海关提交的载货清单的补充资料。

（3）作为发货人,集装箱货运站与集装箱码头之间的货物交接单。

（4）集装箱装、卸两港编制装、卸船计划的依据。

（5）集装箱船舶计算船舶吃水和稳性的基本数据来源。

（6）在卸箱地作为办理集装箱保税运输手续和拆箱作业的重要单证。

（7）当发生货损时,是处理索赔事故的原始依据之一。

集装箱装箱单每个集装箱一份,一式五联,其中:码头、船代、承运人各一联,发货人、装箱人两联。集装箱货运站在装箱时由装箱的货运站缮制;由发货人装箱时,由发货人或其代理人的装箱货运站缮制。

发货人或货运站将货物装箱,缮制装箱单一式五联后,连同装箱货物一起送至集装箱堆场。集装箱堆场的业务人员在五联单上签收后,留下码头联、船代联和承运人联,将发货人、装箱人联退还给送交集装箱的发货人或集装箱货运站。发货人或集装箱货运站除自留一份备查外,将另一份寄交给收货人或卸箱港的集装箱货运站,供拆箱时使用。

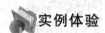 **实例体验**

微课:装箱单缮制示范

DALIAN XINXIN IMPORT & EXPORT CO.,LTD.
62,RENMIN ROAD DALIAN,CHINA
PACKING LIST

INV NO.:DL0016
S/C NO.:DL2023
DATE:OCT.10,2023

电话 TEL:0411-8937××××
传真 FAX:0411-8937××××

TO MESSRS:
   F.F COMPANY
   3-7 HOLY GREEN,LONDON,UK

C/NOS AND MARKS	DESCRIPTION OF GOODS, PACKING	QTY (PCS)	G.W. (KGS)	N.W. (KGS)	MEAS (M³)
M.E DL2023 LONDON C/NO.1-60	POWER TOOLS KK1 KK2 KK3 PACKED IN ONE CARTON OF 10SET EACH	300PCS 200PCS 100PCS	33,000 22,000 11,000	30,000 20,000 10,000	0.33 0.22 0.11
TOTAL		600PCS	66,000	60,000	0.66

TOTAL AMOUNT:SAY TOTAL SIXTY   CARTONS ONLY
WE HEREBY CERTIFY THAT THE CONTENTS OF PACKING LIST HEREIN ARE TRUE AND CORRECT.

DALIAN XINXIN I/E CORP.
Zhang Shuang

任务三　缮制原产地证书

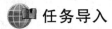 任务导入

大连欣欣进出口有限公司的单证员张爽查阅了相关信用证条款,发现本批货物还要求向相关机构申请产地证明书,那么外贸出口需要的产地证书有哪些种类? 应该如何缮制呢?

在国际贸易中,原产地证书是证明货物原产地、制造地的文件,专供进口国海关采用不同的国别政策、国别待遇、差别关税和控制进口配额之用的一种国际商务文件。原产地证书是商品进入国际贸易领域的"护照",是贸易关系人交接货物、结算货款、索赔理赔、进口国通关征税的有效凭证。

一、原产地证书的含义及作用

1. 原产地证书的含义

原产地证书(certificate of origin)是出口国的特定机构出具的证明其出口货物为该国家(或地区)原产的一种证明文件。《中华人民共和国出口货物原产地证明书》是证明有关出口货物原产地为中华人民共和国的证明文件。主要供进口国海关采取不同的国别政策和国别待遇。在不用

微课:原产地证书的含义及作用

海关发票或领事发票的国家,要求提供产地证明,以便确定对货物征收的税率。有的国家限制从某个国家或地区进口货物,也要求用产地证书来证明货物的来源。产地证书一般由出口地的公证行或工商团体签发,可由海关或贸促会签发。至于产地证书由谁出具或出具何种产地证书,应按信用证规定来办理。

2. 原产地证书的作用

对进口国而言,出口国签发的原产地证书的作用主要体现在以下五个方面。
(1)确定税率待遇的主要依据。
(2)进行贸易统计的重要依据。
(3)实施进口数量控制、反倾销、反补贴等外贸管理措施的依据。
(4)控制从特定国家进口货物,确定是否放行的依据。
(5)证明商品内在品质或结汇的依据。

二、原产地证书的种类

原产地证书分为一般产地证书和普惠制产地证书。一般产地证书的全称是 Certificate

of Origin。C. O. 产地证又称一般产地证,是原产地证书的一种。C. O. 产地证是证明有关出口货物制造地的一种证明文件,是货物在国际贸易行为中的"原籍"证书,在特定情况下进口国据此对进口货物给予不同的关税待遇。

微课:原产地证书的种类

目前可以签发的原产地证书共 15 种,包括优惠原产地证书、非优惠原产地证书及专用原产地证书等。优惠原产地证书主要是普惠制原产地证书和各类区域性优惠原产地证书,非优惠原产地证书主要有一般原产地证书、加工装配证书及转口证书,专用原产地证书主要是金伯利进程证书、输欧盟农产品原产地证书(如蘑菇罐头证书)。

1. 优惠原产地证书

优惠原产地证书是能使出口产品在进口国海关享受关税减免待遇的证明产品原产国/地区的官方证书,目前在我国主要有以下几种。

(1) 普惠制原产地证书(FORM A)。根据海关总署公告 2021 年第 84 号,自 2021 年 12 月 1 日起,中国输往欧盟成员国、英国、加拿大、土耳其、乌克兰和列支敦士登等 32 个国家的出口商品,不再享受这些国家的普惠制关税优惠待遇。目前仍然给予中国普惠制待遇的只剩挪威、新西兰、澳大利亚三国。

(2)《亚太贸易协定》原产地证书。目前适用于对印度、韩国、孟加拉国和斯里兰卡出口并符合相关规定的产品。

(3)《中国—东盟自由贸易协定》原产地证书(FORM E)。目前适用于对印度尼西亚、泰国、马来西亚、越南、菲律宾、新加坡、文莱、柬埔寨、缅甸、老挝等国出口并符合相关规定的产品。

(4)《中国—巴基斯坦自由贸易协定》原产地证书。我国出口到巴基斯坦的该优惠框架项下的产品凭此证书可获得巴基斯坦给予的关税优惠待遇。

(5)《中国—智利自由贸易协定》原产地证书(FORM F)。自 2006 年 10 月 1 日起,我国出口到智利的中国—智利自贸区协定项下的产品享受智利给予的关税优惠待遇。

(6)《中国—新西兰自由贸易协定》原产地证书。自 2008 年 10 月 1 日起,我国出口到新西兰的符合中国—新西兰自贸区原产地规则的产品享受新西兰给予的关税优惠待遇。

(7)《中国—新加坡自由贸易协定》原产地证书。自 2009 年 1 月 1 日起,我国出口到新加坡的符合中国—新加坡自贸区原产地规则的产品享受新加坡给予的关税优惠待遇。

(8)《中国—秘鲁自由贸易协定》原产地证书。自 2010 年 3 月 1 日起,我国出口到秘鲁的符合中国—秘鲁自贸区原产地规则的产品享受秘鲁给予的关税优惠待遇。

(9) 自 2011 年 1 月 1 日起,大陆出口到台湾的符合《海峡两岸经济合作框架协议》原产地规则的早期收获产品享受台湾给予的关税优惠待遇。

(10)《中国—哥斯达黎加自由贸易协定》原产地证书。自 2011 年 8 月 1 日起,我国出口到哥斯达黎加的符合中国—哥斯达黎加自贸区原产地规则的产品享受哥斯达黎加给予的关税优惠待遇。

2. 非优惠原产地证书

（1）一般原产地证书（C.O.证书）。出口产品在进口国/地区通关所需，是进口国进行贸易统计等的依据。C.O.证书对所有独立关税区的国家（地区）都可签发。

（2）加工装配证书（certificate of processing）。对全部或部分使用了进口原料或零部件而在中国进行了加工、装配的出口货物，当其不符合中国出口货物原产地标准、未能取得原产地证书时，由签证机构根据申请单位的申请所签发的证明中国为出口货物加工、装配地的一种证明文件。

（3）转口证书（certificate of re-export）。经中国转口的外国货物，由于不能取得中国的原产地证，而由中国签证机构出具的证明货物系他国原产、经中国转口的一种证明文件。

3. 专用原产地证书

（1）金伯利进程证书，是指在实施金伯利进程证书制度成员国之间使用的，用于证明进出口毛坯钻石合法来源地的证明书。

（2）输欧盟农产品原产地证书（certificate of origin for imports of agricultural products Into the European Economic Community）（如蘑菇罐头证书），是欧盟委员会为进口农产品而专门设计的原产地证书。

三、原产地证书的申领与签发

微课：原产地证书知多少

（1）企业经注册登记后，其授权及委派的手签人员和申领员应接受签证机构的业务培训。申领员凭签证机构颁发的申领员证申办原产地证书。持证人因故不能办证时，企业可指定其他人员凭单位证明申办原产地证书。申领员证不得转借、涂改，也不得用此证代替他人领取证书。若有遗失，应立即向发证机关申明，并凭单位证明申请补办。

（2）企业最迟于货物报关出运前三天向签证机构申请办理原产地证书，并严格按签证机构要求，真实、完整、正确地填写以下材料。

① 《中华人民共和国出口货物原产地证明书/加工装配证明书申请书》一份。
② 《中华人民共和国出口货物原产地证明书》一式四份。
③ 出口货物商业发票。
④ 签证机构认为必要的其他证明文件。

（3）签证机构通常不接受货物出运后才递交的原产地证书申请。但如属特殊情况（例如并非申请单位过失），签证机构可接受迟交的申请书，并酌情办理补证。在此情况下，申请单位递交原产地证书和申请书时，必须提交下列证明文件。

① 解释迟交申请书原因的函件。
② 商业发票及提单/报关单。

（4）货物出运后申请产地证书，证书第11栏和第12栏应为实际申请日期和签发日期。签证机构并在证书第5栏加注英文"ISSUED RETROSPECTIVELY"印章。

（5）如已签发的证书遗失或损毁，从签发之日起半年内，申请单位必须向签证机构书面申明理由和提供依据，填写《中华人民共和国出口货物原产地证明书更改/重发申请书》，经签证机构审查同意后重新办理申请手续。

（6）申请单位要求更改已签发的证书内容时，必须按规定填写《中华人民共和国出口货物原产地证明书更改/重发申请书》，并退回原已签发的证书正本给签证机构注销。如证书已交银行，必须提供申请单位证明，解释原因及保证退回证书的具体时间的保证函等文件。

（7）企业可委托货运代理公司代理申领原产地证书，代理公司人员申领原产地证书时，必须向签证机构提交以下文件。

① 代理公司的介绍信。

② 被代理企业的委托书或出口企业与代理公司间的货物进出口委托书。

（8）不具备申请资格的企业参加国外展览，若需申领原产地证书，可凭参展批件自行申领或委托有申领资格的企业代理申请。

知识链接

申请原产地证书的相关事宜

（1）注册登记。申请单位应持营业执照、主管部门批准的对外经济贸易经营权证明文件及证明货物符合出口货物原产地标准的有关资料，向所在地签证机构办理注册手续。申请单位的印章和申领人员的姓名在申请单位注册时应进行登记。证书申领人员应经海关总署培训、考核合格，持有申领员证。

（2）申请签证。申请单位应至少在货物出运前三天向海关总署申请签证，提交下列文件。

① 一般原产地证申请书一份。

② 缮制正确、清楚并经申请单位手签人员手签和加盖公章的一般原产地证一式四份。

③ 出口商的商业发票副本一份。

④ 含有进口成分的产品还需提交产品成本明细单。

（3）申请签发后发证书。原产地证一般应在货物出运前签发，但如属特殊情况，未能及时申请签证，签发机构可酌情办理后发证书。

（4）申请签发重发证书。如果已签发的证书正本被盗、遗失或损毁，从签发之日起半年内，申请单位可申请重新签发证书。申请单位在申请签发重发证书前，应首先在《中国国门时报》上做遗失声明，除应提交重新缮制的证书以外，还应填写更改申请书并提供商业发票副本。

（5）申请签发更改证书。如果申请人要求更改或补充已签发证书的内容，应填写更改申请书，申明更改理由和提供依据，退回原签发证书，签证机构经审核无误后予以签发新证。

（6）凡进口商要求我官方机构签发一般原产地证的，申请单位应向海关总署申请办理；凡进口商要求我民间机构签发一般原产地证的，申请单位应向中国国际贸易促进委员会申请办理；未明确要求的，可向海关总署或中国国际贸易促进委员会申请办理。

（7）货物如在中国进行的制造工序不足，未能取得中国原产地证，可以申领加工装配证明书；经中国转口的外国货物，不能取得中国原产地证，可以申领转口证明书。申领这两种证书的申报手续和所需单据与一般原产地证相同。

微课：一般原产地证书的缮制

微课：一般原产地证书制作示范

动画：一般原产地证书的缮制

四、一般原产地证书的缮制

一般原产地证书共有12项内容，除证书号（certificate No.）由发证机构指定以外，其余各栏均由出口企业用英文规范打印。一般原产地证书的内容及缮制方法如表5-3所示。

表5-3　一般原产地证书的内容及缮制方法

内　　容	缮　制　方　法
1. 出口商品名称、地址、国别，Exporter	此栏出口商名称必须是经检验检疫局登记注册，其名称、地址必须与注册档案一致。必须填明在海关总署的出口商详细地址、国名（CHINA）。如果出口单位是其他国家或地区某公司的分公司，申请人要求填境外公司名称时可填写。但必须在中国境内的出口商名称后加上 ON BEHALF OF(O/B)或 CARE OF(C/O)再加上境外公司名称
2. 收货人的名称、地址和国别，Consignee	一般应填写进口商的英文名称、英文地址及所属国家（地区）。通常是合同的买方或信用证规定的提单通知人 如果来证要求所有单证收货人留空，应加注"To Whom It May Concern"或"To Order"，但不得留空。若需填写转口商名称，可在收货人后面加英文"VIA"，然后加填转口商名称、地址和国家（地区）
3. 运输方式和路线，Means of Transport and Route	填明装货港、目的港名称及运输方式（海运、空运或陆运）。经转运的，应注明转运地。格式为"FROM...TO...BY...（VIA...）"。多式联运要分阶段说明 例如，By S. S. from Shanghai to Hamburg via Hong Kong
4. 目的地，指货物最终运抵港或国家、地区，Country/Region of Destination	一般应与最终收货人（第2栏）一致。不能填写中间商国家名称 例如，New York, U. S. A.
5. 签证机构专用栏，此栏留空，for Certifying Authority Use Only	此栏为签证机构使用栏，正常情况下，出口公司应将此栏留空，由签证机构根据需要在此加注。例如，证书更改，证书丢失，重新补发，声明×××号证书作废等内容
6. 唛头及包装号，Marks and Numbers	此栏应照实填具出口发票上所列唛头的完整的图案、文字标记及包装号。如因唛头多，本栏填不下，可填在第7～9栏的空白处，如还不足，可以附页填写。如图案文字无法缮制，可附复印件，但需加盖签证机构印章。如无唛头，应填"N/M"字样。此栏不得出现"香港、台湾或其他国家和地区制造"等字样 此栏内容应与合同（Shipping Mark 栏）、信用证或其他单据所列的同类内容完全一致，可以是图案、文字或号码。当内容过长，可占用第7～10栏；如无运输标志，要填"No. Mark"或"N/M"

续表

内　容	缮制方法
7. 商品名称、包装及种类，Number and Kind of Packages; Description of Goods	此栏应填明商品总称和具体名称。在商品名称后需加上大写的英文数字并用括号加上阿拉伯数字及包装种类或度量单位。如同批货物有不同品种，则要有总包装箱数。最后应加上截止线（***），以防填写伪造内容。国外信用证有时要求填具合同、信用证号码等，可加在截止线下方空白处 例如，"ONE HUNDRED AND TWENTY(120)CARTONS OF WORKING GLOVES" * * * * * * * * * * * * 填写商品的包装数量、包装种类及商品名称与描述 (1) 包装数量与装箱单里的"外包装件数（PACKAGE）"相同，具体计算可以参考商品相关计算方法 注意：这里的包装数量要填写合同商品包装数量的英文数字大写，并在其后用括号加上包装数量的阿拉伯数字 例如，"ONE HUNDRED(100)" (2) 包装种类按照"商品基本资料"里的"包装单位/包装种类"填写。 例如，商品 05011 的包装种类为"CARTON" (3) 货物描述应填写"商品基本资料"里的"商品名称（英文）"+"规格型号（英文）"两部分 (4) 商品的包装数量、种类和货物描述之间用"OF"连接
8. 商品编码，H.S. Code	此栏要求填写四位数的 H.S. 税目号，若同一证书含有多种商品，应将相应的税目号全部填写 商品的 H.S. 编码，即《商品分类和编码协调制度》为不同类的商品加列的商检顺序号
9. 数量和重量，Quantity	此栏应填写商品的计量单位。以重量计算的要填毛重或净重。若同一证书包含多种商品，则量值的填写必须与第 7、8 栏中商品名称、商品编码相对应，有的还必须填写总数 例如，3,200DOZ /6,300KGS
10. 发票号与日期，Number and Date of Invoices	此栏不得留空。必须按照所申请出口货物的商业发票填写。月份一律用英文缩写。该栏日期应早于或与第 11 栏和第 12 栏的申报和签发日期相同 例如，OCT. 17,2023
11. 出口商声明，Declaration by the Exporter	此栏为出口方声明、签字盖章栏。申请单位在签证机构办理登记注册手续时，必须对手签人签字与公章进行登记注册。手签人员应是本申请单位的法人代表或由法人代表指定的其他人员，并应保持相对稳定，手签人的字迹必须清楚，印章使用中英文对照章。手签人签字与公章在证书上的位置不得重合。此栏还必须填写申报地点和日期，其申报日期不得早于发票日期和申请日期 例如，SHANGHAI,CHINA 2023-07-25

续表

内　　容	缮制方法
12. 签证机构注明, Certification	申请单位在此栏填写签证日期和地点,然后由签证机构已授权的签证人签名、盖章 签发日期不得早于发票日期(第10栏)和申请日期(第11栏)。如有信用证要求填写签证机关名称、地址、电话、传真以及签证人员姓名的,需仔细核对,要求准确无误
13. 证书编号, Certificate No.	此栏不得留空,否则此证书无效

一般原产地证书(C. O.)可以分为两种:一种是由中国国际贸易促进委员会(简称CCPIT)签发;另一种是由海关签发。其中 CCPIT 是可以代表中国国际商会的机构,所以国外进口商要求出口方出具由中国商会签发的 C. O. 时,可以去贸促会加盖"CCPIT 代表中国商会"的章。

思政园地

蛋制品出口流程

端午节是民俗大节,在端午节吃咸蛋黄的习俗由来已久。俗语有云:"要吃咸蛋粽,才把寒意送。"咸蛋黄是"五黄"之一,端午节过后便开始进入炎热的夏天,古人认为在端午节这天吃"五黄",具有清热解毒和驱虫的寓意。

那么,这份独属于中国人的味蕾归属是如何端上海外华人餐桌的呢?以下介绍出口食品生产企业和出口食品原料养殖场备案办理流程。

禽蛋及其制品具体是指供人类食用的鲜蛋、蛋制品(液蛋制品、干蛋制品、冰蛋制品、再制蛋)等。出口禽蛋及其制品的生产企业应办理出口食品生产企业备案,活禽养殖场需办理出口食品原料养殖场备案。

一、依据文件

(1)《中华人民共和国进出口商品检验法》及其实施条例。

(2)《中华人民共和国食品安全法》。

(3)《中华人民共和国农产品质量安全法》。

(4)《中华人民共和国进出口食品安全管理办法》(海关总署令第249号)。

(5)《关于公布实施备案管理出口食品原料品种目录的公告》(原质检总局2012年第149号公告)。

二、出口食品原料养殖场备案申请

1. 备案所需材料

(1) 出口蛋禽原料养殖场备案申请表原件。

(2) 养殖场和出口加工企业签订的合同(适用于合同养殖场)(复印件)。

(3) 养殖场行政区划位置图、场区平面示意图原件,标明大门、禽舍、生活区、水域、饲料库、药品库等。

2. 备案流程

(1) 申请人通过登录"互联网＋海关"一体化平台(http://online.customs.gov.cn)，或者登录"中国国际贸易单一窗口"(https://www.singlewindow.cn)，向所在地主管海关提出申请并上传材料。

(2) 材料审核：申请人提交材料齐全的，养殖场所在地海关应当受理备案申请。申请人提交材料不齐全的，养殖场所在地海关当场告知申请人补齐，并在补齐后受理。

(3) 现场评审：所在地海关受理申请后，应当根据备案条件进行评审。

(4) 发证：审核符合条件的，给予备案发证。不符合条件的，不予备案。

三、出口食品生产企业备案申请

1. 备案流程

网站一：出口禽蛋及其制品生产企业可登录"互联网＋海关"(http://online.customs.gov.cn)，通过"企业管理和稽查"→"更多"→"出口食品生产企业备案核准"→"初次申请"。根据系统申报界面的规范要求，如实填报系统中的内容并上传附件《出口食品生产企业备案申请表》。

网站二：出口禽蛋及其制品生产企业也可通过登录"中国国际贸易单一窗口"(https://www.singlewindow.cn)申请备案，进入首页"业务应用"→"标准版应用"→"企业资质"，找到申请项并根据系统申报界面的规范要求，录入企业相关信息，向海关提交出口食品生产企业备案申请。

主管海关对申请人提出的申请进行审核，对材料齐全、符合法定条件的，予以备案。经审核不符合要求的，受理申请的隶属海关应当告知企业补正后予以备案，不符合条件的，不予备案。承诺办结时限三个工作日。

2. 备案变更

出口食品生产企业的名称、法定代表人、生产企业地址发生变化的，申请人应当自发生变更之日起15日内，通过系统向原发证海关提出变更申请。如实更新系统中的内容并上传附件《出口食品生产企业备案申请表》。原发证海关对申请变更内容进行审核，变更材料齐全、证明材料真实有效的，准予变更。

四、出口食品生产企业、出口食品原料养殖场备案名单查询

海关总署统一公布出口禽蛋及其制品生产企业备案名单，名单信息包括出口食品生产企业名称、备案号及备案产品等。出口蛋禽养殖场备案名单也由海关总署统一公布。

企业可进入海关总署官网(http://www.customs.gov.cn)，单击"企业管理和稽查"→"信息服务"，进行查询。

微课：普惠制原产地证书制作示范

出口食品生产企业经过审核后，可进入"我的档案"→"查询"，打印《备案证明》，该证明长期有效。

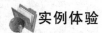
实例体验

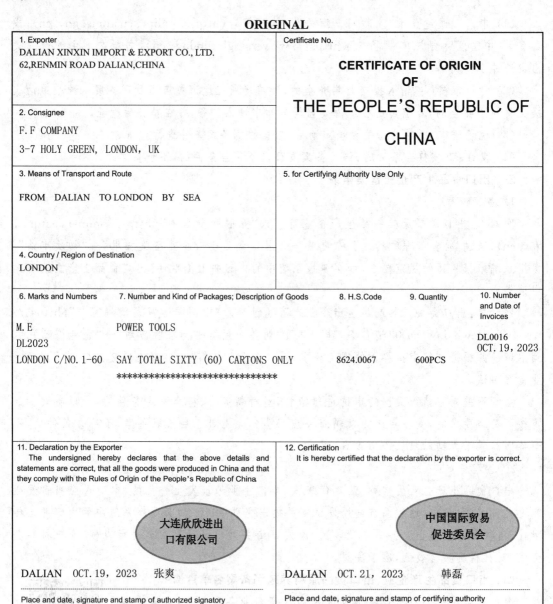

五、普惠制原产地证书的含义及特点

1. 普惠制原产地证书的含义

普惠制原产地证书又称"普遍优惠关税格式 A""联合国格式 A""产地证明书格式 A""发展中国家产地证明书",是在普通优惠关税制度下,优惠授予国(发达国家)为预防进口货物冒用关税优惠待遇,并确定货物确实来自受惠国(发展中国家),而规定进口商在进口报关时所必须提交的一种特殊格式的产地证明书。在中国,这种普惠制原产地证书适用于一般商品,由进出口公司填制,经海关签证出具。

普惠制原产地证书(FORM A 或 GSP FORM A)是根据发达国家给予发展中国家的一种关税优惠制度——普遍优惠制签发的优惠性原产地证。采用的是格式 A,证书颜色为绿色。

普惠制原产地证书标题栏(右上角)填海关编定的证书号。在证头横线上方填"中华人民共和国"字样。国名必须填写英文全称,不得简化。国内印制的证书,如印有"Issued in THE PEOPLE'S REPUBLIC OF CHINA"字样,则无须再填写。

2. 普惠制原产地证书的特点

普惠制原产地证书是受惠国的原产品出口到给惠国时享受普惠制减免关税待遇的官方凭证,适用于一切有资格享受普惠制待遇的产品。现在所有给惠国都接受格式 A,格式 A 证书相当于一种有价证券。因而联合国贸易和发展会议优惠问题特别委员会规定,其正本必须印有绿色纽索图案底纹,以便识别伪造与涂改,尺寸为 297mm×210mm,使用文种为英文或法文。格式 A 由出口商填制申报,签证机构审核、证明及签发。证明书使用的文种为英文或法文,但证明书背面注释可以使用受惠国本国文字印刷。签证机构必须是受惠国政府指定的,其名称、地址、印模都要在给惠国注册登记,在联合国贸易和发展会议秘书处备案。

在我国,普惠制原产地证书的签证工作由海关负责统一管理,设在各地的海关是我国政府授权的唯一的普惠制原产地证书格式 A 的签发机构。

【样单】

普惠制原产地证书申请书

申请人单位(盖章):　　　　　　　　　　　　　　证书号:_____

申请人郑重声明:　　　　　　　　　　　　　　　　注册号:_____

本人是被正式授权代表出口单位办理和签署本申请书的。

本申请书及普惠制原产地证书格式 A 所列内容正确无误,如发现弄虚作假,冒充格式 A 所列货物,擅改证书,自愿接受签证机关的处罚及负法律责任。现将有关情况申报如下:

生产单位		生产单位联系人电话		
商品名称 (中英文)		H. S. 税目号 (以六位数码计)		
商品(FOB)总值(以美元计)			发票号	
最终销售国		证书种类划"√"	加急证书	普通证书
货物拟出运日期				
贸易方式和企业性质(请在适用处划"√")				

正常贸易 C	来进料加工 L	补偿贸易 B	中外合资 H	中外合作 Z	外商独资 D	零售 Y	展卖 M

包装数量或毛重或其他数量

原产地标准：
本项商品系在中国生产，完全符合该给惠国给惠方案规定，其原产地情况符合以下第_____条
(1) "P"（完全国产，未使用任何进口原材料）
(2) "W"其 H.S.税目号为_____（含进口成分）
(3) "F"（对加拿大出口产品，其进口成分不超过产品出厂价值的40%）
本批产品系：1. 直接运输队从_____到_____
　　　　　　2. 转口运输从_____中转国（地区）_____到_____

申请人说明　　　　　　　　　　　　　　　　　　领证人（签名）
　　　　　　　　　　　　　　　　　　　　　　　电话：
　　　　　　　　　　　　　　　　　　　　　　　日期　　年　月　日

现提交中国出口商业发票副本一份，普惠制原产地证书格式A(FORM A)一正二副，以及其他附件×份，请予审核签证。

注：凡含有进口成分的商品，必须按要求提交《含进口成分受惠商品成本明细单》。

商检局联系记录

微课：普惠制原产地证书的制作

动画：普惠制原产地证书的填写说明

六、普惠制原产地证书的缮制

普惠制原产地证书格式A（以下简称 FORM A 证书）共有12栏，产地证标题栏（右上角）填写签证当局所规定的证书号。普惠制原产地证书的内容及缮制方法如表5-4所示。

表 5-4　普惠制原产地证书的内容及缮制

内　容	缮　制　方　法
1. 出口商名称、地址、国家，Goods Consigned from…	此栏带有强制性，应填明详细地址，包括街道名、门牌号码等。中国地名的英文译音应采用汉语拼音。若属信用证项下，应与规定的受益人名址、国别一致。需要注意的是，本栏目的最后一个单词必须是国家名。如为第三方发货，需与提单发货人一致。 例如，GUANGDONG(广东)、GUANGZHOU(广州)、SHANTOU(汕头)等 例如，CHINA ARTEX(HOLDING)COPR. GUANGDONG CO. NO. 119,LIUHUA ROAD,GUANGZHOU,CHINA
2. 收货人的名称、地址、国家，Goods Consigned to…	该栏应填给惠国最终收货人名称、地址及国家名称(即信用证上规定的提单通知人或特别声明的收货人)。如最终收货人不明确，可填发票抬头人，但不可填中间转口商的名称 填写时必须注意： (1) 信用证无其他规定时，收货人一般即是开证申请人 (2) 若信用证申请人不是实际收货人，而又无法明确实际收货人时，可以提单的被通知人作为收货人 (3) 如果进口国为欧共体成员国，本栏可以留空或填"To be ordered"。另外，日本、挪威、瑞典的进口商要求签发"临时"证书时，签证当局在此栏加盖"临时(PROVISIONAL)"红色印章
3. 运输方式及路线，Means of Transport and Route	一般应填装货、到货地点(始运港、目的港)及运输方式(如海运、陆运、空运)。转运商品应加上转运港，如 VIA HONGKONG。该栏还要填明预定自中国出口的日期，日期必须真实，不得捏造。对输往内陆给惠国的商品，如瑞士、奥地利，由于这些国家没有海岸，因此如系海运，都要经第三国，再转运至该国，填证时应注明 例如，ON/AFTER NOV. 6, 2023 BY VESSEL FROM GUANG-ZHOU TO HAMBURG W/T HONG KONG, IN TRANSIT TO SWITZERLAND
4. 供官方使用，for Official Use	此栏由签证当局填写，申请签证的单位应将此栏留空。正常情况下此栏空白。特殊情况下，签证当局在此栏加注。例如： (1) 货物已出口，签证日期迟于出货日期，签发"后发"证书时，此栏盖上"ISSUED RETROSPECTIVELY"红色印章 (2) 证书遗失、被盗或损毁，签发"复本"证书时盖上"DUPLICATE"红色印章，并在此栏注明原证书的编号和签证日期，并声明原发证书作废，其文字是"THIS CERTIFICATE IS IN REPLACE-MENT OF CERTIFICATE OF ORIGIN NO. ,DATED,WHICH IS CANCELLED"
5. 商品顺序号，Item Number	填列商品项目，有几项则填几项。如果只有单项商品，仍要列明项目"1"。如同批出口货物有不同品种，则按不同品种、发票号等分列"1""2""3"等，以此类推。如是单项商品，此栏填"1"

续表

内　容	缮　制　方　法
6. 唛头及包装号, Marks and Numbers of Packages	(1) 填具的唛头应与货物外包装上的唛头及发票上的唛头一致 (2) 唛头不得出现中国以外的地区或国家制造的字样（如 MADE IN CHINA 等）。如货物无唛头，应填"无唛头"，即"N/M"或"NO. MARK"。如唛头过多，此栏不够填，可填写在第 7~10 栏截止线以下的空白处。如还不够，此栏写上"SEE THE ATTACHMENT"，用附页填写所有唛头（附页的纸张要与原证书一般大小），在右上角写上证书号，并由申请单位和签证当局授权签字人分别在附页末页的右下角和左下角手签、盖印。附页手签的笔迹、地点、日期均与证书第 11、12 栏相一致 例如, B0073BRCT23-1 HAMBURG, GERMANY C/NO. 001-150
7. 包件数量及种类, 商品的名称, Number and Kind of Packages, Description of Goods	(1) 包件数量必须用英文和阿拉伯数字同时表示 例如, ONE HUNDRED AND FIFTY〈150〉CARTONS OF WORKING GLOVES (2) 商品名称必须具体填明，不能笼统填"MACHINE"（机器）"GARMENT"（服装）等。对一些商品，如玩具电扇，应载明"TOYS: ELECTRIC FANS"，不能只列"ELECTRIC FANS" (3) 商品的商标、牌名（BRAND）及货号（ARTICLE NUMBER）一般可以不填。商品名称等项列完后，应在下一行加上表示结束的符号，以防止加填伪造内容 (4) 国外信用证有时要求填具合同、信用证号码等，可加填在此栏空白处
8. 原产地标准, Origin Criterion	填写货物原料的成分比例。此栏用字最少，但却是国外海关审证的核心项目。对含有进口成分的商品，因情况复杂，国外要求严格，极易弄错而造成退证，故应认真审核。一般规定说明如下。 (1) "P": 完全自产，无进口成分，使用"P" (2) "W": 含有进口成分，但符合原产地标准，填"W" (3) "F": 对加拿大出口时，含进口成分占产品出厂价 40% 以内者，都使用"F" (4) 空白：出口到澳大利亚、新西兰的货物，此栏可留空不填。注意：含有进口原料成分的商品，发往瑞士、挪威、芬兰、瑞典、奥地利等欧盟成员国及日本时，都使用"W"，并在字母下方标上产品的 CCCN 税则号（布鲁塞尔税则）；发往俄罗斯、白俄罗斯、乌克兰、哈萨克斯坦、捷克、斯洛伐克时，都填写"Y"，并在字母下面标上百分比（占产品离岸价格的 50% 以下）
9. 毛重或其他数量, Gross Weight or Other Quantity	与合同及运输单据的总毛重或数量相同，应分别列明毛重数值与计量单位 此栏应以商品的正常销售单位填，如"只、件、匹、双、台、打"等。以重量作为销售单位的则填毛重，只有净重的，填净重亦可，但必须注明"N.W."（NET WEIGHT） 例如, 3,200DOZ. 或 6,270KG
10. 发票号码及日期, Number and Date of Invoices	此栏不得留空。月份一律用英文（可用缩写）表示，此栏的日期必须按照正式商业发票填具，发票日期不得迟于出货日期 例如, PHK50016 NOV.2,2023

续表

内 容	缮 制 方 法
11. 签证当局的证明，Certification	此栏填写海关的签证地点、日期。例如，GUANGZHOU NOV. 3,2023 海关签证人经审核后，在此栏（正本）签名，盖签证印章。此栏日期不得早于发票日期（第10栏）和申报日期（第12栏），而且应早于货物的出运日期（第3栏） 本证书只在正本上签章，不签署副本
12. 出口商的申明，Declaration by the Exporter	在生产国横线上填英文的"中国"（CHINA）。进口国横线上填最终进口国，进口国必须与第3栏目的港的国别一致，如"德国"。凡货物运往欧盟十五国范围内，进口国不明确时，进口国可填 EU。另外，申请单位应授权专人在此栏手签，标上申报地点、日期，并加盖申请单位中英文印章。手签人手迹必须在海关注册备案，并保持相对稳定。例如，GUANGZHOU NOV.2,2023. 此栏日期不得早于发票日期（第10栏）（最好是同日）。盖章时应避免覆盖进口国名称和手签人姓名。本证书一律不得涂改，证书不得加盖校对章 注意：填写时必须包括出口港（或出口国）及符合日期格式的日期，且该日期必须在合同日期之后
13. 证书号码，Reference No.	填写签证当局编号的证书号码

实例体验

1. Goods Consigned from (Exporter's Business Name, Address, Country) DALIAN XINXIN IMPORT & EXPORT CO., LTD. 62,RENMIN ROAD DALIAN,CHINA	Reference No. GENERALIZED SYSTEM OF PREFERENCES **CERTIFICATE OF ORIGIN** (Combined declaration and certificate)
2. Goods Consigned to (Consignee's Name, Address, Country) F. F COMPANY 3-7 HOLY GREEN, LONDON, UK	**FORM A** **THE PEOPLE'S** Issued in **REPUBLIC OF CHINA** _____ (country) See Notes overleaf
3. Means of Transport and Route (as far as Known) FROM DALIAN TO LONDON BY SEA	4. for Official Use

5. Item Number	6. Marks and Numbers of Packages	7. Number and Kind of Packages; Description of Goods	8. Origin Criterion (See Notes Overleaf)	9. Gross Weight or Other Quantity	10. Number and Date of Invoices
1	M. E DL2023 LONDON C/NO. 1-60	POWER TOOLS SAY TOTAL SIXTY (60) CARTONS ONLY *************************	"P"	14,300KGS	DL0016 OCT. 19, 2023

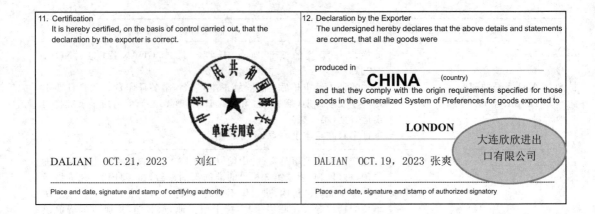

任务四 缮制保险单据

任务导入

国际贸易中,货物从卖方到买方手中,通常要经过长途运输、装卸和存储等流转环节,在此期间,货物可能会遇到各种各样的风险,蒙受各种损失。为了在货物受损时能得到经济上的补偿,买方或卖方应在货物启运前,向保险公司办理货物的运输保险。

大连欣欣进出口有限公司的单证员张爽在办理产地证的同时,按照信用证上的要求,需要到中国平安保险股份有限公司办理国际货物运输保险,那么,单证员张爽应如何缮制保险单据并办理保险呢?

出口货物在长途运送和装卸过程中,有可能会因自然灾害、意外事故或其他外来因素而导致受损。为了保障收货人在货物受损后获得经济补偿,一般在货物出运前,货主都向保险公司办理有关投保事宜,并按合同或信用证要求仔细、认真地填写货物运输险投保单交给保险公司,保险公司若接受了投保,就签发给投保人一份承保凭证即保险单。有时,出口方也可以以出口货物明细单或出口发票副本代替投保单,但必须加注如运输工具、开航日期、承保险别、投保金额或投保加成、赔款地、保单份数等内容。

当被保险货物遭受到保险凭证责任范围内的损失时,保险单是索赔和理赔的依据。在CIF合同中,保险单同时又是卖方向买方提供的出口结汇单据之一。保险单据有保险单、保险凭证和预约保险单等。由于它只是保险人单方面签署的,所以只是保险人与被保险人之间订立保险合同的证明,而不是保险合同。

一、保险单据的含义及作用

1. 保险单据的含义

保险单据简称保单,是保险人对被保险人承担保险责任的书面证明文件,也是保险人和被保险人之间的正式合同或契约,它具体规定了保险人与被保险人之间的权利和义务。

微课:保险单的含义及种类

2. 保险单据的作用

(1) 保险合同的证明。保险单据是保险人与被保险人之间签订的保险合同的证明。按保险业惯例，保险人只要在被保险人填写的保险单据上签字，保险合同即告成立，它具体规定了双方之间的权利和义务。

(2) 赔偿证明。保险合同是一种赔偿性合同，而非买卖性合同。被保险人支付保费后，保险人即对货物遭受合同责任范围内的损失负赔偿责任。因此，保险单据也是赔偿权的证明文件。作为一种权利凭证，货运保险单像提单一样可背书转让，但赔偿不是必然发生，只是偶然发生的，故保险单据只是潜在的利益凭证。在国际贸易中，如以 CIF 和 CIP 方式成交，卖方发货后，买方承担风险，卖方应在保险单背面背书，并按规定结算方式向买方移交保险单。买方取得保险单即成为被保险人，在货物出险后，有权向保险公司或其指定代理人索赔。

凡按 CIF 条件成交的出口货物，由出口企业向当地保险公司逐笔办理投保手续。凡按 CFR 或 FOB 条件成交的进口货物，由进口企业向当地保险公司逐笔办理投保手续。在办理时应注意：根据合同或信用证规定，在备妥货物并已确定装运日期和运输工具后，按约定的保险险别和保险金额，向保险公司投保。投保时应填制投保单并支付保险费（保险费＝保险金额×保险费率），保险公司凭以出具保险单或保险凭证。投保的日期应不迟于货物装船的日期。投保金额若合同没有明示规定，一般为 CIF 价格加成 10%，如买方要求提高加成比率，一般情况下可以接受。但增加的保险费应由买方负担。

二、保险单据的种类

(1) 保险单（insurance policy）。保险单是一种正规的保险合同，是完整独立的保险文件。保单背面印有货物运输保险条款（一般表明承保的基本险别条款之内容），还列有保险人的责任范围及保险人与被保险人各自的权利、义务等方面的条款。俗称大保单。

(2) 保险凭证（insurance certificate）。中国人民保险公司发出的保险凭证是表示保险公司已经接受保险的一种证明文件，这是一种比较简化的保险单据。它包括保险单的基本内容，但不附有保险条款全文。这种保险凭证与保险单有同等的法律效力。

(3) 联合凭证（combined certificate）。联合凭证又称承保证明（risk note），是我国保险公司特别使用的，比保险凭证更简化的保险单据。保险公司仅将承保险别、保险金额及保险编号加注在我国进出口公司开具的出口货物发票上，并正式签章即作为已经保险的证据。联合凭证是最简单的保险单据。

(4) 预约保险单（open policy）。预约保险单是进口贸易中，被保险人（一般为进口人）与保险人之间订立的总合同。订立这种合同既可以简化保险手续，又可使货物一经装运即取得保障。

(5) 保险声明（insurance declaration）。预约保险单项下的货物一经确定装船，要求被保险人立即以保险声明书的形式，将该批货物的名称、数量、保险金额、船名、起讫港口、航次、开航日期等通知保险人，银行可将保险声明书当作一项单据予以接受。

(6) 批单。保险单出立后，如需变更其内容，可由保险公司另出的凭证注明更改或补充的内容，称为批单。其需粘在保险单上并加盖骑缝章，作为保险单不可分割的一部分。

还有一种暂保单（cover note），是由保险经纪人（insurance broker）即投保人的代理人出具的非正式保单。除非信用证特别要求,银行不接受暂保单。

三、出口货物运输保险流程

在国际货物买卖过程中,由哪一方负责办理投保,应根据买卖双方商订的价格条件来确定。例如按 FOB 条件和 CFR 条件成交,保险即应由买方办理;如按 CIF 条件成交,保险就应由卖方办理。办理出口货物运输保险的一般程序如图 5-1 所示。

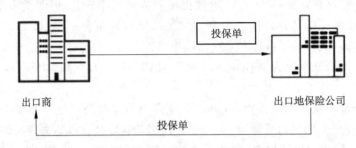

图 5-1 出口货物运输保险流程

说明如下。

(1)出口商向保险公司申请办理保险,需按信用证规定填制保险单,确定保险金额,并随附发票、装箱单等单据。

(2)保险公司按约定的保险费率收讫保险费后,依据投保单出具保险单交给出口商。

(3)出口商按信用证规定在保险单上进行背书,便于保单过户转让。

微课:保险单的
内容与缮制

动画:保险单
的缮制

四、保险单据的缮制

不同保险公司出具保险单据内容大同小异,保险单据的内容及缮制方法如表 5-5 所示。

表 5-5 保险单据的内容及缮制方法

内　　容	缮 制 方 法
1. 正本份数,Number of Original Policy	当信用证没有特别说明保险单份数时,出口公司一般提交一套完整的保险单(一份正本,一份复联本)。当来证要求提供的保险单"IN DUPLICATE/IN TWO FOLDS/IN 2 COPIES"时,出口商提交给议付行的是由正本保险单(Original)和复联保险单(Duplicate)构成的全套保险单。其中的正本保险单可经背书转让。在实务中,可根据信用证或合同规定使用一份、两份或三份正本保险单,每份正本上分别印有第一正本(THE FIRST ORIGINAL)、第二正本(THE SECOND ORIGINAL)及第三正本(THE THIRD ORIGINAL)以示区别

续表

内　容	缮　制　方　法
2. 发票号码，Invoice Number	此处填写发票号码
3. 保险单号码，Policy Number	填写保险公司指定号码
4. 被保险人，Insured	如信用证无特别规定，保险单的被保险人一般填写出口商的名称，即信用证的受益人。例如，在 CIF 或 CIP 价格条件下，被保险人即为卖方(出口商)，信用证方式下指的是受益人，托收方式下为委托人。但是实际发生货损时，索赔的权益是买方(进口商)，所以保险单以卖方为保险人时，卖方要在保险单的背面进行背书，以示索赔权益转让给保险单的持有人，同时受让人则负担被保险人的义务。如信用证有特殊要求，所有单据以×××为抬头人，那么应在被保险人栏以×××为被保险人，这种保险单就不用背书了。如果信用证规定，保单为第三者名称即中性名义，可填成"被保险利益人"，即填写"TO WHOM IT MAY CONCERN"。如果信用证规定，保单为空白抬头 (TO ORDER)，被保险人名称应填写"TO APPLICANT＋出口商 FOR THE ACCOUNT OF WHOM IT MAY CONCERN"。如信用证规定以某公司或某银行为被保险人，可以直接在本栏上填写规定的名称，无须背书
5. 保险货物项目，Description of Goods	此栏按照发票品名填写。一般填写货物名称，此栏允许填写货物总称
6. 唛头，Marks and Nos.	保险单唛头应与发票、提单等一致，也可只填"AS PER INVOICE NO.×××"
7. 包装及数量，Quantity	此栏填写投保货物的包装数。如以包装件数计价者，则将最大包装的总件数填入；如以毛重或净重计价，可填件数及毛重或净重；如果是裸装货物，则表示其件数即可；如果是散装货物，则表示其重量，并在其后注明"IN BULK"字样
8. 保险金额，Amount Insured	一般按照发票总金额的 110% 投保。信用证项下的保险单必须按信用证规定办理。此栏保险金额使用的货币应与信用证使用的货币相一致，大小写保持一致。有小数点的一律进位。TOTAL AMOUNT INSURED，即保险金额的大写数字，以英文表示，末尾加上"ONLY"，以防涂改。 保险金额＝CIF 货价×(1＋保险加成率) 保险费＝保险金额×费率 由于保险金额的计算是以 CIF(或 CIP)货价为基础的，因此，对外报价时，如果需要将 CFR(或 CPT)价格变为 CIF(CIP)价格，或是在 CFR(或 CPT)合同项下买方要求卖方代为投保时，均不应以 CFR 价格为基础直接加保险费来计算，而应先将 CFR(或 CPT)价格换算为 CIF(或 CIP)价格后再求出相应的保险金额和保险费 (1) 按 CIF 进口时：保险金额＝CIF 货价×(1＋保险加成率) (2) 按 CFR 进口时：保险金额＝CFR 货价×1.1/[1－(1＋保险加成率)×r]，式中，r 为保险费率 (3) 按 FOB 进口时：保险金额＝(FOB 货价＋海运费)×1.1/[1－(1＋保险加成率)×r] 据保险公司规定，战争险与罢工险两项险别，如同时加保，费率不累加，仍按只投其中一种险别的费率计算。即无论投保一种或两种，保险费率均为 0.8‰

续表

内　　容	缮　制　方　法
9. 保费, Premium	一般由保险公司印就"AS ARRANGED"（如约定）字样。除非信用证另有规定，每笔保费及费率可以不具体表示
10. 开航日期, Date of Commencement	一般填写提单的签发日期，也可填写提单签发日期前后各5天之内任何一天的日期，或填"AS PER B/L DATE"
11. 装载工具, Per Conveyance	此栏填写装载船的船名。当运输由两程运输完成时，应分别填写一程船名和二程船名。如再转运到内陆，则加填"OTHER CONVEYANCE"；如空运，则填"BY AIR"或"BY AEROPLANCE"；如陆运，则填"BY TRAIN"；如以邮包寄送，则填"BY PARCEL POST"；如采用海陆联运方式，则填"BY S.S ××× AND THENCE BY OVERLAND TRANSPORTATION TO ×××"
12. 启运地和目的地, From…To…	此栏填写启运地和目的地名称。当货物经转船到达目的港时，可填写"FROM 装运港 TO 目的港 W/T AT 转运港（WITH TRANSIPMENT AT ×××）"，也可填成 VIA 转运港 AND THENCE TO 投保最终目的地。例如：货物由上海运达纽约港后，转运到芝加哥，提单可填成："FROM SHANGHAI TO NEW YORK AND THENCE TO CHICAGO"或"FROM SHANGHAI TO NEW YORK IN TRANSIT TO CHICAGO"
13. 承保险别, Conditions	本栏是保险单的核心内容，填写时应注意保险险别及文句与信用证严格一致，即使信用证中有重复语句，为了避免混乱和误解，最好按信用证规定的顺序填写。如信用证没有规定具体险别，或只规定"MARINE RISK""USUAL RISK"或"TRANSPORT RISK"等，则可投保一切险（ALL RISKS）、水渍险（WA 或 WPA）、平安险（FPA）三种基本险中的任何一种。如信用证中规定使用伦敦学会条款，可以按信用证规定承保，保单应按要求填制。投保的险别除注明名称外，还应注明适用的文本及日期
14. 货损检验及理赔代理人, Surveying and Claim Settling Agents	一般选择在目的港或目的港附近有关机构为货损检验、理赔代理人，并详细注明代理人的地址。如果保险单上注明保险责任终止是在内地而非港口，则应填列内地代理人名址。如当地无中国人民保险公司的代理机构，可以注明由当地海关代为检验。如果信用证自行指定买方选择的代理人，则不应接受
15. 赔付地点, Claim Payable at	此栏按合同或信用证要求填。如果信用证中并未列明确，一般将目的港作为赔付地点。如买方指定理赔代理人，理赔代理人必须在货物到达目的港的所在国内，便于到货后检验，赔款货币一般为投保额相同的货币
16. 日期, Date	日期指保险单的签发日期。由于保险公司提供仓至仓服务，所以要求保险手续在货物离开出口方仓库前办理。保险单的日期也应是货物离开出口方仓库前的日期。保险单的日期应不早于发票的日期，但也绝不能晚于提单日期
17. 投保地点, Place	一般为装运港（地）的名称
18. 签章, Authorized Sing Apore	由保险公司签字或盖章以示保险单正式生效
19. 背书, Endorsed	（1）空白背书。空白背书只注明被保险人（包括出口商名称和经办人的名字）名称。当来证没有规定使用哪一种背书时，也使用空白背书方式 （2）记名背书。当来证要求"DELIVERY TO（THE ORDER OF）××× COMPANY（BANK）"或"ENDORSED IN THE NAME OF ×××"，即规定使用记名方式背书。记名背书在出口中较少使用 （3）记名指示背书。当来证保单条款规定为"INSURANCE POLICY OR CERTIFICATE IN NEGOTIABLE FORM ISSUED TO THE ORDER OF ×××"时，具体做法是只要在保险单背面填上"TO ORDER OF ×××"，然后签署被保险人的名称就可以了

保险单一般由保险公司审单员根据投保人提供的投保单等材料进行缮制，但也有个别保险公司由投保人代其填制保险单的相关栏目内容，再由保险公司填制剩余栏目，签章后生效。

保险单是出口商向银行议付货款所必备的单证之一，其可通过背书转让。保险单的背书有空白背书和指示背书两种，究竟采取哪一种，应视信用证的具体要求而定。

【样单】

中国太平洋财产保险股份有限公司
China Pacific Property Insurance Co., Ltd.

全国客户服务电话：95500
SERVICE CENTER: 95500

货物运输保险单
CARGO TRANSPORTATION INSURANCE POLICY

CDAD22:

保险单号(Policy No): AWEZ55024222QA

中国太平洋财产保险股份有限公司（以下称承保人）根据被保险人的要求，在被保险人向承保人缴付约定的保险费后，按照本保险单承保险别和背面所载条款与下列特款承保下述货物运输险，特立本保险单。
This Policy of Insurance witnesses that China Pacific Property Insurance Company Limited (hereinafter called "The Underwriter") at the request of the Insured named hereunder and in consideration of the agreed premium paid to the Underwriter by the Insured, undertakes to insure the undermentioned goods in transportation subject to the conditions of this Policy as per the Clauses printed overleaf and other special clauses attached herein.

被保险人(Insured): NINGBO SHIMAOTONG INTERNATIONAL CO., LTD

标记： Marks & Nos. As per Invoice No. 请详见附页 Please see attached page	包装与数量 Quantity 请详见附页 Please see attached page	保险货物项目 Description of Goods 请详见附页 Please see attached page	保险金额： Amount Insured USD224345.00

总保险金额：U.S. DOLLARS TWO HUNDRED AND TWENTY FOUR THOUSAND THREE HUNDRED AND FORTY FIVE ONLY
Total Amount Insured

费率 Rate	AS ARRANGED	保费 Premium	AS ARRANGED	免赔额/率 Deductible Franchise	
开航日期 Sig. on or abt.	May 21, 2022	装载运输工具 Per conveyance S.S.	MSC FRANCESCA FK220A		
运输路线 Route	自 From SHANGHAI	经 By		至 To	RIYADH DRYPORT, KSA

承保险别
Conditions
COVERING THE INSTITUTE CARGO CLAUSES
(ALL RISKS) INCLUDING MALICIOUS DAMAGES, WAR, S.R. AND C.C
AND T.P.N.D. RISKS WITH EXTENDED COVER FROM WAREHOUSE TO
WAREHOUSE.

所保货物，如遇出险，本公司凭第一正本保险单及其他有关证件给付损失款，如发生本保险单项下负责赔偿的损失或事故，应立即通知下述代理人查勘。
Claims, if any, payable on surrender of the first original of the Policy together with other relevant documents. In the event of accident whereby loss or damage may result in a claim under this Policy, immediate notice applying for survey must be given to Agent as mentioned hereunder.

Fa Zheng Fradjusting Saudi Arabia

Batha near Murgab mall, Riyadh, Saudi Arabia Tel: +966 580 626 121 Email:
china@fradjusting.com Contact: Mr. Siddiki

中国太平洋财产保险股份有限公司
CHINA PACIFIC PROPERTY INSURANCE CO., LTD.

授权签发
AUTHORIZED SIGNATURE
地址 Address sunqin
电话 Tel 95500 传真

（公司签章 Stamp）
保单专用章

赔偿支付地点 Claim payable at	RIYADH, SAUDI ARABIA IN USD						
核保 Underwriter		制单 Operator	SZYINGKE	经办 Handler	周菲	签单日期 Issuing Date	May 20, 2022

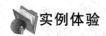 **实例体验**

中国平安保险股份有限公司
PING AN INSURANCE COMPANY OF CHINA, LTD.

NO. 1000005959

货物运输保险单
CARGO TRANPORTATION INSURANCE POLICY

微课：保险单缮制示范

被保险人：DALIAN XINXIN IMPORT & EXPORT CO., LTD.
Insured

中国平安保险股份有限公司根据被保险人的要求及其所交付约定的保险费，按照本保险单背面所载条款与下列特款，承保下述货物运输保险，特立本保险单。

This Policy of Insurance witnesses that PING AN INSURANCE COMPANY OF CHINA, LTD., at the request of the Insured and in consideration of the agreed premium paid by the Insured, undertakes to insure the undermentioned goods in transportation subject to the conditions of Policy as per the clauses printed overleaf and other special clauses attached hereon.

保单号 Policy No. DL1132654	赔款偿付地点 Claim Payable at
发票或提单号 Invoice No. or B/L No. DL 0016	LONDON IN USD
运输工具 per conveyance S.S. DONG FENG V.126	查勘代理人 Survey By:
启运日期 自 Slg. on or abt. From DALIAN	
至 To LONDON	

保险金额
Amount Insured   USD7,100   U.S.DOLLARS SEVEN THOUSAND ONE HUNDRED ONLY.

保险货物项目、标记、数量及包装： Description, Marks, Quantity & Packing of Goods:	承保条件 Conditions: TO BE EFFECTED BY SELLERS FOR 110% OF FULL INVOICE VALUE COVERING ALL RISKS AND WAR RISK.

M. E   POWER TOOLS   60 CARTONS
DL2023
LONDON
C/NO. 1-60

签单日期
Date: OCT.28，2023   AT   DALIAN

For and on behalf of
PING AN INSURANCE COMPANY OF CHINA, LTD.
authorized signature

任务五 缮制进出口货物报关单

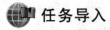 **任务导入**

单证员张爽在完成普惠制原产地证书申请工作后，需要办理货物出口报关，填写出口货物报关单。那么，报关单的缮制原则是什么？报关单的缮制要点有哪些？本任务需要缮制

出口、进口货物报关单。

微课：一般进出口
货物申报

动画：一般出口
货物报关程序

一、进出口货物报关单的含义及作用

1. 进出口货物报关单的含义

进出口货物报关单是指进出口货物收发货人或其代理人，按照海关规定的格式对进出口货物的实际情况做出书面申明，以此要求海关对其货物按适用的海关制度办理通关手续的法律文书。它在对外经济贸易活动中具有十分重要的法律地位。它既是海关监管、征税、统计以及开展稽查和调查的重要依据，又是加工贸易进出口货物核销，以及出口退税和外汇管理的重要凭证，也是海关处理走私、违规案件，及税务、外汇管理部门查处骗税和套汇犯罪活动的重要证书。

出口货物报关单是指出口货物的收发货人或其代理人，按照海关规定的格式对出口货物的实际情况做出书面申明，以此要求海关对其货物按照适用的海关制度办理通关手续的法律文书。它是出口商向海关申报出口的重要单据，也是海关直接监督出口行为、核准货物放行及对出口货物汇总统计的原始资料，直接决定了出口外销活动的合法性。出口货物报关单由中华人民共和国海关统一印制。

2. 进出口货物报关单的作用

进出口货物报关单用于确认货物是否真正出口或进口，是海关出具的进出口的正式凭证。其作用主要包括：①企业出口退税；②企业结汇核销。

【样单】

中华人民共和国海关出口货物报关单

预录入编号：　　　　　　　　　　　　海关编号：

出口口岸		备案号		出口日期		申报日期	
经营单位		运输方式		运输工具名称		提运单号	
发货单位		贸易方式		征免性质		结汇方式	
许可证号		运抵国（地区）		指运港		境内货源地	
批准文号		成交方式		运费		保费		杂费	
合同协议号		件数		包装种类		毛重（公斤）		净重（公斤）	
集装箱号		随附单据				生产厂家		
标记唛码及备注							

项号	商品编码	商品名称、规格型号	数量及单位	最终目的国(地区)	单价	总价	币制	征免

税费征收情况			
录入员	录入单位	兹声明以上申报无讹并承担法律责任	海关审单批注及放行日期(签章)
报关员			审单　　　　审价
单位地址：		申报单位(签单)	征税　　　　统计
		填制日期	
邮编	电话		查验　　　　放行

微课：报关单填制
的一般要求

动画：出口货物报关单
主要项目填写规范

二、出口货物报关单的缮制

1. 预录入编号

预录入报关单的编号用于申报单位与海关之间引用,其申报后尚未接受申报的报关单。

2. 海关编号

海关编号是指海关接受申报时给予报关单的编号。由海关给出自打印海关编号为18位数字。

3. 进口口岸/出口口岸

进口口岸/出口口岸是指货物实际进出我国关境口岸海关的名称。

(1) 填写实际进出关境的口岸名称(只填海关名称即可,不需填代码。有隶属海关时,不填直属海关)及其代码(四位代码)。

(2) 进口转关:填报进境地海关名称及代码。出口转关:填报出境地海关名称及代码。

(3) 由港口分析填写提单"port of discharge"或"port of loading"。

4. 备案号

备案号是指进出口企业在海关办理合同备案手续时,海关给予的编号。一般贸易不填,需备案的贸易方式才填。

5. 合同协议号

填报进出口货物合同(包括协议或订单)编号。

6. 进口日期/出口日期

进口日期是指运载所申报货物的运输工具申报进境的日期。本栏目填报的日期必须与相应的运输工具进境日期一致。

出口日期是指运载所申报货物的运输工具办结出境手续的日期。本栏目供海关打印报关单证明联用。预录入报关单及 EDI 报关单均免于填报。

无实际进出境的报关单填报办理申报手续的日期。

本栏目为六位数,顺序为年、月、日各二位。

7. 申报日期

海关接受进出口货物申报的日期。电子报关为海关计算机系统接受申报日期。纸质报关为海关接受纸质报关单日期。申报日期为八位数字,顺序为年(四位)、月(二位)、日(二位)。本栏目在申报时免予填报。

8. 经营单位

对外签订并执行进出口贸易合同的企业。

(1)填报经营单位名称及编码。

(2)代理进出口时填报代理方;外商投资企业委托进出口时,填报外商投资企业,并在标记唛码及备注栏注明"委托某公司进口"。

(3)签约企业与执行企业不同时,以执行企业为主。

9. 收货单位/发货单位

收货单位填报已知的进口货物在境内的最终消费、使用单位的名称;发货单位填报出口货物在境内的生产或销售单位的名称。

10. 申报单位

自理报关的,本栏目填报进出口企业的名称及海关注册编码;委托代理报关的,本栏目填报经海关批准的报关企业名称及海关注册编码。

本栏目还包括报关单左下方用于填报申报单位有关情况的相关栏目,包括报关员、报关单位地址、邮政编码和电话号码等栏目。

11. 运输方式

运输方式包括实际运输方式和海关规定的特殊运输方式,前者指货物实际进出境的运输方式,按进出境所使用的运输工具分类;后者指货物无实际进出境的运输方式,按货物在境内的流向分类。根据货物实际进出境的运输方式或货物在境内流向的类别,按照海关规定的《运输方式代码表》选择填报相应的运输方式。

12. 运输工具名称

载运货物进出境的运输工具名称或编号。一份报单只许填报一个运输工具名称。

(1)水路运输:填报船舶编号(来往港澳小型船舶为监管簿编号)或船舶英文名称。

(2) 公路运输:填报车牌号。

(3) 铁路运输:填报车厢编号或交接单号。

(4) 航空运输:填报航班号。

(5) 邮件运输:填报邮政包裹单号。

(6) 其他运输:填报具体运输方式名称,例如:管道、驮畜等。

13. 航次号

载运货物进出境的运输工具的航次编号。

(1) 水路运输:填报船舶的航次号。

(2) 公路运输:填报运输车辆的八位进出境日期(顺序为年四位、月二位、日二位,下同)。

(3) 铁路运输:填报列车的进出境日期。

(4) 航空运输:免予填报。

(5) 邮件运输:填报运输工具的进出境日期。

(6) 其他运输方式:免予填报。

14. 提运单号

进出口货物提单或运单的编号。

一份报关单只允许填报一个提单或运单号,一票货物对应多个提单或运单时,应分单填报。

15. 贸易方式(监管方式)

海关规定的贸易方式简称及代码,一般只填名称。

一份报关单只允许填报一种监管方式。一般贸易来料加工、进料对口等,由贸易业务分析填报。

16. 征免性质

海关对进出口实施征免性质填报。

17. 征税比例/结汇方式(征税比例不填,结汇方式)

(1) 进口报关单"征税比例"栏目不需要填报。

(2) 出口货物报关单应填报结汇方式。

常见的结汇方式有信汇(M/T)、电汇(T/T)、票汇(D/D)、付款交单(D/P)、承兑交单(D/A)、信用证(L/C)。

18. 许可证号

应申领许可证的货物填报的许可证编号。

19. 启运国(地区)/运抵国(地区)

启运国(地区)填报进口货物起始发出直接运抵我国或在运输中转国(地)未发生任何商业性交易的情况下运抵我国的国家(地区)。

运抵国(地区)填报出口货物离开我国关境直接运抵或在运输中转(地区)未发生任何商业性交易的情况下最后运抵的国家(地区)。中转地发生商业性交易则以中转地作为转运/抵运国;由港口分析填报提单中"port of loading"或"port of discharge"。

20. 装货港/指运港

装货港填报进口货物在运抵我国关境前的最后一个境外装运港,指运港填报出口货物运往境外的最终目的港。

21. 境内目的地/境内货源地

境内目的地填报已知的进口货物在国内的消费、使用地或最终运抵地。

境内货源地填报出口货物在国内的产地或原始发货地，本栏目按海关规定的《国内地区代码表》选择填报相应的国内地区名称及代码。一般根据收货单位、发货单位所在地填报。

22. 批准文号

出口报关单填报《出口收汇核销单》编号。

23. 成交方式

根据进出口货物实际成交价格条款，按海关规定的《成交方式代码表》选择填报相应的成交方式代码。

无实际进出境的货物，进口填报CIF，出口填报FOB。

24. 运费

填报进口货物运抵我国境内输入地点起卸前的运输费用，出口货物运至我国境内输出地点装载后的运输费用。

运费可按运费单价、总价或运费率三种方式之一填报，注明运费标记（运费标记"1"表示运费率，"2"表示每吨货物的运费单价，"3"表示运费总价），并按海关规定的《货币代码表》选择填报相应的币种代码。

免税品经营单位经营出口退税国产商品的，免予填报。

25. 保费

填报进口货物运抵我国境内输入地点起卸前的保险费用，出口货物运至我国境内输出地点装载后的保险费用。

保费可按保险费总价或保险费率两种方式之一填报，注明保险费标记（保险费标记"1"表示保险费率，"3"表示保险费总价），并按海关规定的《货币代码表》选择填报相应的币种代码。

26. 杂费

填报成交价格以外的应计入完税价格或应从完税价格中扣除的费用。

27. 件数

填报进出口货物运输包装的件数（按运输包装计）。特殊情况填报要求如下。

（1）舱单件数为集装箱的，填报集装箱个数。

（2）舱单件数为托盘的，填报托盘数。

不得填报为零，裸装货物填报为"1"。

28. 包装种类

进出口货物的实际外包装种类与件数同填。

29. 毛重（公斤）

填报进出口货物及包装材料的重量之和，计量单位为公斤，不足1公斤的填报"1"。1公斤以上的保留四位小数。

30. 净重（公斤）

填报进出口货物的毛重减去外包装材料后的重量，即货物本身的实际重量，计量单位为公斤,不足 1 公斤的填报为"1"。

31. 集装箱号

集装箱号是在每个集装箱箱体两侧标志的全球唯一的编号。例如,1×20′ TEXO3605231 200kg　TEXO3605231/20/2000　1×40′ TEXO3605441 400kg　TEXO3605441/40/4000。其余集装箱编号打印在备注处。非集装箱货物填报为"0"。

32. 随附单证及编号

根据海关规定的《监管证件代码表》和《随附单据代码表》选择填报除本规范第十六条规定的许可证件以外的其他进出口许可证件或监管证件、随附单据代码及编号。本栏目分为随附单证代码和随附单证编号两栏,其中代码栏按海关规定的《监管证件代码表》和《随附单据代码表》选择填报相应证件代码;随附单证编号栏填报证件编号。

33. 用途/生产厂家

进口货物填报用途,应根据进口货物的实际用途按海关规定的《用途代码表》选择填报相应的用途代码,如"以产顶进"填报"13"。

生产厂家是指出口货物的境内生产企业,本栏目供必要时手工填写。

34. 标记唛码及备注

(1) 标记唛码"Marks"中除图形以外的文字、数字。

(2) 受外商投资企业委托代理其进口投资设备、物品的进出口企业名称。

(3) 其余的集装箱号。

(4) 其余随附单据的证件代码及编号。

35. 项号

分两行填报。第一行填报报关单中的商品顺序编号;第二行填报备案序号,专用于加工贸易及保税、减免税等已备案、审批的货物,填报该项货物在《加工贸易手册》或《征免税证明》等备案、审批单证中的顺序编号。有关优惠贸易协定项下报关单填制要求按照海关总署相关规定执行。

36. 商品编号

商品编号是指按商品分类编码规则确定的商品编号。

37. 商品名称、规格型号

本栏目分两行填报及打印。第一行填货物规范的中文商品名称;第二行填报规格、型号。

38. 数量及单位

本栏目分三行填报及打印。

(1) 第一行填法定第一计量单位及数量。

(2) 第二行填法定第二计量单位及数量。

(3) 第三行填成交计量单位及数量。

39. 原产国(地区)/最终目的国(地区)

原产国(地区)是指进口货物的生产、开采或加工制造国家(地区)。

最终目的国(地区)是指已知的出口货物的最终实际消费、使用或进一步加工制造国家

40．单价

填报货物实际成交的单位价格（只填数，保留两位小数）。

41．总价

填报货物实际成交总价格。

42．币制

币制是指货物实际成交价格的货币名称及代码。

43．征免

其他贸易正常缴税，其余全免。

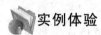 **实例体验**

中华人民共和国海关出口货物报关单

预录入编号：		海关编号：		
出口口岸 大连海关 0900	备案号		出口日期 2023.10.30	申报日期 2023.10.28
经营单位 大连欣欣进出口有限公司	运输方式 江海运输	运输工具名称 DESHENG V.126		提运单号 DL098
发货单位 大连欣欣进出口有限公司	贸易方式 一般贸易	征免性质 一般征税		结汇方式 信用证
许可证号 04HZ12345	运抵国（地区） 英国	指运港 伦敦		境内货源地 大连
批准文号	成交方式 CIF	运费 502/260/3	保费	杂费
合同协议号 DL2023	件数 60	包装种类 箱	毛重（公斤） 660KGS	净重（公斤） 600KGS
集装箱号	随附单据		生产厂家 大连工具厂	
标记唛码及备注 L.C DL2023 LONDON C/NO.1-60				

项号	商品编号	商品名称、规格型号	数量及单位	最终目的国（地区）	单价	总价	币制	征免
	8624.0067	电动手工用具		英国			502	照章
01		KK1	300 件		10.00	3 000.00		
02		KK2	200 件		13.00	2 600.00		
03		KK3	100 件		15.00	1 500.00		
			600 件			7 100.00		

税费征收情况				
录入员	录入单位 3765127799 张爽	兹声明以上申报无讹并承担法律责任	海关审单批注及放行日期（签章）	
报关员			审单	审价
		申报单位（签章） 大连欣欣进出口 有限公司 报关专用章	征税	统计
单位地址 大连市人民路62号			查验	放行
邮编 110000	电话 0411-8937××××	填制日期 2023.10.28		

微课：报关单入
离境口岸

微课：报关单启运
抵国填报

三、进口货物报关单的缮制

(1) 申报单位编号。由申报单位自己编号。

(2) 进口口岸。填写货物进入我国国境的口岸名称及代码。

(3) 经营单位。填写对外签订或执行进口合同的单位，不能填写收货单位或国外出口厂商。填写时应包括经营单位全称及代码。

(4) 收货单位。填写进口货物的使用单位名称及所在省、市名称。

(5) 合同(协议)号。填写进口合同(协议)的详细年份、编号及附件号码。

(6) 批准机关及文号。填写许可证号、特定减免号和免税表号等。

(7) 运输工具名称及号码。运输工具根据货物进入我国国境时使用的运输方式加以确定。运输方式分为六类：江海运输、铁路运输、公路运输、空运、邮运和其他。海运填船名，陆运填车号，空邮运只填"空运""邮运"字样。

(8) 贸易性质(方式)。本栏目应根据实际情况，并按海关规定的《贸易方式代码表》选择填报相应的贸易方式简称或代码。一份报关单只允许填报一种贸易方式。

(9) 贸易国别(地区)。贸易国别即成交国别，填货物直接购自国(地区)的名称。

(10) 原产国别(地区)。填进口货物生产制造的国家(地区)。如货物经过其他国家加工复制，以最后加工的国家为原产国。但若仅经简单整理，如改装、涂改或加贴标签等，而并未改变货物的性质、规格的，不做加工论。原产国一般可根据货物的产地证明书加以确定。如果一张报关单上有不同的原产国的货物，应当分别注明。

(11) 外汇来源。按本进口合同的实际外汇来源分别填写"中央外汇""地方外汇""贷款外汇""分成外汇""国外投资"或"其他"。

(12) 进口日期。填写运载货物的运输工具申报进口日期。

(13) 提单或运单号。海运填提单号，陆运、空运填运单号，邮运填报税清单(包裹单)号。

(14) 运杂费。填写实际支付运杂费金额。如实际支付运杂费不能确认，可按规定的定额率估算。

(15) 保险费率。价格条件为FOB或CFR条件下，填写实际支付的保险金额或定额率。如实际支付保险费不能确认，可按规定的定额率估算。

(16) 标记唛码。填写货物实际使用标记唛码，或按进口合同、发票载明的标记唛码填写。如有地点名称，也应照填。

(17) 包装种类及件数。包装种类即指袋、箱、包、捆、桶等。一批货物有多种包装种类，应分别填写件数。

(18) 毛重及净重。毛重填写本批货物全部重量。净重一般写填毛重扣除外层包装后的自然净重。对于一批不同品种的货物，应当分别注明净重。对于有销售包装的货物，不必扣除销售包装的重量。不能取得净重时，应按进口合同或商业习惯填写。

(19) 海关统计商品编号。参照《中华人民共和国海关统计商品目录》，填写商品代号。未列入商品目录的，按其用途归入 0~6 类。

(20) 货名规格及货号。按进口合同（协议）或发票上载明的货物名称、规格填写。货名、规格填中文名称并附注外文。货号填公司自编货号。

(21) 数量。此栏包括数量、单位两个小项，应按实际进口货物数量及计量单位填写。若合同中采用的计量单位与海关统计商品目录所规定的计量单位不同，应将其折算成目录规定的计量单位填写。若货物仅从一种数量单位不足以反映其性能，或海关统计规定有第二数量单位，则还需填写第二数量单位。一张报关单有不同品种的货物，应分别填写其数量。若整套机械分批进口，应在本栏注明"分批装运"字样。

(22) 成交价格。填进口合同约定的成交单价、总价和价格条件（如 FOB、CIF 等），并注明货币名称。若货价和其他费用为不同外币时应分别注明。分批进口货物，按每批进口货物的数量填写成交价格。

(23) 到岸价格。填进口货物到达我国国境时的实际到岸价，包括货价、运抵我国卸货前的运费、保险费和其他一切费用。空运、邮运采用货物运至指运地的到岸价。到岸价格人民币一项，应将外币按照向海关申报日中国银行公布的人民币对各种货币的外汇牌价的中间价的月平均数折算成人民币填写。外币一项，按中国银行核定的各种货币对美元的内部统一折算率折合成美元。到岸价格的人民币和外币均计至元为止，元以下四舍五入。

(24) 关税完税价格、税则号及税率、关税税额。由海关分别按规定填写计算。

(25) 备注。根据海关规定，有些货物必须注明有关事项，如"减免纳税""保税货物"等，属于此类进口货物应在本栏加以注明。

(26) 集装箱号。采用集装箱运输的进口货物应填集装箱号。

(27) 随附单据。应填写报关随附的单据名称，并注明份数。

(28) 海关审单批注放行日期。由进口地海关在核放货物后填注日期，并加盖海关放行章。

(29) 填报单位（盖章）。填制报关单的单位必须加盖报关单位已向海关备案的报关专用章及报关员名章或签字，并注明填制日期。

经济特区运往内地及经济特区运自内地货物报关单的栏目内容和缮制方式与一般进口货物报关单大致相同。

【样单】

中华人民共和国海关进口货物报关单

预录入编号：　　　　　　　　　　　　　　海关编号：

进口口岸	备案号	进口日期	申报日期
经营单位	运输方式	运输工具名称	提运单号
收货单位	贸易方式	征免性质	征税比例

许可证号		启运国(地区)		装运港		境内目的地	
批准文号		成交方式		运费		保费	杂费
合同(协议)号		件数		包装种类		毛重(公斤)	净重(公斤)
集装箱号		随附单据				用途	
标记唛码及备注							
项号 商品编码 商品名称、规格型号 数量及单位 原产国(地区) 单价 总价 币值 征免							
税费征收情况							
录入员	录入单位	兹声明以上申报无讹并承担法律责任		海关审单批注及放行日期(签章)	
				审单	审价
报关员		申报单位(签单)		征税	统计
单位地址					
		填制日期		查验	放行
邮编	电话				

四、报关单关联项目申报的"单一窗口"录入

1. 集装箱

在单一窗口的右上方是关于集装箱方面的申报栏目,集装箱信息属于非必填部分。

(1)集装箱号。集装箱号是在每个集装箱箱体两侧标示的全球唯一的编号。其组成规则是:箱主代号(3位字母)+设备识别号"U"+顺序号(6位数字)+校验码(1位数字),例如

TEXU9809490。一份报关单有多个集装箱的,则在本栏分别填报集装箱号。

(2) 集装箱规格。使用集装箱装载进出口商品的,在填报集装箱号后,在本栏按照"集装箱规格代码表"选择填报集装箱规格。例如,装载商品的集装箱规格为"普通2,标准箱(L)",在本栏目下拉菜单中选择"11—普通2,标准箱(L)"。

(3) 集装箱拼箱标识。进出口货物装运集装箱为拼箱时,在本栏目下拉菜单中选择"是"或"否"。

2. 备案序号

该项目为报关单"项号"栏目第二行的电子数据申报,申报规范参照报关单填制规范。"单一窗口"录入时,根据业务实际情况进行选填项,最多支持录入19位数字。

3. 检验检疫名称

涉及检验检疫的进出口货物,需填报本栏目。例如,申报进口商品"活龙虾",需要先在"商品编号"栏录入"0306329000"10位编号,然后在本栏目下拉菜单中选择"活虾"作为检验检疫名称。

4. 商品项号关系

本栏目体现集装箱和货物的对应关系,录入时在该项目下拉菜单中选择单个集装箱对应的商品项号,同一个集装箱对应多个商品项号的,应根据实际情况选择多个项号,在完成货物表体部分后录入。单击右侧省略号按钮,弹出"编辑商品项号关系"对话框,在对话框中勾选相应的商品项号。

5. 检验检疫受理机构

本栏目为有条件必填项。申报实施检验检疫的进出境商品目录内货物和其他按照有关法律、法规须实施检验检疫的情况时为必填。适用"通报通放"的进出口企业与货物,本栏目可以填写属地检验检疫机构。出现"申报地海关"与"检验检疫受理机关"不一致的情形的,需要咨询当地接单海关是否受理,以免延误申报。

6. 企业资质

(1) 企业资质类别。本栏目为有条件必填项。按进出口货物种类及相关要求,需要在本栏目选择填报货物的生产商/进出口商/代理商必须取得的资质类别。多个资质的需全部填写,具体包括以下几个方面。

① 进口食品、食品原料类,填写进口食品境外出口商代理商备案、进口食品进口商备案。

② 进口水产品,填写进口食品境外出口商代理商备案、进口食品进口商备案、进口水产品储存冷库备案。

③ 进口肉类,填写进口肉类储存冷库备案、进口食品境外出口商代理商备案、进口食品进口商备案、进口肉类收货人备案。

④ 进口化妆品,填写进口化妆品收货人备案。

⑤ 进口水果,填写进境水果境外果园/包装厂注册登记。

⑥ 进口非食用动物产品,填写进境非食用动物产品生产、加工、存入企业注册登记。

⑦ 饲料及饲料添加剂,填写饲料进口企业备案、进口饲料和饲料添加剂生产企业注册登记。

⑧ 进口可用作原料的固体废物,填写进口可用作原料的固体废物国内收货人注册登记、国外供货商注册登记号及名称,两者需对应准确。

⑨ 除上述八种进出口货物外的其他货物，根据实际情况选择填写以下资质类别：进境植物繁殖材料隔离检疫申请、进出境动物指定隔离场所使用申请、进境栽培介质使用单位注册、进境动物遗传物质进口代理及使用单位备案、进境动物及动物产品国外生产单位注册、进境粮食加工储存单位注册、境外医疗器械捐赠机构登记、进出境集装箱场站登记、进口棉花境外供货商登记注册、对出口食品包装生产企业和进口食品包装的进口商实行备案。

（2）企业资质编号。本栏目为有条件必填项。按进出口货物种类及相关要求，需在本栏目填报货物的生产商/进出口商/代理商必须取得的资质对应的注册/备案编号，多个资质的需要全部填写。

7. 领证机关

本栏目为有条件必填项。申报实施检验检疫的进出境商品目录内货物和其他按照有关法律、法规须实施检验检疫的情况时为必填。

8. 口岸检验检疫机关

本栏目为有条件必填项。申报实施检验检疫的进出境商品目录内货物和其他按照有关法律、法规须实施检验检疫的情况时为必填。填报对入境货物实施检验检疫的检验检疫机关。

9. B/L 号

申报实施检验检疫的进出境商品目录内货物和其他按照有关法律、法规须实施检验检疫的情况时为必填。填报入境的承运人开出的提单/运单号的总单号或直单号，该项目不可为空，如为空时系统会自动提取提运单号返填。

10. 目的地检验检疫机关

申报实施检验检疫的进出境商品目录内货物和其他按照有关法律、法规须实施检验检疫的情况时为必填。需要在目的地检验检疫机关实施检验检疫的，在本栏目填写对应的检验检疫机关。属地检验检疫机关如明确货物可不在属地实施检验检疫的，本栏目可不填。

11. 启运日期

填报装载入境货物的运输工具离开启运口岸的日期。本栏目为8位数字，顺序为年四位、月二位、日二位，格式为"YYYYMMDD"。

12. 原箱运输

申报使用集装箱运输的货物，根据是否原集装箱原箱运输，勾选"是"或"否"。

13. 使用人

本栏目包括"使用单位联系人""使用单位联系电话"两项，填报进境涉检货物销售、使用单位的联系人名字及电话。

14. 所需单证

进出口企业申请出具检验检疫单证时，应根据相关要求，在"所需单证"项下的"检验检疫签证申报要素"中，勾选申请出具的检验检疫单证类型，并且同时填写收发货人和商品英文名称。申请多个的可多选。

15. 特殊业务标识

属于国际赛事、特殊进出军工物资、国际会议、直通放行、外交礼遇、转关等特殊业务，根据实际情况在单击"特殊业务标识"项目右侧的省略号按钮弹出的对话框中勾选。

16. 检验检疫签证申报要素

根据实际业务需要,在该项目填报境内收发货人名称(外文)、境外收发货人(中文)、境外发货人地址、卸毕日期和商品英文名称后,根据海关现行规定和业务实际需要,在单击"检验检疫签证申报要素"后弹出的对话框中进行相应的录入及证单勾选。

17. 检验检疫货物规格

申报涉检商品时,在"检验检疫货物规格"项下,填报"成分/原料/组分""产品有效期""产品保质期""境外生产企业""货物规格""货物型号""货物品牌""生产日期"和"生产批次"栏目。具体填制规范如下。

(1) "成分/原料/组分"栏:填写货物含有的成分、货物原料或化学品组分。如特殊物品、化妆品、其他检疫物等所含的关键成分或其他检疫物的具体成分、食品农产品的原料等。

(2) "产品有效期"栏:有质量保证期的填写质量保证的截止日期。

(3) "产品保质期"栏:有质量保证期的填写质量保证的天数。

(4) "境外生产企业"栏:填写入境货物的国外生产厂商名称。

(5) "货物规格"栏:填写货物的规格。

(6) "货物型号"栏:填写本项报关货物的所有型号。多个型号的,以";"分隔。

(7) "货物品牌"栏:填写货物品牌名称,品牌以合同或装箱单上显示的信息为准,需要录入中英文品牌的,录入方式为"中文品牌/英文品牌"。

(8) "生产日期"栏:填写货物的生产加工日期,如 2024-05-07(半角符号)。

(9) "生产批次"栏:填写本批货物的生产批号。多个生产批号的,以";"分隔。

18. 产品资质

(1) 许可证类别栏。进出口货物取得了许可、审批或备案等资质时,应在"产品资质"项下的"编辑产品许可证/审批/备案信息"界面中填报对应的许可、审批或备案证件类别及名称。具体填制规范如下。

① 特殊物品,填写出入境特殊物品卫生检疫审批。

② 进口整车填报,填写免于强制性认证特殊用途进口汽车监测处理程序车辆一致性证书。

③ 入境民用商品验证填报,强制性产品(CCC)认证证书或免于办理强制性产品认证证书。

④ 入境需审批的动植物产品,填写进境动植物检疫许可证。

⑤ 进口废物原料,填写进口废物原料装运前检验证书。

⑥ 进口旧机电,填写进口旧机电境外预检验证书。

⑦ 进口化妆品,填写进口化妆品产品备案。

⑧ 进口预包装食品,填写进口预包装食品标签备案。

⑨ 实施境外生产企业注册的进口食品,填写进口食品境外生产企业注册。

(2) 许可证编号栏。进出口货物取得了许可、审批或备案等资质时,应在"产品资质"项下的"编辑产品许可证/审批/备案信息"界面中填报对应的许可、审批或备案证件编号。同一商品有多个许可、审批或备案证件号码时,需全部录入。

(3) 核销货物序号。进出口货物取得了许可、审批或备案等资质时,应在"产品资质"项下的"编辑产品许可证/审批/备案信息"界面中填报被核销文件中对应货物的序号。特殊物品审批单支持导入。此栏数据类型为2位字符型。

（4）核销数量。进出口货物取得了许可、审批或备案等资质时，应在"产品资质"项下的"编辑产品许可证/审批/备案信息"界面中填报被核销文件中对应货物的本次实际进出口数（重）量。

（5）核销数量单位。在"编辑产品许可证/审批/备案信息"弹出框，填报核销数量时，必须填报核销数量单位。

（6）许可证VIN信息。申报进口已获3C认证的机动车辆时，填报机动车车辆识别代码，包括VIN序号、车辆识别代码(VIN)、单价、底盘(车架号)、发动机号或电机号、发票所列数量、品名(中文名称)、品名(英文名称)、提运单日期、型号(英文)、质量保质期11项内容。

（7）关联号码及理由。进出口货物报关单有关联报关单时，在本栏目中填报相关关联报关单号码，并在下拉菜单中选择关联报关单的关联理由。

19. 货物属性

根据进出口货物的商品编号和货物的实际情况，按照海关规定的货物属性代码表，在本栏目下拉菜单中勾选货物属性的对应代码。有多种属性的，要同时选择。具体填制规范如下。

（1）入境强制性产品认证产品，必须在入境民用商品认证(11—3C目录内、12—3C目录外、13—无须办理3C认证)中勾选对应项。

（2）食品、化妆品是否预包装、是否首次进口，必须在食品及化妆品(14—预包装、15—非预包装、18—首次进口)中勾选对应项。

（3）凡符合原质检总局2004年第62号令规定、含转基因成分须申报的，必须在转基因(16—转基因产品、17—非转基因产品)中勾选对应项。

（4）"成套设备""旧机电"产品，必须在货物属性(18—首次进出口、19—正常、20—废品、21—旧品、22—成套设备)中勾选对应项。

（5）特殊物品、化学试剂，必须在特殊物品(25—A级特殊物品、26—B级特殊物品、27—C级特殊物品、28—D级特殊物品、29—V/W非特殊物品)中勾选对应项。

（6）木材(含原木)板材是否带皮，必须在是否带皮木材(23—带皮木材/板材、24—不带皮木材)中勾选对应项。

20. 用途

根据进境货物的使用范围或目的，按照海关规定的货物用途代码表在本栏目下拉菜单中选择填报。例如，进口货物为核苷酸类食品添加剂，用于工业时，应在本栏目选填"工业用途"；用于食品添加剂时，应在本栏目选填"食品添加剂"。

21. 危险货物信息

（1）"非危险化学品"栏。危险化学品和普通化学品共用一个H.S.编码时，申报进口的不是"危险化学品目录"内的货物，也不属于危险货物的，在"非危险化学品"栏内选择"是"。

（2）"UN编码"栏。进出口货物为危险货物的，须按照"关于危险货物运输的建议书"，在"UN编码"栏中填写危险货物对应的UN编码。该栏目最多支持录入20位字符。

（3）"危险货物名称"栏。进出口货物为危险货物的，须按照"危险货物名称"栏中，填写危险货物的实际名称。该栏最多支持录入80位字符。

（4）"危包类别"栏。进出口货物为危险货物的，须按照《危险货物运输包装类别划分方法》，在"危险货物信息"项下的"危包类别"中，勾选危险货物的包装类别。

危险货物包装根据其内装物的危险程度划分为三种包装类别。

一类：盛装具有较大危险性的货物。

二类：盛装具有中等危险性的货物。

三类：盛装具有较小危险性的货物。

（5）"危包规格"栏。进出口货物为危险货物的，须根据危险货物包装规格的实际情况，按照海关规定的"危包规格代码表"填报危险货物的包装规格。

申报商品编号涉及危险品的情况下为必填项。单击"危险货物信息"按钮，弹出"编辑危险货物信息"对话框，根据申报规范录入。

除了上述各栏目之外，还有加工成品单耗版本号、保税监管场所、关联备案等项目，在此不做详述。

任务六　缮制海运提单

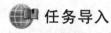 任务导入

海运提单是重要的物权凭证，是承运人收妥货物的收据，也是其与托运人之间运输合同的证明。对于这样一份重要的单据，张爽如何能够根据信用证对提单的要求来准确进行缮制，是本任务要求掌握的核心技能。

微课：海运提单的
含义及作用

动画：海运提单的
含义及种类

动画：租船业务流程

一、海运提单的含义及作用

1. 海运提单的含义

提单（bill of lading，B/L）是用以证明海上货物运输合同和货物已由承运人接收或装船，以及承运人保证据以交付货物的单证。根据提单中载明的向记名人交付货物，或按照指示人的指示交付货物，或向提单持有人交付货物的条款，构成承运人据以交付货物的保证。

提单必须由承运人或船长或他们的代理签发，并应明确表明签发人身份。

提单是证明海上运输合同成立和证明承运人已接管货物或已将货物装船，并保证至目的地交付货物的单证。提单也是一种货物所有权凭证，承运人据以交付货物。提单持有人可据以提取货物，也可凭此向银行押汇，还可在载货船舶到达目的港交货之前进行转让。

提单内容由正面事实记载和提单背面条款两部分组成。各船公司所制定的提单，其主

要内容大致相同。

2. 海运提单的作用

(1) 提单是承运人或其代理人签发的货物收据(receipt for the goods)，证明已按提单所列内容收到货物。

(2) 提单是一种货物所有权的凭证(documents of title)。提单的合法持有人凭提单可在目的港向轮船公司提取货物，也可以在载货船舶到达目的港之前，通过转让提单而转移货物所有权，或凭以向银行办理押汇货款。

(3) 提单是托运人与承运人之间所订立的运输契约的证明(evidence of contract of carrier)。在班轮运输的条件下，它是处理承运人与托运人在运输中产生争议的依据。

二、海运提单的种类

随着世界经济的发展，通信工具的发达和使用，国际海上货物运输中所遇到的海运提单的种类也越来越多。最常见的提单种类如下。

(一) 按提单收货人的抬头分

1. 记名提单

记名提单(straight B/L)又称收货人抬头提单，是指提单上的收货人栏中已具体填写收货人名称的提单。提单所记载的货物只能由提单上特定的收货人提取，或者说承运人在卸货港只能把货物交给提单上所指定的收货人。如果承运人将货物交给提单指定的以外的人，即使该人占有提单，承运人也应负责。这种提单失去了代表货物可转让流通的便利，但同时也可以避免在转让过程中可能带来的风险。

使用记名提单，如果货物的交付不涉及贸易合同下的义务，则可不通过银行而由托运人将其邮寄收货人，或由船长随船带交。这样，提单就可以及时送达收货人，而不致延误。因此，记名提单一般只适用于运输展览品或贵重物品，特别是短途运输中使用较有优势，而在国际贸易中较少使用。

2. 不记名提单

不记名提单(bearer B/L, or open B/L, or blank B/L)是指提单上收货人一栏内没有指明任何收货人，而注明"提单持有人"(bearer)字样或将这一栏空白，不填写任何人的名称的提单。这种提单不需要任何背书手续即可转让，或提取货物，极为简便。承运人应将货物交给提单持有人，谁持有提单，谁就可以提货，承运人交付货物只凭单，不凭人。这种提单丢失或被窃，风险极大，若转入恶意的第三者手中时，极易引起纠纷，故国际上较少使用这种提单。另外，根据有些班轮公会的规定，凡使用不记名提单，在给大副的提单副本中必须注明卸货港通知人的名称和地址。

3. 指示提单

指示提单(order B/L)是指在提单正面"收货人"一栏内填上"凭指示"(to order)或"凭某人指示"(order of…)字样的提单。这种提单按照表示指示人的方法不同，指示提单又分为托运人指示提单、记名指示人提单和选择指示人提单。如果在收货人栏内只填记"指示"字样，则称为托运人指示提单。这种提单在托运人未指定收货人或受让人之前，货物所有权仍属于卖方，在跟单信用证支付方式下，托运人就是以议付银行或收货人为受让人，通过转让提单而取得议付货款的。如果收货人栏内填记"某某指示",则称为记名指示提单。如果在收货人栏内填记"某某或指示",则称为选择指示人提单。记名指示提单或选择指示人提单中指名的"××"既可以是银行的名称,也可以是托运人。

指示提单是一种可转让提单。提单的持有人可以通过背书的方式把它转让给第三者,而不需经过承运人认可,所以这种提单为买方所欢迎。而不记名指示(托运人指示)提单与记名指示提单不同,它没有经提单指定的人背书才能转让的限制,所以其流通性更大。指示提单在国际海运业务中使用较广泛。

(二) 按货物是否已装船划分

1. 已装船提单

已装船提单(shipped B/L,or on board B/L)是指货物装船后由承运人或其授权代理人根据大副收据签发给托运人的提单。如果承运人签发了已装船提单,就是确认他已将货物装在船上。这种提单除载明一般事项外,通常还必须注明装载货物的船舶名称和装船日期,即是提单项下货物的装船日期。

由于已装船提单对于收货人及时收到货物有保障,所以在国际货物买卖合同中一般都要求卖方提供已装船提单。UCP600 第 20(a)款(ii) "表明货物已在信用证规定的装货港装上具名船只"中所包含的内容,仍然要求审单人员审核装船批注是否表明了货物已装上具名船只,而不是通过任何其他运输工具进行了前程运输(在收货地和装货港之间)。银行可能会遇到含有特定措辞的提单,这些措辞涉及装船批注的适用地点。国际商会意见 TA.679 给出了这样一个例子。这份征求意见强调了提单中以下措辞:"如果货物的收货地是内陆地点,且提单如此显示,那么,提单上任何'已装船(on board)''已装船发运(shipped on board)'或类似措辞的批注,将被视为货物已装载到从收货地至装运港的卡车、火车、飞机或其他内陆运输工具上"。当提单预先印就的内容包含此类措辞时,这种形式的措辞将明确表明,"已装船"或类似措辞并不等同于"在信用证规定的装货港装上具名船只"(即第 20 条(a)款(ii)的要求)。

2. 收货待运提单

收货待运提单(received for shipment B/L)又称备运提单、待装提单,或简称待运提单。它是承运人在收到托运人交来的货物但还没有装船时,应托运人的要求而签发的提单。签发这种提单时,说明承运人确认货物已交由承运人保管并存在其所控制的仓库或场地,但还未装船。所以,这种提单未载明所装船名和装船时间,在跟单信用证支付方式下,银行一般都不肯接受这种提单。但当货物装船,承运人在这种提单上加注装运船名和装船日期并签字盖章后,待运提单即成为已装船提单。同样,托运人也可以用待运提单向承运人换取已装船提单。中国《海商法》第七十四条对此作了明确的规定。

这种待运提单于 19 世纪晚期首先出现于美国,其优点在于:对托运人来说,他可以在货物交承运人保管之后至装船前的期间,尽快地从承运人手中取得可转让提单,以便融通资金,加速交易进程。而对于承运人来说,则有利于招揽生意,拓宽货源。但这种提单同时也存在一定的缺陷:①因待运提单没有装船日期,很可能因到货不及时而使货主遭受损失;②待运提单上没有肯定的装货船名,致使提单持有人在承运人违约时难以向法院申请扣押船;③待运提单签发后和货物装船前发生的货损、货差由谁承担也是提单所适用的法律和提单条款本身通常不能明确规定的问题,实践中引起的责任纠纷也难以解决。基于上述原因,在贸易实践中,买方一般不愿意接受这种提单。

随着集装箱运输的发展,承运人在内陆收货越来越多,而货运站不能签发已装船提单,货物装入集装箱后没有特殊情况,一般货物质量不会受到影响。港口收到集装箱货物后,向托运人签发"场站收据",托运人可持"场站收据"向海上承运人换取"待运提单",这里的待运提单实质上是"收货待运提单"。由于在集装箱运输中,承运人的责任期间已向两端延伸,所以根据《联合国国际货物多式联运公约》和《跟单信用证统一惯例》的规定,在集装箱运输中银行还是可以接受以这种提单办理货款的结汇的。

《中华人民共和国海商法》(简称《海商法》)第七十四条规定:"货物装船前,承运人已经应托运人的要求签发收货待运提单或者其他单证的,货物装船完毕,托运人可以将收货待运提单或者其他单证退还承运人,以换取已装船提单,承运人也可以在收货待运提单上加注承运船舶的船名和装船日期,加注后的收货待运提单视为已装船提单。"

由此可见,从承运人的责任来讲,集装箱的"收货待运提单"与"已装船提单"是相同的。因为集装箱货物的责任期间是从港口收货时开始的,与非集装箱装运货物从装船时开始不同。跟单信用证惯例也允许接受集装箱的"收货待运"提单。但是在国际贸易中的信用证仍往往规定海运提单必须是"已装船提单",使开证者放心。

(三) 按提单上有无批注划分

1. 清洁提单

在装船时,货物外表状况良好,承运人在签发提单时,未在提单上加注任何有关货物残损、包装不良、件数、重量和体积,或其他妨碍结汇的批注的提单称为清洁提单(clean B/L)。

使用清洁提单在国际贸易实践中非常重要,买方要想收到完好无损的货物,首先必须要求卖方在装船时保持货物外观良好,并要求卖方提供清洁提单。根据国际商会《跟单信用证统一惯例》第32条规定:"清洁运输单据,是指货运单据上并无明显地声明货物及/或包装有缺陷的附加条文或批注者;银行对有该类附加条文或批注的运输单据,除信用证明确规定接受外,应当拒绝接受。"可见,在以跟单信用证为付款方式的贸易中,通常卖方只有向银行提交清洁提单才能取得货款。清洁提单是收货人转让提单时必须具备的条件,同时也是履行货物买卖合同规定的交货义务的必要条件。

《海商法》第七十六条规定:"承运人或者代其签发提单的人未在提单上批注货物表面状况的,视为货物的表面状况良好。"由此可见,承运人一旦签发了清洁提单,货物在卸货港卸下后,如发现有残损,除非是由于承运人可以免责的原因所致,承运人必须负责赔偿。

2. 不清洁提单

在货物装船时,承运人若发现货物包装不牢、破残、渗漏、玷污、标志不清等现象时,大副将在收货单上对此加以批注,并将此批注转移到提单上,这种提单称为不清洁提单(unclean B/L or foul B/L),《海商法》第七十五条规定:"承运人或者代其签发提单的人,知道或者有合理的根据怀疑提单记载的货物品名、标志、包数或者件数、重量或者体积与实际接收的货物不符,在签发已装船提单的情况下怀疑与已装船的货物不符,或者没有适当的方法核对提单记载的,可以在提单上批注,说明不符之处,怀疑的根据或者说明无法核对。"

实践中承运人接收货物时,如果货物外表状况不良,一般先在大副收据上做出记载,在正式签发提单时,再把这种记载转移到提单上。在国际贸易的实践中,银行是拒绝出口商以不清洁提单办理结汇的。为此,托运人应把损坏或外表状况有缺陷的货物进行修补或更换。习惯上的变通办法是由托运人出具保函,要求承运人不要将大副收据上所做的有关货物外表状况不良的批注转批到提单上,而根据保函签发清洁提单,以使出口商能顺利完成结汇。

但是，承运人因未将大副收据上的批注转移到提单上，承运人可能承担对收货人的赔偿责任，承运人因此遭受损失，应由托运人赔偿。那么，托运人是否能够赔偿，在向托运人追偿时，往往难以得到法律的保护，而承担很大的风险。承运人与收货人之间的权利义务是提单条款的规定，而不是保函的保证。所以，承运人不能凭保函拒赔，保函对收货人是无效的，如果承、托双方的做法损害了第三者收货人的利益，有违民事活动的诚实信用的基本原则，容易构成与托运人的串通，对收货人进行欺诈行为。

（四）根据运输方式不同划分

1. 直达提单

直达提单（direct B/L）又称直运提单，是指货物从装货港装船后，中途不经转船，直接运至目的港卸船交与收货人的提单。直达提单上不得有"转船"或"在某港转船"的批注。凡信用证规定不准转船者，必须使用这种直达提单。如果提单背面条款印有承运人有权转船的"自由转船"条款者，则不影响该提单成为直达提单的性质。

使用直达提单，货物由同一船舶直运目的港，对买方来说比中途转船有利得多，它既可以节省费用、减少风险，又可以节省时间、及早到货。因此，通常买方只有在无直达船时才同意转船。在贸易实务中，如信用证规定不准转船，则买方必须取得直达提单才能结汇。

2. 转船提单

转船提单（transshipment B/L）是指货物从启运港装载的船舶不直接驶往目的港，需要在中途港口换装其他船舶转运至目的港卸货，承运人签发这种提单称为转船提单。在提单上注明"转运"或在"某某港转船"字样，转船提单往往由第一程船的承运人签发。由于货物中途转船，增加了转船费用和风险，并影响到货时间，故一般信用证内均规定不允许转船，但直达船少或没有直达船的港口，买方也只好同意可以转船。

按照海牙规则，如船舶不能直达货物目的港，非中转不可，一定要事先征得托运人同意。船舶承运转船货物，主要是为了扩大营业、获取运费。转运的货物，一般均属零星杂货，如果是大宗货物，托运人可以租船直航目的港，也就不发生转船问题。转运货物船方的责任可分下列三种情况。

第一航程与第二航程的承运人对货物的责任各自负责，互不牵连。

第一航程的承运人在货物转运后承担费用，但不负责任。

第一航程的承运人对货物负责到底。

上述三项不同责任，需根据转运的过程和措施不同而定。

3. 联运提单

联运提单（through B/L）是指货物运输需经两段或两段以上的运输方式来完成，如海陆、海空或海海等联合运输所使用的提单。船船（海海）联运在航运界也称为转运，包括海船将货物送到一个港口后再由驳船从港口经内河运往内河目的港。

联运的范围超过了海上运输界限，货物由船舶运送经水域运到一个港口，再经其他运输工具将货物送至目的港，先海运后陆运或空运，或先空运、陆运后海运。当船舶承运由陆路或飞机运来的货物继续运至目的港时，货方一般选择使用船方所签发的联运提单。

4. 多式联运提单

多式联运提单（multimodal transport B/L or intermodal transport B/L）主要用于集装

箱运输,是指一批货物需要经过两种以上不同运输方式,其中一种是海上运输方式,由一个承运人负责全程运输,负责将货物从接收地运至目的地交付收货人,并收取全程运费所签发的提单。提单内的项目不仅包括启运港和目的港,而且列明一程二程等运输路线,以及收货地和交货地。

(1) 多式联运是以两种或两种以上不同运输方式组成的,多式联运提单是参与运输的两种或两种以上运输工具协同完成所签发的提单。

(2) 组成多式联运的运输方式中其中一种必须是国际海上运输。

(3) 多式联运提单如果贸易双方同意,并在信用证中明确规定,可由承担海上区段运输的船公司、其他运输区段的承运人、多式联运经营人(combined transport operator)或无船承运人(non-vessel operating common carrier)签发。

(4) 《海商法》第四章"海上货物运输合同"中的第八节"多式联运合同的特别规定"以及《联合国国际货物多式联运公约》制约着多式联运。

(五) 按提单内容的简繁划分

1. 全式提单

全式提单(long form B/L)是指提单除正面印就的提单格式所记载的事项,背面列有关于承运人与托运人及收货人之间权利、义务等详细条款的提单。由于条款繁多,所以又称繁式提单。在海运的实际业务中,大量使用这种提单。

2. 简式提单

简式提单(short form B/L or simple B/L)又称短式提单、略式提单,是相对于全式提单而言的,是指提单背面没有关于承运人与托运人及收货人之间的权利义务等详细条款的提单。这种提单一般在正面印有"简式"(short form)字样,以示区别。简式提单中通常列有如下条款:"本提单货物的收受、保管、运输和运费等事项,均按本提单全式提单的正面、背面的铅印、手写、印章和打字等书面条款和例外条款办理,该全式提单存该公司及其分支机构或代理处,可供托运人随时查阅。"

简式提单通常包括租船合同项下的提单和非租船合同项下的提单。

(1) 租船合同项下的提单。在以航次租船的方式运输大宗货物时,船货双方为了明确双方的权利、义务首先要订立航次租船合同,在货物装船后,承租人要求船方或其代理人签发提单,作为已经收到有关货物的收据,这种提单就是"租船合同项下的提单"。因为这种提单中注有"所有条件均根据某年某月某日签订的租船合同"(All terms and conditions as per charter party dated…);或注有"根据……租船合同开立"字样,所以,它要受租船合同的约束。因为银行不愿意承担可能发生的额外风险,所以当出口商以这种提单交银行议付时,银行一般不愿接受。只有在开证行授权可接受租船合同项下的提单时,议付银行才会同意,但往往同时要求出口商提供租船合同副本。国际商会《跟单信用证统一惯例》规定,除非信用证另有规定,银行将拒收租船合同项下的提单。

根据租船合同签发的提单所规定的承运人责任,一般应和租船合同中所规定的船东责任相一致。如果提单所规定的责任大于租船合同所规定的责任,在承租人与船东之间仍以租船合同为准。

(2) 非租船合同项下的简式提单。为了简化提单备制工作,有些船公司实际上只签发给托运人一种简式提单,而将全式提单留存,以备托运人查阅。这种简式提单上一般印有"各项条款及例外条款以该公司正规的全式提单所印的条款为准"等内容。按照国际贸易惯例,银行可以接受这种简式提单。这种简式提单与全式提单在法律上具有同等效力。

(六) 按签发提单的时间划分

1. 倒签提单

倒签提单(anti-dated B/L)是指承运人或其代理人应托运人的要求,在货物装船完毕后,以早于货物实际装船日期为签发日期的提单。当货物实际装船日期晚于信用证规定的装船日期,若仍按实际装船日期签发提单,托运人就无法结汇。为了使签发提单的日期与信用证规定的装运日期相符,以利结汇,承运人应托运人的要求,在提单上仍以信用证的装运日期填写签发日期,以免违约。

签发这种提单,尤其是当倒签时间过长时,有可能推断承运人没有使船舶尽快速遣,因而承担货物运输延误的责任。特别是市场上货价下跌时,收货人可以以"伪造提单"为借口拒绝收货,并向法院起诉要求赔偿。承运人签发这种提单是要承担一定风险的。但是为了贸易需要,在一定条件下,如在该票货物已装船完毕,但所签日期是船舶已抵港并开始装货,而所签提单的这票货尚未装船,是尚未装船的某一天;或签单的货物是零星货物而不是数量很大的大宗货;或倒签的时间与实际装船完毕时间的间隔不长等情况下,取得了托运人保证承担一切责任的保函后,才可以考虑签发。

2. 顺签提单

顺签提单(post-date B/L)是指在货物装船完毕后,应托运人的要求,由承运人或其代理人签发的提单。但是该提单上记载的签发日期晚于货物实际装船完毕的日期。即托运人从承运人处得到的以晚于货物实际装船完毕的日期作为提单签发日期的提单。由于"顺填日期"签发提单,所以称为"顺签提单"。

3. 预借提单

预借提单(advanced B/L)是指货物尚未装船或尚未装船完毕的情况下,信用证规定的结汇期(即信用证的有效期)即将届满,托运人为了能及时结汇,而要求承运人或其代理人提前签发的已装船清洁提单,即托运人为了能及时结汇而从承运人那里借用的已装船清洁提单。

这种提单往往是当托运人未能及时备妥货物或船期延误,船舶不能按时到港接受货载,估计货物装船完毕的时间可能超过信用证规定的结汇期时,托运人采用从承运人那里借出提单用以结汇,当然必须出具保函。签发这种提单承运人要承担更大的风险,可能构成承、托双方合谋对善意的第三者收货人进行欺诈。签发这种提单的后果如下。

(1) 因为货物尚未装船而签发提单,即货物未经大副检验而签发清洁提单,有可能增加承运人的赔偿责任。

(2) 因签发提单后,可能因种种原因改变原定的装运船舶,或发生货物灭失、损坏或退关,这样就会很容易地使收货人掌握预借提单的事实,以欺诈为由拒绝收货,并向承运人提出索赔要求,甚至诉讼。

(3) 不少国家的法律规定和判例表明,在签发预借提单的情况下,承运人不但要承担货损赔偿责任,而且会丧失享受责任限制和援引免责条款的权利,即使该票货物是因免责事项原因受损的,承运人也必须赔偿货物的全部损失。

签发倒签或预借提单,对承运人的风险很大,由此引起的责任承运人必须承担,尽管托运人往往向承运人出具保函,但这种保函同样不能约束收货人。比较而言,签发预借提单比签发倒签提单对承运人的风险更大,因为预借提单是承运人在货物尚未装船,或装船还未完毕时签发的。中国法院对承运人签发预借提单的判例,不但由承运人承担了由此而引起的一切后果,赔偿货款损失和利息损失,还赔偿了包括收货人向第三人赔付的其他各项损失。

4. 过期提单

过期提单(stale B/L)有两种含义:一是指出口商在装船后延滞过久才交到银行议付的提单。按国际商会600号出版物《跟单信用证统一惯例》规定,凡超过发运日期21个日历日后提交的提单为过期提单,但在任何情况下都不得迟于信用证的截止日。如信用证有效期或信用证规定的交单期早于此期限,则以有效期或规定的交单期为最后期限。二是指提单晚于货物到达目的港,这种提单也称为过期提单。因此,近洋国家的贸易合同一般都规定有"过期提单也可接受"的条款(stale B/L is acceptance)。

(七) 按收费方式划分

1. 运费预付提单

成交CIF、CFR价格条件为运费预付,按规定货物托运时,必须预付运费。在运费预付情况下出具的提单称为运费预付提单(freight prepaid B/L)。这种提单正面载明"运费预付"字样,运费付后才能取得提单;付费后,若货物灭失,运费不退。

2. 运费到付提单

以FOB条件成交的货物,不论是买方订舱还是买方委托卖方订舱,运费均为到付(freight payable at destination),并在提单上载明"运费到付"字样,这种提单称为运费到付提单(freight to collect B/L)。货物运到目的港后,只有付清运费,收货人才能提货。

3. 最低运费提单

最低运费提单(minimum B/L)是指对每一提单上的货物按起码收费标准收取运费所签发的提单。如果托运人托运的货物批量过少,按其数量计算的运费额低于运价表规定的起码收费标准时,承运人均按起码收费标准收取运费,为这批货物所签发的提单就是最低运费提单,也可称为起码收费提单。

(八) 按提单签发的不同划分

(1) 船公司签发的提单。通常为整箱货签发提单。

(2) 无船承运人所签发的提单(nvocc B/L)。无船承运人所签发的提单是指由无船承运人或其代理人所签发的提单。在集装箱运输中,无船承运人通常为拼箱货签发提单,因为拼箱货是在集装箱货运站内装箱和拆箱,而货运站又大,仓库又多,所以有人称其为仓/仓提单。当然,无船承运人也可以为整箱货签发提单。

(3) 运输代理行提单(house B/L)。运输代理行提单是指由运输代理人签发的提单。在航运实践中,为了节省费用、简化手续,有时运输代理行将不同托运人发运的零星货物集中在一套提单上托运,而由承运人签发给运输代理行成组提单,由于提单只有一套,各个托运人不能分别取得提单,只好由运输代理人向各托运人签发运输代理人(行)的提单。由于集装箱运输的发展,运输代理人组织的拼箱货使用这种提单有利于提高效率,所以这种提单的使用正在扩展。

一般情况下,运输代理行提单不具有提单的法律地位,它只是运输代理人收到托运货物的收据,而不是一种可以转让的物权凭证,故不能凭此向承运人提货。

船东提单和货代提单的不同操作:在国际上通行的做法是船公司对货代,货代对客户,所以,大家会发现从国外进口的货物,客户手里拿到的通常是分单。这样客户就只会在货代之间流转,而在船公司那里流转的是货代的信息,这也可以说是货代出分单的一个好处,出分单还有以下一些好处。

(1) 对于 FOB 条款,运费到付的业务,通常货代都需要把主单的收货人打给其目的港的代理,然后货代出分单给客户,将来代理会为其从收货人那里收取运费。船公司一方面在做运费到付上有一定限制,另外船公司的价格和报给客户的价格之间的差价部分,如果只出主单,也不是很好处理。而代理却可以非常方便地处理这个问题。

(2) 对于 DDU、DDP 的业务,船公司只负责把货运到目的港,如果发货人要求货代做一条龙服务,这时货代就需要出分单,主单出给自己在目的港的代理,由代理负责目的港清关、送货甚至代垫税金。这就是流行的门到门服务,只要客户告诉我们货物在哪里,我们将从发货人的门提货直到送到收货人的门。

(3) 对于运往北非或南美的空运业务,由于航空公司和航班的限制,另外从成本角度考虑,通常货代会选择在 DUBAI 和 MIAMI 做中转港,即安排一程先把货物运到 DUBAI 和 MIAMI,然后由货代在 DUBAI 和 MIAMI 的代理安排把货物运抵北非或南美。这时就需要把主单 CONSIGN 给货代在这两个港的代理,而货代会给客户出分单。可以看到,正是货代之间紧密的国际合作,使业务可以分段操作,而对于客户确是全程的效果。

(4) 对于三角贸易的业务,国内货代会要求船公司给自己出全程主单,并且出一套发货人是供应商、收货人是中间商的分单;然后在中间商所在地做 SWITCH BILL OF LADING,即提单的发货人是中间商,收货人是实际目的港的收货人的提单。

(5) 对于多个客户的小货合拼一个集装箱到同一个目的港,这时货代会采取一主挂多分的做法,即把主单的收货人 CONSIGN 给目的港的代理,然后给每个客户出几个分单,将来目的港的代理会把这个集装箱提出来,客户在目的港凭借分单清关提取货物。

总之,出分单可以说是货代之间合作走向国际化的一种表现,是货代行业完善服务、更好地服务于客户和满足于客户的一种表现。

(九) 特殊提单

1. 合并提单

合并提单(omnibus B/L)是指根据托运人的要求,将同一船舶装运的同一装货港、同一卸货港、同一收货人的两批或两批以上相同或不同的货物合并签发一份提单。托运人或收货人为了节省运费,常要求承运人将本应属于最低运费提单的货物与其他另行签发提单的货物合并在一起只签发一份提单。

2. 并装提单

将两批或两批以上品种、质量、装货港和卸货港相同,但分属于不同收货人的液体散装货物并装于同一液体货舱内,而分别为每批货物的收货人签发一份提单时,其上加盖有"并装条款"印章的提单,称为并装提单(combined B/L)。在签发并装提单的情况下,应在几个收货人中确定一个主要收货人(通常是其中批量最大的收货人),并由这个主要收货人负责分摊各个收货人应分担的货物自然损耗和底脚损耗。

3. 分提单

承运人依照托运人的要求,将本来属于同一装货单上的标志、货种、等级均相同的同一批货物,为了托运人在目的港收货人提货方便,分开签多份提单,分属于几个收货人,这种提单称为分提单(separate B/L)。只有标志、货种、等级均相同的同一批货物才能签发分提单,否则,会因在卸货港理货,增加承运人理货、分标志费用的负担。分提单一般除散装油类最多不超过5套外,其他货物并无限制。

4. 交换提单

交换提单(switch B/L)是指在直达运输的条件下,应托运人的要求,承运人承诺,在某一约定的中途港凭在启运港签发的提单另换发一套以该中途港为启运港,但仍以原来的托运人为托运人的提单,并注明"在中途港收回本提单,另换发以该中途港为启运港的提单"或"Switch B/L"字样的提单。

当贸易合同规定以某一特定港口为装货港,而作为托运人的卖方因备货原因,不得不在这一特定港口以外的其他港口装货时,为了符合贸易合同和信用证关于装货港的要求,常采用这种变通的办法,要求承运人签发这种交换提单。

5. 舱面货提单

舱面货提单(on deck B/L)又称甲板货提单。这是指货物装于露天甲板上承运时,并于提单注明"装于舱面"(on deck)字样的提单。

6. 包裹提单

包裹提单(parcel receipt B/L)适用于少量货物、行李或样品等。

7. 集装箱提单

集装箱提单(container B/L)是集装箱货物运输下主要的货运单据,负责集装箱运输的经营人或其代理人,在收到集装箱货物后而签发给托运人的提单。

微课:海运提单的
内容及制作

动画:海运提单
的缮制

三、海运提单的缮制

海运提单的内容分为固定部分和可变部分。固定部分包括海运提单背面的运输契约以及提单正面承运人或代理人印就的文字说明,这一部分一般不做更改。可变部分主要包括船名、装运港、件数、重量、体积等内容。这些内容根据运输的货物、运输时间、托运人及收货人的不同而变化。海运提单的内容及缮制方法如表5-6所示。

表 5-6　海运提单的内容及缮制方法

内　　容	缮　制　方　法
1. 托运人, Shipper	本栏通常填写信用证的受益人,即买卖合同中的卖方。只要信用证无相反规定,银行也接受以信用证受益人以外的第三方为发货人
2. 收货人, Consignee	如要求记名提单,则可填上具体的收货公司或收货人名称;如属指示提单,则填为"指示"(ORDER)或"凭指示"(TO ORDER);如需在提单上列明指示人,则可根据不同要求,做成"凭托运人指示"(TO THE ORDER OF SHIPPER)、"凭收货人指示"(TO THE ORDER OF CONSIGNEE)或"凭银行指示"(TO THE ORDER OF ×× BANK)
3. 通知人, Notify Party	这是船公司在货物到达目的港时发送到货通知的收件人,有时即为进口人。在信用证项下的提单,一般为信用证的申请人,如信用证上对提单被通知人有权具体规定时,则必须严格按信用证要求填写。如果是记名提单或收货人指示提单,且收货人又有详细地址的,则此栏可以不填。如果是空白指示提单或托运人指示提单,则此栏必须填列被通知人名称及详细地址,否则船方无法与收货人联系,收货人也不能及时报关提货,甚至会因超过海关规定申报时间被没收
4. 收货地, Place of Receipt	本栏填写船公司或承运人的实际收货地点,如工厂、仓库等。在一般海运提单中,没有此栏,但在多式联运提单中则有此栏
5. 船名, Ocean Vessel	本栏按配单回单上的船名填写。若货物需转运,则填写第二程船名。应填列货物所装的船名及航次
6. 航次, Voyage No.	本栏按配单回单上的航次填写。若货物需转运,则填写第二程航次号
7. 装货港, Port of Loading	本栏要填实际的装货港口。如有转运,填中转港名称;如无转运,应填列实际装船港口的具体名称
8. 卸货港, Port of Discharge	本栏填列货物实际卸下的港口名称。如属转船,第一程提单上的卸货港填转船港,收货人填第二程船公司;第二程提单装货港填上述转船港,卸货港填最后目的港,如由第一程船公司出联运提单(THROUGH B/L),则卸货港即可填最后目的港,提单上列明第一和第二程船名。如经某港转运,要显示"VIA ××"字样。在运用集装箱运输方式时,使用"联合运输提单"(COMBINED TRANSPORT B/L),提单上除列明装货港、卸货港外,还要列明"收货地"(PLACE OF RECEIPT)、"交货地"(PLACE OF DELIVERY)以及"第一程运输工具"(PRE-CARRIAGE BY)、"海运船名和航次"(OCEAN VESSEL, VOY NO.)。填写卸货港时,还要注意同名港口问题,如属选择港提单,就要在本栏中注明
9. 交货地, Place of Delivery	本栏填写最终目的地名称。如果货物的目的地就是目的港,此栏空白
10. 提单号码, B/L No.	一般列在提单右上角,以便于工作联系和查核。发货人向收货人发送装船通知(SHIPMENT ADVICE)时,也要列明船名和提单号码
11. 唛头, Marks	信用证有规定的,必须按规定填列,否则可按发票上的唛头填列
12. 货物包装及件数, Nos. & Kinds of PKGS	本栏按货物装船的实际情况填写总外包装件数,要按箱子实际包装情况填列
13. 货物名称, Description of Goods	本栏填写货物的名称即可。按照 UCP600 的规定,除商业发票外,在其他一切单据中,货物的描述可使用统称,即主要的商品名称,不需要详细列出商品规格,但不能与信用证中货物的描述抵触。一般需要与货物出口时向当地海关申报的品名一致,在信用证项下货名必须与信用证上规定的一致

续表

内　　容	缮制方法
14. 货物的毛重, Gross Weight	本栏填写货物的毛重，必须同装箱单上货物的总毛重一致。如果货物是裸装，没有毛重，只有净重，则在净重前加注"N.W."。本栏一般以公斤为计量单位，保留两位小数
15. 尺码, Measurement	本栏填写货物的体积，必须同装箱单上货物的总尺码一致。本栏一般以立方米为计量单位，保留三位小数
16. 货物总包装件数的大写, Total Number of Container and/or Packages(in Words)	本栏填写货物总包装件数的英文大写，应与第12栏一致
17. 运费条款, Freight & Charges	除非信用证有特别要求，一般的海运提单都不填写运费的数额，只是表明"Freight Prepaid"或"Freight to Collect"，并且要与所用的贸易术语一致，一般为预付(FREIGHT PREPAID)或到付(FREIGHT COLLECT)。如是CIF或CFR出口，一般均填上"运费预付"字样，千万不可漏列，否则收货人会因运费问题提不到货，虽可查清情况，但拖延提货时间，也将造成损失。如系FOB出口，则运费可填"运费到付"字样，除非收货人委托发货人垫付运费
18. 提单的签发地点和签发日期, Place and Date of Issue	一般为承运人实际装运的地点和时间。 提单还是结汇的必需单据，特别是在跟单信用证结汇时，银行要求所提供的单证必须一致，因此提单上所签的日期必须与信用证或合同上所要求的最后装船期一致或先于装船期。如果卖方估计货物无法在信用证装船期前装上船，应尽早通知买方，要求修改信用证，而不应利用"倒签提单""预借提单"等欺诈行为取得货款
19. 正本提单份数, Number of Original B(S)/L	本栏显示的是船公司为承运此批货物所开具的正本提单的份数，一般是1~3份，并用大写数字如One、Two、Three等。如信用证对提单正本份数有规定，则应与信用证规定一致。例如，信用证规定"3/3 Marine bills of lading…"即表明船公司为信用证项下的货物开立的正本提单必须是三份，且三份正本提单都要提交银行作为单据 提单份数一般按信用证要求出具，如"FULL SET OF"一般理解成三份正本，若干份副本。等其中一份正本完成提货任务后，其余各份失效
20. 已装船批注、装船日期、装运日期, Shipped on Board the Vessel Date, Signature	根据UCP600规定，如果提单上没有预先印就"已装船(shipped on board)"字样的，则必须在提单上加注装船批注(on board notation)。在实际业务中，提单上一般都预先印就"已装船(shipped on board)"字样，这种提单称为"已装船提单"，不必另行加注"已装船"批注。提单的日期就是装船完毕的日期或装运完毕的日期
21. 承运人或其代理人签字、盖章, Signed for and on Behalf of the Carrier	根据UCP600规定，提单必须由下列四类人员签署证实，即承运人、承运人的具名代理人、船长、船长的具名代理人，并应明确表明签发人身份。一般表示方法有CARRIER、CAPTAIN或"AS AGENT FOR THE CARRIER：×××"等 承运人或船长的任何签字或证实，必须表明"承运人"或"船长"的身份。代理人代表承运人或船长签字或证实时，也必须表明代表的委托人的名称或身份，即注明代理人是代表承运人或船长签字或证实的

续表

内　容	缮　制　方　法
22. 提单背书	提单应按照信用证的具体要求进行背书。一般信用证要求提单进行空白背书（"bill of lading … endorsed in blank." or "bill of lading … blank endorsed."）的比较多见。 对于空白背书，只需要背书人签章，并注明背书的日期即可。 例如，ABC Co.（签章） 　　　December 11, 2023 有时信用证也要求提单做记名背书，此时则应先写上被背书人的名称，然后再由背书人签署并加盖公章，同时注明背书的日期。 例如，Endorsed to: DEF Co. 或 Delivered to DEF Co. 　　　ABC Co.（签章）

【样单】

Grand Ocean Shipping (Shanghai) Co., Limited
PORT TO PORT OR COMBINED TRANSPORT BILL OF LADING

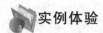 实例体验

Shipper		BILL OF LADING	B/L No.: BL2023
DALIAN XINXIN IMPORT & EXPORT CO., LTD.			
Consignee			
TO ORDER OF SHIPPER			
Notify Party		CHINA OCEAN SHIPPING COMPANY	
F.F COMPANY			
3-7 HOLY GREEN, LONDON, UK			ORIGINAL
*Pre Carriage by	*Place of Receipt		
Ocean Vessel Voy. No. DONGFENG V.126	Port of Loading DALIAN		
Port of Discharge LONDON	*Final Destination	Freight Payable at DALIAN	Number Original Bs/L THREE
Marks and Numbers	Number and Kind of Packages; Description	Gross Weight	Measurement
M.E DL2023 LONDON C/NO. 1-60	POWER TOOLS TOTAL ONE 20'CONTAINER COSU01234567 CY TO CY FREIGHT PREPAID	66,000KGS	0.66M³
TOTAL PACKAGES(IN WORDS)	SAY TOTAL SIXTY (60) CARTONS ONLY		
Freight and Charges FREIGHT PREPAID			
		Place and Date of Issue DALIAN OCT.30, 2023 Signed for the Carrier 李磊	

*Applicable only when document used as a through bill of loading

任务七 缮制汇票

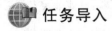 任务导入

微课：海运提单制作示范

　　汇票是一种资金单据，是出口商凭以向进口商要求付款的收款工具，也是进口商付款的重要凭证。张爽在货物装船后，获取了提单。这时就可

以拿着全套单据到银行交单结汇,交单结汇需要填制汇票,那么如何填制汇票呢?

汇票是随着国际贸易的发展而产生的。国际贸易的买卖双方相距遥远,所用货币各异,不能像国内贸易那样方便地进行结算。从出口方发运货物到进口方收到货物,中间有一个较长的过程。在这段时间一定有一方向另一方提供信用,不是进口商提供货款,就是出口商赊销货物。若没有强有力的中介人担保,进口商担心付了款收不到货,出口商担心发了货收不到款,这种国际贸易就难以顺利进行。后来银行参与国际贸易,作为进出口双方的中介人,进口商通过开证行向出口商开出信用证,向出口商担保:货物运出后,只要出口商按时向议付行提交全套信用证单据就可以收到货款;议付行开出以开证行为付款人的汇票发到开证行,开证行保证见到议付行汇票及全套信用证单据后付款,同时又向进口商担保,能及时收到他们所进口的货物单据,到港口提货。

一、汇票的含义

汇票(money order,B/E)是最常见的票据类型之一。《中华人民共和国票据法》(简称《票据法》)第十九条规定:"汇票是出票人签发的,委托付款人在见票时,或者在指定日期无条件支付确定的金额给收款人或者持票人的票据。"汇票是国际结算中使用最广泛的一种信用工具。汇票名称一般使用 Bill of Exchange、Exchange、Draft。一般有两张正本(即 first exchange 和 second exchange),具有同等效力,付款人付一不付二,付二不付一,先到先付,后到无效。汇票有银行汇票和商业汇票两种形式,在信用证和托收方式业务中,多使用出口商出具的商业汇票。

汇票是一种无条件支付的委托,它有出票人、受票人、收款人三个当事人。

1. 出票人

出票人(drawer)是开立票据并将其交付给他人的法人、其他组织或个人。出票人对持票人及正当持票人承担票据在提示付款或承兑时必须付款或者承兑的保证责任。收款人及正当持票人一般是出口方,因为出口方在输出商品或劳务的同时或稍后,向进口商付出此付款命令责令后者付款。

2. 受票人

受票人(drawee/payer)又叫付款人,是指受出票人委托支付票据金额的人、接受支付命令的人。进出口业务中,通常为进口人或银行。在托收支付方式下,一般为买方或债务人;在信用证支付方式下,一般为开证行或其指定的银行。

3. 收款人

收款人(payee)是向付款人请求支付票据金额的人。收款人是汇票的债权人,一般是卖方,是收钱的人。

二、汇票的种类

1. 按有无附有货运单据,可分为光票和跟单汇票

(1) 光票(clean bill)是不附带货运单据的汇票。光票的流通完全依靠当事人的信用,即完全看出票人、付款人或背书人的资信。在国际贸易中,对少量货运,或收取保险费、运费等其他费用,可采用光票向对方收款。

(2) 跟单汇票(documentary bill)是附带货运单据的汇票,以承兑或付款作为交付单据的条件。除有当事人的信用外,还有货物的保证。因此,在国际贸易中,这种汇票使用较为广泛。

2. 按付款时间,可分为即期汇票和远期汇票

(1) 即期汇票(sight bill)是在提示或见票时立即付款的汇票。

(2) 远期汇票(time bill or usance bill)是在一定期限或特定日期付款的汇票。

3. 按出票人不同,可分为商业汇票和银行汇票

(1) 商业汇票(trade bill)是指出票人是商号、企业或个人,付款人可以是商号、个人,也可以是银行。在国际贸易结算中,出口商用逆汇法,向国外进口商收取货款并签发的汇票,即属商业汇票。

(2) 银行汇票(banker's bill)出票人和付款人都是银行。银行汇票由银行签发后,交汇款人,由汇款人寄交国外收款人向付款行取款,此种汇款方式称为顺汇法。

4. 按承兑人不同,分为商业承兑汇票和银行承兑汇票

(1) 商业承兑汇票(trader's acceptance bill)是由商号、企业或个人出票而以另一个商号、企业或个人为付款人,并经付款人承兑后的远期汇票。商业承兑汇票是建立在商业信用基础上的。

(2) 银行承兑汇票(banker's acceptance bill)是由银行承兑的远期汇票,它是建立在银行信用基础上的,所以银行承兑汇票比商业承兑汇票更易于被人们接受,并且能在市场上流通。

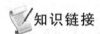知识链接

汇票与本票的区别与联系

1. 相同点

(1) 本票的收款人与汇票的收款人相同。

(2) 本票的制票人相似于汇票的承兑人。

(3) 本票的第一背书人相似于已承兑汇票的付款人,他与出票人是同一人。

2. 不同点

(1) 基本当事人不同。本票有两个基本当事人,即制票人和收款人;汇票有三个基本当事人,即出票人、付款人、收款人。

(2) 付款方式不同。本票的制票人自己出票自己付款;汇票是出票人要求对汇票已承兑的付款人无条件地付款给收款人。

(3) 名称的含义不同。本票的英文直译是"承诺券",它包含一笔交易的结算;汇票的英文直译是"汇兑券",它包含着两笔交易的结算。

(4) 承兑等项目不同。本票不需要提示、要求承兑、承兑、参加承兑,发出一套汇票必须

要有以上四项。

（5）国际本票遭到退票，不需做成拒绝证书；国际汇票遭到退票，必须做成拒绝证书。

（6）主债务人不同。本票的主债务人是制票人；汇票的主债务人，承兑前是出票人，承兑后是承兑人。

（7）本票不允许制票人与收款人做成相同的一个当事人；汇票允许出票人与收款人做成相同的一个当事人。

资料来源：https://baike.baidu.com/item/%E6%B1%87%E7%A5%A8/88533?fr=aladdin#9.

微课：汇票的缮制方法

动画：汇票的缮制

三、汇票的缮制

信用证项下汇票的主要内容及缮制方法如表 5-7 所示。

表 5-7 汇票的主要内容及缮制方法

内　　容	缮　制　方　法
1. 编号，No.	由出票人自行编号填入，一般使用发票号兼作汇票的编号。在国际贸易结算单证中，商业发票是所有单据的核心，以商业发票的号码作为汇票的编号，表明本汇票属第×××号发票项下。实务操作中，银行也接受此栏是空白的汇票
2. 出票日期与地点，Date and Place of Issue	信用证项下的出票日期是议付日期，出票地点是议付地或出票人所在地，通常出口商多委托议付行在办理议付时代填。值得注意的是，汇票出票不得早于其他单据日期，也不得晚于信用证有效期和提单日期后第 21 天
3. 汇票金额，Amount	汇票金额用数字小写和英文大写分别表明。小写金额位于 Exchange for 后，可保留 2 位小数，由货币名称缩写和阿拉伯数字组成 例如，USD100.80 大写金额位于 the sum of 后，习惯上句首加"SAY"，意指"计"，句尾由"ONLY"表示，意为"整"，小数点用 POINT 或 SENTS 表示 例如，SAY U.S. DOLLARS ONE HUNDRED POINT EIGHT ONLY 大小写金额与币制必须相符。通常汇票金额和发票金额一致。如果信用证规定汇票按发票价值 95% 或以"贷记通知单"方法扣佣时，应从发票中扣除上述金额后的余额作为汇票金额。汇票金额不得超过信用证金额，除非信用证另有规定

续表

内　容	缮 制 方 法
4. 付款期限, Tenor	一般可分为即期付款和远期付款两类。 即期付款只需在汇票固定格式栏内填上"at sight"。若已印有"at sight"，可不填。若已印有"at ＿＿＿ sight"，应在横线上填"－－－－"。 远期付款一般有四种。 (1) 见票后××天付款，填上"at ×× days after sight"，即以付款人见票承兑日为起算日，××天后到期付款。 例如，来证规定见票后 90 天付款(Available against your drafts drawn on us at 90 days after sight)，在 at 与 sight 之间填入 90 days after，意为从承兑日后第 90 天为付款期 (2) 出票后××天付款，填上"at ×× days after date"，即以汇票出票日为起算日，××天后到期付款，将汇票上印就的"sight"划掉 例如，来证规定出票日后 60 天付款(Available against presentation of the documents detailed herein and of your drafts at 60 days after date of the draft)，则在 at 后填入 60 days after date，将汇票上印就的"sight"划掉，其意为汇票出票日后 60 天付款 (3) 提单日后××天付款，填上"at ×× days after B/L"，即付款人以提单签发日为起算日，××天后到期付款。将汇票上印就的"sight"划掉 例如，来证规定提单日后 30 天付款(Available by beneficiary's drafts at 30 days after on board B/L date)，则在 at 后填入 30 days after date of B/L，删去 sight，意为提单日后第 30 天付款 (4) 某指定日期付款，指定×××年××月××日为付款日。例如"On 25th Feb. 2023"，汇票上印就的"sight"应划掉。这种汇票称为"定期付款汇票"或"板期汇票"。托收方式的汇票付款期限，如 D/P 即期者，填"D/P at sight"；D/P 远期者，填"D/P at ×× days sight"；D/A 远期者，填"D/A at ×× days sight"
5. 受款人, Payee	汇票受款人又称抬头人或收款人，是指接受票款的当事人。汇票常见的抬头表示方式如下。 (1) 指示性抬头。即在受款人栏目中填写 Pay to the order of …，意为付给……人的指定人。我国实际业务中多用中国银行等议付行为受款人，如 Pay to the bank of China。以议付行为收款人，议付行要在汇票背面进行背书 (2) 限制性抬头。即在受款人栏目中填写 Pay to…only 或 Pay to … not transferable，意为仅付……人或限付给……人，不许转让。使用这种方式多是付款人不愿将本债务和债券关系转移到第三者 (3) 持票人抬头。持票人抬头又称来人式抬头，即在受款人栏目中填写 Pay to bearer，意为付给持票人。这种方式不用背书就可转让，风险较大，现极少使用
6. 出票条款, Drawn Clause	出票条款必须按信用证的描述填于 Drawn under 后，如信用证没有出票条款，其分别填写开证行名称、地址、信用证编号和开证日期
7. 付款人, Drawee	汇票付款人即受票人，包括付款人名称和地址，在汇票中以 To…(致……)表示。付款人必须按信用证规定填制，通常为开证行。如果信用证规定"Draft drawn on applicant"或"drawn on us"或未规定付款人时，在 to 后都填上开证行名称和地址。UCP600 规定不允许开立以开证申请人为付款人的信用证
8. 出票人签章, Signature of the Drawer	出票人为信用证受益人，也就是出口商。通常在右下角空白处填上出口商全称，由经办人签名，该汇票才正式生效。如果信用证规定汇票必须手签，应照办

微课：汇票的含义
及票据行为

动画：汇票出票
及背书转让

四、汇票的票据行为

汇票使用过程中的各种行为都由票据法加以规范，主要有出票、提示、承兑和付款。如需转让，通常应经过背书行为。如汇票遭拒付，还需做成拒绝证书和行使追索权。

1. 出票

出票（draw/issue）是出票人签发汇票并交付给收款人的行为。出票后，出票人即承担保证汇票得到承兑和付款的责任。如汇票遭到拒付，出票人应接受持票人的追索，清偿汇票金额、利息和有关费用。

出票时有三种方式规定收款人。

（1）限制性抬头（restrictive payee），这种汇票通常会标注"pay ABC Co., Ltd. only"或"pay ABC Co., Ltd., not negotiable"。这种汇票不得流通转让。

（2）指示性抬头（to order），汇票常标有"pay ABC Co., Ltd. or order"或"pay to the order of ABC Co., Ltd."。这种汇票能够通过背书转让给第三者。

（3）持票人或来人抬头（to bearer），常标注有"pay to bearer"或"pay to ABC Co., Ltd. or bearer"。这种汇票不需由持票人背书即可转让。

2. 提示

提示（presentation）是持票人将汇票提交付款人要求承兑或付款的行为，是持票人要求取得票据权利的必要程序。提示又分付款提示和承兑提示。

3. 承兑

承兑（acceptance）是指付款人在持票人向其提示远期汇票时，在汇票上签名，承诺于汇票到期时付款的行为。具体做法是付款人在汇票正面写明"承兑"（accepted）字样，注明承兑日期，于签章后交还持票人。付款人一旦对汇票作承兑，即成为承兑人以主债务人的地位承担汇票到期时付款的法律责任。

4. 付款

付款（payment）。付款人在汇票到期日，向提示汇票的合法持票人足额付款。持票人将汇票注销后交给付款人作为收款证明。汇票所代表的债务债权关系即告终止。

5. 背书

背书（endorsement）。票据（包括汇票）是可流通转让的证券。根据我国《票据法》规定，除非出票人在汇票上记载"不得转让"外，汇票的收款人可以以记名背书的方式转让汇票权利。即在汇票背面签上自己的名字，并记载被背书人的名称，然后把汇票交给被背书人即受让人，受让人成为持票人，是票据的债权人。受让人有权以背书方式再行转让汇票的权利。在汇票经过不止一次转让时，背书必须连续，即被背书人和被背书人名字前后一致。对受让人来说，所有以前的背书人和出票人都是他的"前手"（prior parties），对背书人来说，所有他转让以后的受让人都是他的"后手"，前手对后手承担汇票得到承兑和付款的责任。在金融市场上，最常见的背书转让为汇票的贴现,即远期汇票经承兑后,尚未到期,持票人背书后,由银行或贴现公司作为受让人。从票面金额中扣减按贴现率结算的贴息后,将余款付给持票人。贴现后余额的计算公式是贴现后余额＝票面金额－票面金额×贴现率×$\frac{日数}{360}$－有关费用。

6. 贴现

贴现是指远期汇票经承兑后,汇票持有人在汇票尚未到期前在贴现市场上转让,受让人扣除贴现息后将票款付给出让人的行为,或银行购买未到期票据的业务。

一般而言,票据贴现可以分为贴现、转贴现和再贴现三种。

贴现是指银行承兑汇票的持票人在汇票到期日前,为了取得资金,贴付一定利息将票据权利转让给银行的票据行为,是持票人向银行融通资金的一种方式。

转贴现是指商业银行在资金临时不足时,将已经贴现但仍未到期的票据,交给其他商业银行或贴现机构给予贴现,以取得资金融通。

再贴现是指中央银行通过买进商业银行持有的已贴现但尚未到期的商业汇票,向商业银行提供融资支持的行为。

7. 拒付和追索

持票人向付款人提示,付款人拒绝付款或拒绝承兑,均称拒付。另外,付款人逃匿、死亡或宣告破产,以致持票人无法实现提示,也称拒付。出现拒付,持票人有追索权。即有权向其前手(背书人、出票人)要求偿付汇票金额、利息和其他费用的权利。在追索前必须按规定做成拒绝证书和发出拒付通知。拒绝证书用以证明持票已进行提示而未获结果,由付款地公证机构出具,也可由付款人自行出具退票理由书,或有关的司法文书。拒付通知用以通知前手关于拒付的事实,使其准备偿付并进行再追索。

微课:汇票制作示范

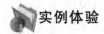 **实例体验**

BILL OF EXCHANGE

		不可撤销信用证	
凭 Drawn Under	BANK OF ENGLAND	Irrevocable	L/C F.F2023 No.

日期 Date SEP.18,2023

支取 Payable with interest @ % 按 息 付款

号码 No. DL0016

汇票金额 Exchange for USD7,100.00

大连 Dalian NOV.15,2023 年 月 日

见票 **** at _____ sight of this FIRST of Exchange (Second of Exchange
Being unpaid) Pay to the order of **BANK OF CHINA DALIAN BRANCH**

日后(本汇票之副本未付)付交

金额 the sum of SAY U.S. DOLLARS SEVEN THOUSAND ONE HUNDRED ONLY.

此致 To BANK OF ENGLAND

DALIAN XINXIN IMPORT &
EXPORT CO., LTD.

实训操练

1. 背景资料

2023年3月,沈阳天天进出口贸易公司与韩国YOUDA COMPANY签订了一笔买卖纯棉T恤的合同。买方按要求开来了不可撤销信用证。相关资料见S/C NO.:SY2023,L/C NO.2023SYTT.

卖方:SHENYANG TIANTIAN IMPORT AND EXPORT TRADE CORPORATION

电话:024-6250××××

买方:YOUDA TRADE CORPORATION

货名:COTTON SHIRT

H.S.:3177.2800

加工单位:沈阳新自达服装有限公司(张士开发区26号)

规格数量:L 3,000PCS
　　　　　M 2,000PCS
　　　　　S 1,000PCS

单价:L USD10.00/PCS
　　　M USD15.00/PCS
　　　S USD15.00/PCS
　　　CIF BUSAN。

支付方式:BY/LC

包装:PACKING IN 1 CARTON OF 10SET EACH

重量体积:G.W.:5KGS/CTN N.W.:4.5KGS/CTN MEAS:0.3M/CTN

装运地:YINGKOU PORT

目的地:BUSAN PORT

2. 要求

以单证员的身份,根据合同及信用证内容,缮制结汇单据。

模块六

其他附属单证缮制

学习目标

知识目标

1. 熟悉进出口许可证、装船通知、受益人证明等其他结汇单证含义及作用。
2. 了解海关发票、航空运单的含义及作用。
3. 掌握进出口许可证、装船通知、受益人证明等其他结汇单证的缮制方法。
4. 熟悉海关发票、航空运单的填制内容。

能力目标

1. 掌握出口许可证、装船通知、受益人证明等其他结汇单证的缮制方法。
2. 掌握海关发票、航空运单的填制方法和技巧。
3. 能根据所给合同及信用证完成其他结汇单证的制作。
4. 能根据所给合同及信用证资料完成其他结汇单证的审核。

任务一 进出口许可证申领

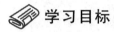 任务导入

大连欣欣进出口有限公司出口的货物属于进出口许可证管理范围内的商品。对此,张爽应向主管部门申请签发许可证。

进出口货物许可证是国家管理货物出境的法律凭证。进出口许可证包括法律、行政法规规定的各种具有许可进口或出口性质的证明、文件。进出口许可证是由国家对外经贸行政管理部门代表国家统一签发的、批准某项商品进出口的具有法律效力的证明文件,也是海关查验放行出口货物和银行办理结汇的依据。

根据国家规定,凡是国家宣布实行进出口许可证管理的商品,不管任何单位或个人,也不分任何贸易方式(对外加工装配方式,按有关规定办理),进出口前均需申领进出口许可证;非外贸经营单位或个人运往国外的货物,不论该商品是否实行进出口许可证管理,价值在人民币 1 000 元以上的,一律需申领进出口许可证;属于个人随身携带出境或邮寄出境的商品,除符合海关规定自用、合理数量范围外,也都应申领进出口许可证。

一、进出口许可证的含义

进出口许可证是由国家有关机关给进出口商签发的允许商品进口或出口的证书。进出口许可证制度是我国及世界各国普遍采用的对外贸易管制手段之一。采用进出口许可证制度,商品的进出口都要在申领了许可证以后,方可对外签订合同或办理订货手续,没有许可证,一律不准进出口。进出口许可证的主要内容包括商品名称、规格、数量、进出口商国别、期限、总值、运输方式、贸易方式和支付方式等。

（1）进出口货物许可证是国家机关签发的具有法律效力的文件。进出口货物许可证是国家批准特定企业、单位进出口货物的文件。因此,进出口货物许可证不得买卖、转让、伪造和变卖。

（2）进出口货物许可证是批准进出口特定货物的文件。其中包括品名、数量、规格、成交价格、贸易方式、贸易国别等内容。因此,进出口企业必须严格按照许可证规定的贸易方式等内容进出口特定货物。

（3）进出口货物许可证是一种证明文件。因此,凡实行进出口配额许可证管理和进出口许可证管理的商品,各类进出口企业应在进出口前按规定向指定的发证机构申领进出口许可证,海关凭进出口许可证接受和办理通关手续。

出口许可证是由国家对外经贸行政管理部门代表国家统一签发的、批准某项商品出口的具有法律效力的证明文件,也是海关查验放行出口货物和银行办理结汇的依据。

我国执行审批并签发出口许可证的机关:国家外经贸部及其派驻在主要口岸的特派员办事处;各省、自治区、直辖市以及经国务院批准的计划单列市的对外经贸行政管理部门,实行按商品、按地区分级发证颁发。

二、出口许可证申请表的填制

1. 商品编码

一般为10位数字代码,代码需要正确无误,并与"商品名称"相一致。

2. 申领日期

申领日期栏应填写递交申请表的日期。

微课:出口许可证

3. 出口许可证号、出口许可证有效截止日期

出口许可证栏应由发证机关填写,企业请勿填写。

4. 贸易方式

动画:货物出口手续办理实训

贸易方式栏内容有一般贸易、易货贸易、补偿贸易、进料加工、来料加工、外商投资企业出口、边境贸易、出料加工、转口贸易、期货贸易、承包工程、归还贷款出口、国际展销、协定贸易、其他贸易。进料加工复出口,此栏填写进料加工。外商投资企业进料加工复出口时,贸易方式填写外商投资企业出口。非外贸单位出运展卖品和样品每批价值在5 000元以上的,此栏填写"国际展览"。各类进出口企业出运展卖品,此栏填写"国际展览",出运样品填写一般贸易。

5. 合同号

合同号是指申领许可证、报关及结汇时所用出口合同的编码。展品出运时,此栏应填写外经贸部批准办展的文件号。

6. 报关口岸

报关口岸是指出运口岸。

7. 进口国(地区)

进口国(地区)是指最终目的地,即合同目的地,不允许使用地域名(如欧洲等)。

8. 付款方式

付款方式包括信用证、托收、汇付、本票、现金、记账和免费等。

9. 运输方式

运输方式可填写海上运输、铁路运输、公路运输、航空运输、邮政运输、固定运输。

10. 商品名称和商品编码

商品名称和商品编码按外经贸部发布的出口许可证管理商品目录的标准名称填写。

11. 规格等级

规格等级栏用于对所出口商品做具体说明,包括具体品种、规格(如水泥标号、钢材品种等)、等级(如兔毛等级)。同一编码商品规格型号超过四种时,应另行填写出口许可证申请表。"劳务出口物资"也应按此填写。出运货物必须与此栏说明的品种、规格或等级相一致。

12. 单位

单位是指计量单位。非贸易项下的出口商品,此栏以"批"为计量单位,具体单位在备注栏中说明。

13. 数量、单价及总值

数量表示该证允许出口商品的多少。此数值允许保留一位小数,凡位数超出的,一律以四舍五入进位。计量单位为"批"的,此栏均为1。单价是指与计量单位相一致的单位价格,计量单位为"批"的,此栏则为总金额。

14. 备注

备注栏填写以上各栏未尽事宜。

知识链接

申领出口许可证的基本程序

(1) 申请。即由申领单位或个人(以下简称领证人)向发证机关提出书面申请函件。

申请的内容包括出口商品(货物)名称、规格、输往国别地区、数量、单价、总金额、交货期、支付方式(即出口收汇方式)等项目。

同时,还需向发证机关交验有关证件或材料,包括:

① 外贸公司,凭合同正本(或复印件)。

② 非外贸单位,凭主管部门(厅、局级)的批准件。

③ 文物,凭文物主管部门的批准件。

④ 书刊,凭出版主管部门的批准件。

⑤ 名人字画(只限近代、现代),凭文化部的批准件。

⑥ 黄金白银(不含饰品),凭中国人民银行总行的批准件。

⑦ 专利、诀窍、传统技艺,凭国家专利局或主管部门的批准件。

⑧ 居民或村民,凭街道办事处或村民委员会出具的说明情况的证明函和购货发票办理有关手续方可出境。

属于下列情况的,还需提供有关证件或材料。

① 经批准享有出口经营权的外贸企业,第一次向发证机关申领出口许可证时应提交主管部门批准成立公司(企业)的批文、公司(企业)章程、营业执照以及出口商品经营目录等复印件一套。

② 经批准成立的外商投资企业,第一次向发证机关申领出口许可证时,应提交有关部门关于项目合同的批件、营业执照以及经国家对外经贸部认可的年度出口计划等复印件一套。

(2) 审核、填表。发证机关收到上述有关申请材料后进行审核。经同意后,由领证人按规定要求填写中华人民共和国出口许可证申请表。

(3) 输入计算机。填好的出口许可证申请表,由申请单位加盖公章后送交发证机关,经审核符合要求的,由发证机关将申请表各项内容输入计算机。

(4) 发证。发证机关在申请表送交后的三个工作日内,签发《中华人民共和国出口许可证》一式四联,将第一、二、三联交领证人,凭以向海关办理货物出口报关和银行结汇手续。同时,收取一定的办证费用。

【样单】

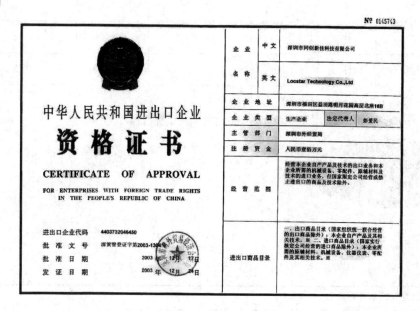

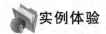 **实例体验**

中华人民共和国出口许可证申请表

1. 进口商：大连欣欣进口有限公司 代码 1428975312 领证人姓名：张爽 电话：(0411)8937××××	3. 出口许可证号：04HZ124578
2. 收货人： 大连欣欣进出口有限公司	4. 出口许可证有效截止日期： 年 月 日
5. 贸易方式： 一般贸易	8. 进口国(地区)： 英国
6. 合同号： DL2023	9. 付款方式： L/C
7. 报关口岸： 大连	10. 运输方式： 江海运输
11. 商品名称： 电动工具	商品编码：8624.0067

12. 规格、型号	13. 单位	14. 数量	15. 单价(币别)	16. 总值(币别)	17. 总值折美元
KK1	件	300	10.00	3 000.00	3 000.00
KK2	件	100	15.00	1 500.00	1 500.00
KK3	件	200	13.00	2 600.00	2 600.00
18. 总 计：	件	600		7 100.00	7 100.00

19. 备注 （大连欣欣进出口有限公司 印章） 申请日期：2023.08.25	20. 签证机构审批(初审)： 经办人： 终审：

中华人民共和国商务部监制

制填表说明：1. 本表应用正楷逐项填写清楚，不得涂改，不得遗漏，否则无效。

2. 本表内容需打印多份许可证的，请在备注栏内注明。

三、进口许可证办理流程

进口许可证办理的程序：由申领单位或个人向发证机关提出书面申请函件，发证机关收到有关申请材料后进行审核。由申请单位加盖公章后送交发证机关，经审核符合要求的，由发证机关将申请表各项内容输入计算机，发证，具体流程如图6-1所示。

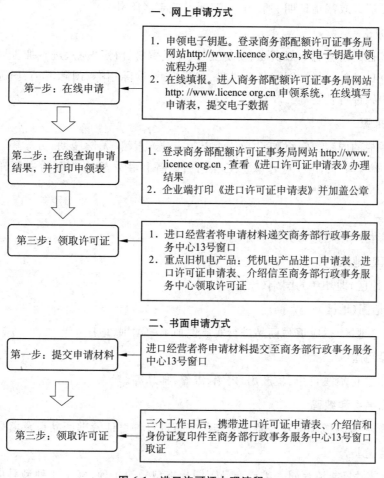

图 6-1　进口许可证办理流程

四、进口许可证申请表的填制

凡申领进口许可证的单位，应按以下规范填写进口许可证申请表。

1. 进口商

进口商栏应填写经外经贸部批准或核定的进出口企业名称及编码。外商投资企业进口也应填写公司名称及编码；非外贸单位进口，应填写"自购"，编码为"00000002"；如接受国外捐赠，此栏应填写"赠送"，编码为"00000001"。

微课：进口许可证

2. 收货人

收货人栏应填写配额指标单位，配额指标单位应与批准的配额证明一致。

3. 进口许可证号

进口许可证号由发证机关编排。

4. 进口许可证有效截止日期

进口许可证有效截止日期一般为一年（另有规定者除外）。

5. 贸易方式

贸易方式栏的内容有一般贸易、易货贸易、补偿贸易、协定贸易、进料加工、来料加工、外商投资企业进口、国际租赁、国际贷款进口、国际援助、国际招标、国际展销、国际拍卖、捐赠、赠送、边境贸易、许可贸易等。

6. 外汇来源

外汇来源栏的内容有银行购汇、外资、贷款、赠送、索赔、无偿援助、劳务等。外商投资企业进口、租赁等填写"外资"；对外承包工程调回设备和驻外机构调回的进口许可证管理商品、公用物品，应填写"劳务"。

7. 报关口岸

报关口岸栏应填写进口到货口岸。

8. 出口国（地区）

出口国（地区）即外商的国别（地区）。

9. 原产地国（地区）

原产地国（地区）栏应填写商品进行实质性加工的国别、地区。

10. 商品用途

商品用途栏可填写自用、生产用、内销、维修、样品等。

11. 商品名称和编码

商品名称和编码栏应按外经贸部公布的实行进口许可证管理商品目录填写。

12. 规格、型号

规格、型号栏只能填写同一编码商品不同规格型号的 4 种，多于 4 种型号应另行填写许可证申请表。

13. 单位

单位是指计量单位。各商品使用的计量单位由外经贸部统一规定，不得任意变动。合同中使用的计量单位与规定计量单位不一致时，应换算成统一计量单位。非限制进口商品，此栏以"套"为计量单位。

14. 数量

数量栏应按外经贸部规定的计量单位填写，允许保留一位小数。

15. 单价（币别）

单价（币别）栏应填写成交时用的价格或估计价格并与计量单位一致。

【样单】

中华人民共和国进口许可证申请表

1. 进口商： 代码：	3. 进口许可证号：
2. 收货人：	4. 进口许可证有效截止日期： 　　　　年　　月　　日
5. 贸易方式：	8. 出口国(地区)：
6. 外汇来源：	9. 原产地国(地区)：
7. 报关口岸：	10. 商品用途：

11. 商品名称：				商品编码：		
12. 规格、型号	13. 单位	14. 数量	15. 单价(币别)	16. 总值(币别)	17. 总值折美元
18. 总计：					

19. 领证人姓名：	不能获准原因：
联系电话：	1. 公司无权经营；　　　　8. 第(　)项须补充说明函； 2. 公司编码有误；　　　　9. 第(　)项与批件不符； 3. 到港不妥善；　　　　　10. 其他。
申请日期：	4. 品名与编码不符； 5. 单价(高)低； 6. 币别有误；
下次联系日期：	7. 漏填第(　)项；

中华人民共和国商务部监制　　　　　　　第二联(副本)取证凭证

任务二　缮制装船通知

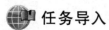任务导入

　　大连欣欣进出口有限公司张爽在办妥租船订舱手续后，还应及时向进口方发出装船通知，以便进口方安排收货和保险等事宜。

一、装船通知的含义

装船通知(shipping advice, declaration of shipment 或 notice of shipment)又称装运通知,是出口商向进口商发出货物已于某月某日或将于某月某日装上某船的通知。装船通知的作用在于方便买方购买保险或准备提货手续,其内容通常包括货名、装运数量、船名、装船日期、契约或信用证号码等。这项通知大多采用电报方式,但也有用航邮方式的。装船通知的作用在于方便买方投立保险、准备提货手续或转售;出口商做此项通知时,有时还要附上或另行寄上货运单据副本,以便进口商明确装货内容。若碰到货运单据正本迟到的情况,仍可及时办理担保提货(delivery against letter of guarantee)。

装船通知没有统一的格式,一般由发货人自行设计,可采用电报、电传、传真及 E-mail 等各种形式发送,内容一定要符合信用证的有关规定。

在装运货物后,按照国际贸易的习惯做法,发货人应立即(一般在装船后三天内)给买方或其指定的人发送装船通知,从而方便买方办理保险和安排接货等事宜。如卖方未及时给买方发送上述装船通知而使其不能及时办理保险或接货,卖方就应负责赔偿买方由此而引起的一切损害及/或损失。

微课:装船通知

二、装船通知的缮制

(1) 单据名称。单据名称主要有下面几种形式: Shipping/Shipment、Advice、Advice of Shipment 等,也有人将其称为 Shipping Statement/Declaration。如信用证有具体要求,按信用证的规定填制。

(2) 通知的对象。此栏应按信用证规定填写,可以是开证申请人、申请人的指定人或保险公司等。

(3) 通知的内容。内容主要包括所发运货物的合同号或信用证号、品名、数量、金额、运输工具名称、开航日期、启运地和目的地、提运单号码、运输标志等,并且与其他相关单据保持一致,如信用证提出具体项目要求,应严格按规定出单。另外通知中还可能出现包装说明、ETD(船舶预离港时间)、ETA(船舶预抵港时间)、ETC(预计开始装船时间)等内容。

动画:装运条款

(4) 缮制和签发日期。日期不能超过信用证约定的时间,常见的有以小时为准(within 24/48 hours)和以天为准(within 2 days after shipment date)为准两种情形,信用证没有规定时应在装船后立即发出,如信用证规定"Immediately after Shipment"(装船后立即通知),应掌握在提单后三天之内。

(5) 签署。一般可以不签署,如信用证要求"certified copy of shipping advice",通常加盖受益人条形章。

(6) 装船通知各项内容含义如下。

Messrs:填列进口商名称及地址。

例如,ARRCNS FAN COMPANY

NO. 1023, LINDA VALID ST. WALLE 234

TU WONTERLA CITY
CA, U. S. A.

Invoice No.：填写此笔交易对应的商业发票号码。

Date：填写装船通知开发日期。

L/C No.：填写此笔交易对应的信用证号码。

Purchase Order No.：填写此笔交易对应的销货合同号码。

Vessel：填入装运船名与航次，请参考"配舱通知"，需与 B/L、Invoice、其他单据相同。例如，"SALLY OCEAN V-6"。

Port of Loading：启运港，需与 B/L 一致。

Port of Discharge：目的地，需与 B/L 一致。如 Yokohama。

On Board Date：写明装船日期，请参考"配舱回单"。

Estimated Time of Arrival：写明预定抵埠日期。

Container：写明集装箱个数及种类，请参考"配舱通知"。

Freight：写明海运费总金额，请参考"配舱通知"。

Description of Goods：指所装运的货品内容，按实际情况填写。

Quantity：货物数量。需与商业发票所记载者相同。

Invoice Total Amount：货物总价。需与商业发票所记载者相同。如 USD6,950.00。

Documents Enclosed：装船通知的作用在于方便买方购买保险或准备提货手续，出口商做此项通知时，有时还要附上或另行寄上货运单据（押汇单证）的副本，便于进口商明确装货内容，并可于货运单据正本迟到或遗失时，及时办理担保提货。

Commercial Invoice：写明所需商业发票份数。例如，in duplicate。

Packing List：写明所需包装单份数。

Bill of Lading：写明所需提单份数。

Insurance Policy：写明所需保险单份数。

下方空白栏如还有其他单据随附，请填于下方空白栏。

右下方空白栏填写出口商公司名称。

Manager of Foreign Trade Dept. 负责人签字。与商业发票相同，应由出口商签署。

三、缮制装船通知的注意事项

(1) CFR/CPT 交易条件下拍发装船通知的必要性。因货物运输和保险分别由不同的当事人操作，所以受益人有义务将货物装运情况及时、充分地通知申请人，以便进口商办理保险，否则，如漏发通知，则货物越过船舷后的风险仍由受益人承担。

(2) 通知应按规定的方式、时间、内容、份数发出。

(3) 几个近似概念的区别。shipping advice（装船通知）是由出口商（受益人）发给进口商（申请人）的；shipping instructions 意思是"装运须知"，一般是进口商发给出口商的；shipping note/bill 指装货通知单/船货清单；shipping order 简称 S/O，含义是装货单/关单/下货纸（是海关放行和命令船方将单据上载明的货物装船的文件）。

四、信用证中有关装船通知条款分析

(1) ORIGINAL FAX FROM BENEFICIARY TO OUR APPLICANT EVIDENCING B/L NO., NAME OF SHIP, SHIPMENT DATE, QUANTITY AND VALUE OF GOODS. 该条款要求向申请人提交正本通知一份,通知上列明提单号、船名、装运日期、货物的数量和金额。制作单据时,只要按所列项目操作即可。

(2) INSURANCE EFFECTED IN IRAN BY IRAN INSURANCE CO., THE NAME OF INSURANCE CO. AND THE POLICY NO. ××× DD. HAVE TO BE MENTIONED ON B/L, SHIPMENT ADVICE TO BE MADE TO SAID INSURANCE CO. VIA TLX NO. ××× INDICATING POLICY NO. AND DETAILS OF SHIPMENT, A COPY OF WHICH IS TO BE ACCOMPANIED BY THE ORIGINAL DOCS. 该条款要求货物的保险由伊朗保险公司办理,提单上应明确保险公司的名称、保单号码和出单日期,所出的装船通知则应标明保险公司名称、电传号码、保单号码和货物的详细情况,电抄副本随正本单据向银行提交。

(3) SHIPMENT ADVICE WITH FULL DETAILS INCLUDING SHIPPING MARKS, CTN NUMBERS, VESSEL'S NAME, B/L NUMBER, VALUE AND QUANTITY OF GOODS MUST BE SENT ON THE DATE OF SHIPMENT TO US. 该条款要求装船通知应列明包括运输标志、箱号、船名、提单号、货物金额和数量在内的详细情况,并在货物发运当天寄开证行。

(4) BENEFICIARY MUST FAX ADVISE TO THE APPLICANT FOR THE PARTICULARS BEFORE SHIPMENT EFFECTED AND A COPY OF THE ADVICE SHOULD BE PRESENTED FOR NEGOTIATION. 根据这条规定,受益人发出的装船通知的方式是传真,发出时间是在货物装运前,传真副本作为议付单据提交。

(5) INSURANCE COVERED BY OPENERS. ALL SHIPMENTS UNDER THIS CREDIT MUST BE ADVISED BY YOU IMMEDIATELY AFTER SHIPMENT DIRECT TO M/S ABC INSURANCE CO. AND TO THE OPENERS REFERRING TO COVER NOTE NO CA364 GIVING FULL DETAILS OF SHIPMENT. A COPY OF THIS ADVICE TO ACCOMPANY EACH SET OF DOCUMENTS. 该条款要求保险由申请人负责,货物装运后由受益人直接给ABC保险公司和申请人发通知,通知上应注明号码为CA364的暂保单,并说明货物的详细情况。每次交单都应随附该通知副本。

(6) BENEFICIARY'S CERTIFIED COPY OF FAX SENT TO APPLICANT WITHIN 48 HOURS AFTER SHIPMENT INDICATING CONTRACT NO. L/C NO. GOODS NAME, QUANTITY, INVOICE VALUE, VESSEL'S NAME, PACKAGE/CONTAINER NO., LOADING PORT, SHIPPING DATE AND ETA. 按这条信用证要求,受益人出具的装船通知必须签署,通知应在发货后48小时内发出,具体通知内容为合同号、信用证号、品名、数量、发票金额、船名、箱/集装箱号、装货港、装运日期和船舶预抵港时间。受益人应严格按所要求的内容缮制。

(7) SHIPMENT ADVICE QUOTING THE NAME OF THE CARRYING VESSEL, DATE OF SHIPMENT, NUMBER OF PACKAGES, SHIPPING MARKS, AMOUNT,

LETTER OF CREDIT NUMBER, POLICY NUMBER MUST BE SENT TO APPLICANT BY FAX, COPIES OF TRANSMITTED SHIPMENT ADVICE ACCOMPANIED BY FAX TRANSMISSION REPORT MUST ACCOMPANY THE DOCUMENTS. 该条款表明船名、装船日期、包装号、唛头、金额、信用证号、保险单号的装船通知必须由受益人传真给开证人，装船通知和传真副本以及发送传真的电讯报告必须随附议付单据提交。

(8) BENEFICIARY'S CERTIFICATE CERTIFYING THAT THEY HAVE DESPATCHED THE SHIPMENT ADVICE TO APPLICANT BY FAX(FAX NO. 2838-0983) WITHIN 1 DAY AFTER B/L DATE ADVISING SHIPMENT DETAILS INCLUDING CONTRACT NO., INVOICE VALUE, NAME OF THE VESSEL, LOADPORT, QUANTITY GOODS LOADED, B/L DATE, THE VESSEL MOVEMENT INCLUDING TIME OF ARRIVAL, TIME OF BERTHED, TIME OF START LOADING, TIME OF FINISH LOADING AND DEPARTURE TIME FROM DALIAN AND THIS CREDIT NO. 该条款规定来自中国香港的某份信用证，其对装船通知的要求是装运货物后一天内受益人通过传真加以通知，内容包括合同号、发票金额、船名、装港、货物数量、提单日，以及抵达时间、靠泊时间、开始装货时间、装货完毕时间和驶离大连港的时间等船舶的航行轨迹和本信用证号码。

装船通知是信用证常见的单据，在制作装船通知时，一定要对照信用证要求，不仅应满足信用证对发出装船通知时间的要求，还应满足对装船通知内容的要求。否则会影响信用证的结汇。

实例体验

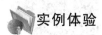

SHIPPING ADVICE

MESSRS：   Date：OCT. 10. 2023
Fax No.：0411-8937××××
INV. NO.：DL0016

微课：装船通知
制作示范

L/C NO.：
WE HAVE SHIPPED THE GOODS UNDER S/C NO. FF2023, THE DETAILS OF THE SHIPMENT ARE AS FOLLOWS：

FROM：<u>DALIAN</u>   TO <u>LONDON</u>   VIA ＊＊＊
MARKS   DESCRIPTION OF GOODS   QUANTITY   AMOUNT

POWER TOOLS   60CARTONS   USD7,100.00
PACKED IN ONE CARTON OF 10PCS EACH
M. E
DL2023
LONDON

C/NO. 1-60

VESSEL'S NAME：DONGFENG V.126
B/L NO.：BL2023
ETD：OCT.30.2023
ETA：NOV.10.2023
　　WE HERE WITH CERTIFY THIS MESSAGE TO BE TRUE AND CORRECT

BENEFICIARY'S SIGNATURE

任务三　缮制受益人证明

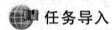 **任务导入**

大连欣欣进出口有限公司张爽应进口商的要求,将副本提单通过航邮的方式寄交给进口商,并出具受益人证明。

一、受益人证明的含义

受益人证明(beneficiary's certificate)是一种由受益人自己出具的证明,以便证明自己履行了信用证规定的任务或证明自己按信用证的要求办事,如证明所交货物的品质、证明运输包装的处理、证明按要求寄单等。

微课:受益人证明

一般无固定格式,内容多种多样,以英文制作,通常签发一份。

受益人证明/声明多种多样,通常是证明货物的品质、唛头、包装标识、装运以及其他寄单事项的单据,由受益人根据信用证的要求来缮制;有关运输方面的证明则是卖方为满足买方对货物在运输方面的特殊要求而开立的证明文件,根据情况可以由受益人出具,也可以由相关的运输公司出具。

二、受益人证明的内容

(1)单据名称。这种单据的名称因所证明事项不同而略异,可能是寄单证明、寄样证明(船样、样卡和码样等)、取样证明、证明货物产地、品质、唛头、包装和标签情况、电抄形式的装船通知、证明产品生产过程、证明商品业已检验、环保人权方面的证明(非童工、非狱工制造)等。

(2)证明上通常会显示发票号、合同号或信用证号,以表明与其他单据的关系。

(3)证明的内容应严格与合同或信用证规定相符。

(4)因属于证明性质,按有关规定证明人(受益人)必须签字。

(5)单据一般都应在规定的时间内做出。

三、受益人证明的种类

(1) 寄单证明(beneficiary's certificate for despatch of documents)是最常见的一种,通常是受益人根据规定,在货物装运前后一定时期内,邮寄/传真/快递给规定的收受人全套或部分副本单据,并将证明随其他单据交银行议付。例如 CERTIFICATE FROM THE BENEFICIARY STATING THAT ONE COPY OF THE DOCUMENTS CALLED FOR UNDER THE LC HAS BEEN DISPATCHED BY COURIER SERVICE DIRECT TO THE APPLICANT WITHIN 3 DAYS AFTER SHIPMENT.

(2) 寄样证明(Beneficiary's Certificate for Despatch of Shipment Sample)。例如,CERTIFICATE TO SHOW THAT THE REQUIRED SHIPMENT SAMPLES HAVE BEEN SENT BY DHL TO THE APPLICANT ON JULY 10,2023(受益人只要按规定出单即可)。

(3) 包装和标签证明。例如,某信用证要求:A CERTIFICATE FROM THE BENEFICIARY TO THE EFFECT THAT ONE SET OF INVOICE AND PACKING LIST HAS BEEN PLACED ON THE INNER SIDE OF THE DOOR OF EACH CONTAINER IN CASE OF FCL CARGO OR ATTACHED TO THE GOODS OR PACKAGES AT AN OBVIOUS PLACE IN CASE OF LCL CARGO,其意思是受益人应证明已把一套发票和箱单贴在集装箱箱门内侧(整箱货)或拼箱货的显眼的地方。再如,BENEFICIARY CERTIFICATE IN TRIPLICATE STATING THE SHIPMENT DOES NOT INCLUDE NON – MANUFACTURED WOOD DUNNAGE,PALLETS,CRATING OR OTHER PACKAGING MATERIALS;THE SHIPMENT IS COMPLETELY FREE OF WOOD BARK,VISIBLE PESTS AND SIGNS OF LIVING PESTS(要求三份单据,证明货物未再加工、非木制包装、无树皮、无肉眼可见虫害、无活虫)。

(4) 其他规定。例如,CERTIFICATE CONFIRMING THAT ALL GOODS ARE LABELLED IN ENGLISH(货物加贴英文标签);BENEFICIARY'S CERTIFICATE STATING ORIGINAL B/L OF 1 SET CARRIED BY THE CAPTAIN OF THE VESSEL(一套正本提单已交由船长携带);A STATEMENT FROM THE BENEFICARY EVIDENCING THAT PACKING EFFECTED IN 25KGS CTN(货物25公斤箱装);BENEFICIARY'S CERTIFICATE CONFIRMING THEIR ACCEPTANCE OF THE AMENDMENT DATED 10/09/2005 MADE UNDER THIS CREDIT Q QUOTING THE RELEVANT AMENDMENT NUMBER(确认改证内容);CERTIFICATE TO SHOW GOODS ARE NOT OF ISRAELI ORIGIN AND DO NOT CONTAIN ANY ISRAELI MATERIAL(货物须保证非以色列产并且不含以色列的材料)。

此类证明一般采用函电形式,格式由出口企业按照信用证规定或买方要求的内容自行设计,制单日期应与证明内容相吻合,而且最迟不得晚于交单日期,如提单日期为4月15日,信用证规定:"BENEFICIARY'S CERTIFICATES CERTIFY THAT CABLE COPY OF SHIPPING ADVICE DISPATCHED TO THE APPLICANT IMMEDIATELY AFTER SHIPMENT",则受益人证明的出单日期只能在4月15—18日,而不能是其他时间。若为寄单证明,还应列明卖方所寄单据的种类和份数。

四、受益人证明的缮制

1. 受益人中英文全称、地址

本栏填写合同出口商或信用证受益人的名称和地址,并注明电话号码、传真号码。

2. 单据名称

本栏通常用 BENEFICIARY'S CERTIFICATE(受益人证明)或 BENEFICIARY'S STATEMENT(受益人声明)表示。

3. 发票号码

本栏填写对应的发票号码。

4. 信用证号码

本栏填写对应的信用证号码,非信用证方式下可不填。

5. 合同号码

本栏填写对应的合同号码。

6. 出证日期与地点

本栏按受益人证明的实际签发日期和地点填写。

7. 抬头

本栏通常填写 TO WHOM IT MAY CONCERN,意为致有关人。

8. 证明内容

本栏为受益人证明的核心内容,必须根据合同或信用证要求的证明内容填写。

9. 签章

出口商在本栏盖中英文公章,并由经办人签名。

 实例体验

如信用证规定:BENEFICIARY'S CERTIFICATE EVIDENCING THAT 2/3 B/L MUST BE SENT BY AIRMAIL TO MENINI IMP. & EXP. CORP. ,NOT LATER THAN DATE OF PRESENTATION OF NEGOTIABLE DOCUMENTS. 则受益人证明如下。

大连欣欣进出口有限公司

DALIAN XINXIN I/E CORP. LTD.

NO. 62 RENMIN ROAD,DALIAN,CHINA

BENEFICIARY'S   CERTIFICATE

MESSRS:

F. F COMPANY

3-7 HOLY GREEN,LONDON,UK

                DATE:NOV. 3,2023

FAX NO.:0411-8937××××   PLACE.:DALIAN,CHINA

WE HEREBY CERTIFY THAT 2/3 B/L HAVE BEEN SENT BY AIRMAIL TO

MENINI IMP. & EXP. CORP.

大连欣欣进出口有限公司
DALIAN XINXIN I/E CORP. LTD.

任务四　缮制海关发票

任务导入

对于出口到加拿大等国家的货物，应进口商的要求往往还需要缮制海关发票。

一、海关发票的含义

海关发票(customs invoice/certified invoice)是进口商向进口国海关报关的证件之一。它是根据某些国家海关的规定，由出口商填制的供进口商凭以报关用的特定格式的发票，要求国外出口商填写，供本国商人(进口商)随附商业发票和其他有关单据，凭以办理进口报关手续。其内容较一般商业发票复杂。海关发票的作用是供进口国海关作估价完税的依据。供进口国海关核定货物的原产地，按照差别税率政策，征收不同税率的关税。供进口国海关核审是否低价倾销，或是否接受出口国补贴。供进口国海关作为统计依据。采用海关发票的国家有加拿大、澳大利亚、新西兰等。

二、加拿大海关发票的缮制

加拿大海关发票是指销往加拿大的出口货物(食品除外)所使用的海关发票。其栏目用英文、法文两种文字对照，内容繁多，要求每个栏目都要填写，不得留空，若不适用或无该项内容，则必须在该栏目内填写"N/A"(即 not applicable)。

加拿大海关发票的主要栏目及缮制方法如下。

(1) 卖方的名称与地址 VENDOR(name and address)：填写出口商的名称及地址，包括城市和国家名称。信用证支付条件下，此栏填写受益人名址。

(2) 直接运往加拿大的装运日期(date of direct shipment to canada)：填写直接运往加拿大的装运日期，此日期应与提单日期相一致。如单据送银行预审，也可请银行按正本提单日期代为加注。

(3) 其他参考事项，包括买方订单号码(order reference, include purchaser's order number)：填写有关合同、订单或商业发票号码。

(4) 收货人名称及地址(consignee, name and address)：填写加拿大收货人的名称与详细地址。信用证项下一般为信用证的开证人。

(5) 买方(purchaser's name and address)：填写实际购货人的名称及地址。如与第四栏的收货人相同，则此栏可填"SAME AS CONSIGNEE"。

(6) 转运国家(country of transshipment)：填写转船地点的名称。如在中国香港转船，可填写："FROM SHANGHAI TO VANCOVER WITH TRANSSHIPMENT AT HONGKONG CHINA BY VESSEL"。如不转船，可填 N/A(即 NOT APPLICCABLE)。

(7) 生产国别(country of origin of goods)：填写 CHINA。若非单一的国产货物，则应在第 12 栏中详细逐项列明各自的原产地国名。

(8) 运输方式及直接运往加拿大的启运地点(transportation give mode and place of direct shipment to canada)：只要货物不在国外加工，不论是否转船，均填写启运地和目的地名称以及所用运载工具。例如，FROM SHANGHAI TO MONTREAL BY VESSEL。

(9) 价格条件及支付方式，如销售、委托发运、租赁货物等(condition of sales and terms of payment, i. e. sale, consignment, shipment, leased goods, etc)：按商业发票的价格术语及支付方式填写。例如，CIF VANCOUVER D/P AT SIGHT 或 C AND F MONTREAL BY L/C AT SIGHT。

(10) 货币名称(currency of settlement)：卖方要求买方支付货币的名称，需与商业发票使用的货币相一致，如 CAD。

(11) 件数(number of package)：填写该批商品的总包装件数。例如，600 CARTONS。

(12) 商品详细描述(specification of commodities, kind of packages, marks, and numbers, general description and characteristics, i. e. grade, quality)：按商业发票同项目描述填写，并按包装情况及唛头填写此栏(包括种类、唛头、品名和特性，即等级、品质)。

(13) 数量(quantity, state unit)：填写商品的具体数量，而不是包装的件数。

(14) 单价(unit price)：按商业发票记载的每项单价填写，使用的货币应与信用证和商业发票一致。

(15) 总值(total)：按商业发票的总金额填写。

(16) 净重及毛重的总数(total weight)：填写总毛重和总净重，应与其他单据的总毛重和总净重相一致。

(17) 发票总金额(total invoice value)：按商业发票的总金额填写。

(18) IF ANY OF FIELDS 1 TO 17 ARE INCLUDED ON AN ATTACHED COMMERCIAL INVOICE, CHECK THIS BOX：如果第 1~17 栏的内容均已包括在所随附的商业发票内，则在方框内填一个"√"记号，并将有关商业发票号填写在横线上。

(19) 出口商名称及地址，如并非买方(exporter's name and address, if other than vendor)：如出口商与第一栏的卖方不是同一名称，则列入实际出口商名称；而若出口商与第一栏卖方为同一者，则在本栏填上"THE SAME AS VENDOR"。

(20) 负责人的姓名及地址(originator, name and address)：通常填写公司经理的名称和地址并加此人手签。

(21) 主管当局现行管理条例，如适用者(departmental ruling, if any)：指加方海关和税务机关对该货进口的有关规定。如有，则按要求填写；如无，则填"N/A"。

(22) 如果第 23~25 三个栏目均不适用(if fields 23 to 25 are not applicable check this box)，可在方框内画"√"记号。

(23) 如果以下金额已包括在第 17 栏内(if included in field 17 indicate amount)。

① 自启运地至加拿大的运费和保险费:可填运费和保险费的总和,允许以支付的原币填写。若不适用,则填"N/A"。

② 货物进口到加拿大后进行建造、安装及组装而发生的成本费用,按实际情况填列;若不适用,可填上 N/A。

③ 出口包装费用(export packing)可按实际情况填上,如无,则填"N/A"。

(24) 如果以下金额不包括在第 17 栏目内(if not included in field 17 indicate amount):若 17 栏不包括,则注明:Ⅰ、Ⅱ、Ⅲ 三项金额,一般填"N/A"。如果在 FOB 等价格条件下,卖方又替买方租船订舱,其运费于货到时支付,则Ⅰ栏可填实际运费金额。

(25) CHECK(if applicable):若适用,在方格内画"√"记号。本栏系补偿贸易、来件、来料加工、装配等贸易方式专用;一般贸易不适用,可在方格内填"N/A"。

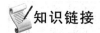知识链接

CCVO 及其作用

Combined Certificate of Value and Origin(CCVO,估价和原产地联合证明书),名称为"估价和原产地联合证明书"的发票在习惯上都视作海关发票。是去尼日利亚的价格产地联合证明。

在对外出口贸易的过程中,经营出口货物的我国国内出口单位和出口人除要填制我国海关需要的各项单证以外,与之成交的国外商人的进口国海关通常还需要我国出口单位或出口人填写一种单证,这种单证的名称有以下三种叫法。

(1) 海关发票。

(2) 估价和原产地联合证明书。

(3) 根据××国海关法令的证实发票。

对于上述三种叫法的发票,习惯上统称为海关发票,进口国海关要求提供此种发票,其主要作用如下。

(1) 为进口国海关统计提供依据。

(2) 供进口国海关核定货物的原产地,以便根据不同国别政策采取不同的征收进口关税比率。

(3) 提供给进口国海关掌握对该商品在出口国市场的价格情况,以便确定该商品是否对进口国低价倾销。

(4) 供进口国海关借以了解进口商是否有虚报价格,预防进口商逃减关税的情况。

(5) 它是进口国海关对进口货物估价定税的根据。

海关发票一般由各国海关制定,由于各国海关的规定不同,所以形成不同的种类和格式。常见的海关发票的格式有美国的特殊海关发票 5515 式,加拿大海关发票格式,非洲等国家或地区的"表格 B 式"和"自由格式"等,除美国和加拿大海关发票的格式比较特别外,其他地区所使用的海关发票格式差别不大,内容类似。

【样单】

加拿大海关发票

Canada Border Services Agency	Agence des services frontaliers du Canada	CANADA CUSTOMS INVOICE *FACTURE DES DOUANES CANADIENNES*	Page of 1 de
1. Vendor(Name and Address)		2. Date of Direct Shipment to Canada	
		3. Other References(Include Purchaser Order No.)	
4. Consignee(Name and Address)		5. Purchaser's Name and Address	
		6. Country of Transshipment	
		7. Country of Origin of Goods	IF SHIPMENT INDLUDES GOODS OF DIFFRENT ORIGINS ENTER ORIGINS AGINST ITEMS IN 12 SIL EXPEDITION COMPRESSED DESMARCHANDISES D'ORIGINS DIFFERENTES, PRECISEZ LEUR ROVENANCEEN 12
8. Transportation Give Mode and Place of Direct Shipment to Canada		9. Conditions of Sale and Terms of Payment	
		10. Currency of Settlement/*Devises du paiement*	

11. No of Pkgs	12. Specification of Commodities(Kind of Packages, Marks, and Numbers, General Description and Characteristics. i. e. Grade, Quality)	13. Quantity (State Unit)	Selling Price	
			14. Unit Price	15. Total

18. If any of fields 1 to 17 are included on an attached commercial invoice, check this box ☐	16. Total Weight/*Poids Total*		17. Invoice Total
	Net	Gross/*Brut*	

19. Exporter's Name and Address(if other than Vendor)	20. Originator(Name and Address)
21. Departmental Ruling(if Applicable)	22. If fields 23 to 25 are not applicable, check this box ☐

23. if included in field 17 indicate amount （Ⅰ）Transportation charges, expense and insurance from the place of direct shipment to Canada _____ （Ⅱ）Costs for const: action, erection and assembly incurred atter importation into Canada _____ （Ⅲ）Export packing _____	24. If not included in field 17 indicate amount （Ⅰ）Transportation charges, expense and insurance to the place of direct shipment to Canada _____ （Ⅱ）Amounts for commissions other than buying commissions _____ （Ⅲ）Export packing _____	25. Check(if applicable) （Ⅰ）Royalty payments or subsequent proceed are paid or payable by the purchaser ☐ （Ⅱ）The purchaser has supplied goods or services for use in the production of these goods ☐

任务五　缮制航空运单

📡 任务导入

对于一些交货时间要求高、紧急的货物；鲜活易腐的货物；货值高、贵重的货物往往采用航空运输方式，这时就要求缮制航空运单。

一、航空运单的含义及作用

（一）航空运单的含义

航空运单（airway bill）是承运人与托运人之间签订的运输契约，也是承运人或其代理人签发的货物收据。航空运单不是物权凭证，不能通过背书转让。收货人提货不是凭借航空运单，而是航空公司的提货通知单。航空运单还可作为核收运费的依据和海关查验放行的基本单据。在航空运单的收货人栏内，必须详细填写收货人的全称和地址，而不能做成指示性抬头。

微课：航空货运单

它与海运提单有很大不同，却与国际铁路运单相似。它是由承运人或其代理人签发的重要的货物运输单据，是承托双方的运输合同，其内容对双方均具有约束力。航空运单不可转让，持有航空运单也并不能说明可以对货物要求所有权。

（二）航空运单的作用

1. 航空运单是发货人与航空承运人之间的运输合同

与海运提单不同，航空运单不仅证明航空运输合同的存在，而且航空运单本身就是发货人与航空运输承运人之间缔结的货物运输合同，在双方共同签署后产生效力，并在货物到达目的地交付给运单上所记载的收货人后失效。

航空运单是承运人签发的已接收货物的证明。

航空运单也是货物收据,在发货人将货物发运后,承运人或其代理人就会将其中一份交给发货人(即发货人联),作为已经接收货物的证明。除非另外注明,它是承运人收到货物并在良好条件下装运的证明。

2. 航空运单是承运人据以核收运费的账单

航空运单分别记载着属于收货人负担的费用,属于应支付给承运人的费用和应支付给代理人的费用,并详细列明费用的种类、金额,因此可作为运费账单和发票。承运人往往也将其中的承运人联作为记账凭证。

3. 航空运单是报关单证之一

出口时航空运单是报关单证之一。在货物到达目的地机场进行进口报关时,航空运单也通常是海关查验放行的基本单证。

航空运单同时可作为保险证书。

如果承运人承办保险或发货人要求承运人代办保险,则航空运单也可用来作为保险证书。

4. 航空运单是承运人内部业务的依据

航空运单随货同行,证明了货物的身份。运单上载有关该票货物发送、转运、交付的事项,承运人会据此对货物的运输做出相应安排。

航空运单的正本一式三份,每份都印有背面条款,其中第一份交发货人,是承运人或其代理人接收货物的依据;第二份由承运人留存,作为记账凭证;最后一份随货同行,在货物到达目的地,交付给收货人时作为核收货物的依据。

二、航空运单的分类

航空运单主要分为两大类。

1. 主运单

凡由航空运输公司签发的航空运单就称为主运单(master air waybill,MAWB)。它是航空运输公司据以办理货物运输和交付的依据,是航空公司和托运人订立的运输合同,每一批航空运输的货物都有自己相对应的航空主运单。

2. 分运单

集中托运人在办理集中托运业务时签发的航空运单称作航空分运单(house air waybill,HAWB)。

在集中托运的情况下,除航空运输公司签发主运单外,集中托运人还要签发航空分运单。

航空分运单作为集中托运人与托运人之间的货物运输合同,合同双方分别为货 A、B 和集中托运人;而航空主运单作为航空运输公司与集中托运人之间的货物运输合同,当事人则为集中托运人和航空运输公司。货主与航空运输公司没有直接的契约关系。

不仅如此,由于在启运地货物由集中托运人交付航空运输公司,在目的地由集中托运人或其代理从航空运输公司处提取货物,再转交给收货人,因而货主与航空运输公司也没有直接的货物交接关系。

三、航空运单的缮制

航空运单与海运提单类似,也有正面、背面条款之分,不同的航空公司也会有自己独特的航空运单格式。但航空运单大多借鉴 IATA 推荐的标准格式,差别并不大。下面只介绍标准格式,也称中性运单。

(1) 填写始发站机场的 IATA 三字代码,由承运人填写。如果没有机场的 IATA 三字代码,可以填写机场所在城市的 IATA 三字代码。

① 印制或计算机打制承运人的票证注册代号。

② 货运单号码,由八位数字组成,前七位为顺序号,第八位为检查号。

微课:航空货运单的填写

(2) Shipper's Name and Address(托运人姓名和地址):填写托运人的全名,地址填写国家名称、城市、街道的名称、门牌号码、邮政编码和电话号码。

(3) Shipper's Account Number(托运人账号):根据承运人的需要,填写托运人账号。

(4) Consignee's Name and Address(收货人姓名和地址):填写收货人的全名,地址填写国家名称、城市、街道的名称、门牌号码、邮政编码和电话号码。收货人的姓名要与其有效身份证件相符,地址要详细,邮政编码和电话号码要清楚准确。因货运单不能转让,此栏内不可填写"TOORDER"(凭指示)字样。

动画:航空货运集中托运操作

(5) Consignee's Account Number(收货人账号):根据承运人的需要,填写收货人账号。

(6) Issuing Carrier's Agent Name and City(代理人名称和城市):填写制单代理人的名称及其所在的城市,应清楚、详细。

(7) Agent's IATA Code(代理人的 IATA 代号):在 NON-CASS 系统区,必须填写IATA 七位数字的代号;在 CASS 系统区,还应填写三位数字的地址代码及检查号。

(8) Account No.(代理人账号):根据承运人的需要,填写代理人账号。

(9) Airport of Departure(始发站机场):填写货物始发站的机场的名称,应填写英文全称,不得简写或使用代码。

(10) Accounting Information(结算注意事项):填写与结算有关的

动画:整箱货出口的业务环节

注意事项。

① 以现金或支票支付货物运费,应予注明。

② 以旅费证支付货物运费,仅限于作为货物运输的行李,填写旅费证的号码及应支付的金额,填写"客票及行李票"号码、航班、日期等。

③ 以政府提单支付货物运费,填写政府提单的号码。

④ 因无法交付而退回始发站的货物,在新的货运单的此栏内填写原货单号码。

(11) To(至):填写目的站或第一中转站机场的 IATA 三字代码。

① By First Carrier(第一承运人):填写第一承运人的全称或 IATA 两字代码。

② To(至):填写目的站或第二中转站机场的 IATA 三字代码。

③ By:填写第二承运人的全称或 IATA 两字代码。

④ To(至):填写目的站或第三中转站机场的 IATA 三字代码。

⑤ By:填写第三承运人的全称或 IATA 两字代码。

(12) Currency(币种):填写始发站所在国家的货币的三字代码(由国际标准化组织,即 IS 规定)。除(47)~(50)项栏以外,货运单上所有货物运费均应以此币种表示。

(13) CHGS Code(付款方式):填写货物运费的支付方式。

① CA:Partial Collect Credit-Partial Prepaid Cash,部分到付信用卡－部分预付现金。

② CB:Partial Collect Credit-Partial Prepaid Credit,部分到付信用卡－部分预付信用卡。

③ CC:All Charges Collect,全部货物运费到付。

④ CG:All Charges Collect by GBL,全部货物运费到付政府提单。

⑤ CP:Destination Collect Cash,目的站到付现金。

⑥ CX:Destination Collect Credit,目的站到付信用卡。

⑦ NC:Charge,免费。

⑧ PC:Partial Prepaid Cash-Partial Collect Cash,部分预付现金－部分到付现金。

⑨ PD:Partial Prepaid Credit-Partial Collect Cash,部分预付信用卡－部分到付现金。

⑩ PG:All Charges Prepaid by GBL,全部货物运费预付政府提单。

⑪ PP:All Charges Prepaid by Cash,全部货物运费预付现金。

⑫ PX:All Charges Prepaid by Credit,全部货物运费预付信用卡。

(14) WT/VAL(航空运费/声明价值附加费的付款方式):航空运费和声明价值附加费必须同时全部预付或到付,并在相应的栏目"PPD"(预付)、"COLL"(到付)内填写"×"。

(15) Other(其他费用的付款方式)。(37)和(38)项内的其他费用必须同时全部预付或到付,(37)和(38)项内的其他费用必须同时全部预付或到付,并在相应的栏目"PPD"、"COLL"内填写"×"。

(16) Declared Value for Carriage(供运输用声明价值):填写托运人向承运人办理货物声明价值的金额。托运人未办理货物声明价值,必须填写"NVD"(No. value declaration)

字样。

（17）Declared Value for Customs（供海关用声明价值）：填写托运人向海关申报的货物价值。托运人未办理此声明价值，必须填写"NCV"（No. customs value）字样。

（18）Airport of Destination（目的站机场）：填写货物目的站机场的名称，应填写英文全称，不得简写或使用代码。如有必要，填写该机场所属国家、州的名称或城市的全称。

（19）Flight/Date（航班/日期）：填写托运人已经定妥的航班/日期；填写托运人已经定妥的续程的航班/日期。

（20）Amount of Insurance（保险金额）：中国民航不代理国际货物的保险业务，此栏填写"NIL"或者"×××"等字样。

（21）Handling Information（储运事项）：填写货物在仓储和运输过程中所需要注意的事项。

① 对于危险物品，填写"详见随附货运单的危险物品申报单"或"危险物品——但不需危险物品申报单"或"仅限货机"等。

② 对于危险物品中包含有非危险物品，填写危险物品的件数。

③ 填写货物标志、数码以及货物包装方式等。

④ 填写除收货人姓名和地址栏以外的其他在目的站的被通知人的名称、地址以及联系方式等。

⑤ 填写随附货运单的文件的名称。

⑥ 填写需要做特殊说明的其他情况。

但必须注意，这些事项应不能超过承运人的仓储、运输能力。

（22）SCI（海关信息）：填写海关信息，仅在欧盟国家之间运输货物时使用。

（23）No. of Pieces RCP（件数/运价点）：填写货物的件数，如果所使用的货物运价种类不同，应分别填写。如果货物运价是分段相加运价，将运价组成点（运价点）的 IATA 三字代码填写在件数下面。

（24）Gross Weight（毛重）：与件数相对应，填写货物的毛重。

（25）Kg/Lb（毛重的计量单位）：填写货物毛重的计量单位，"K"或"L"分别表示"千克"或"磅"。

（26）Rate Class（运价种类）：填写所采用的货物运价种类代号。

M——minimum charge，最低运费。

N——normal rate，普通货物标准运价。

Q——quantity rate，重量分界点运价。

C——specific commodity rate，指定商品运价。

R——class rate surcharge，附加等级运价。

S——class rate reduction，附减等级运价。

U——unit load device basic charge or rate，集装货物基础运价。

(27) Commodity Item No.(商品代号)。

(28) Chargeable Weight(计费重量)：填写据以计收航空运费的货物重量。

(29) Rate/Charge(费率)：填写所适用的货物运价。

(30) Total(航空运费)：填写根据货物运价和货物计费重量计算出的航空运费额。

(31) Nature and Quantity of Goods(货物品名及数量，包括尺寸或体积)：填写货物的具体名称及数量。货物品名不得填写表示货物类别的统称，如不能填写电器、仪器、仪表等；鲜活易腐物品、活体动物等不能作为货物品名。托运人托运危险物品应填写其标准学术名称。作为货物运输的行李，应填写其内容和数量，或随附装箱清单。如果有分舱单，需要在该栏的顶部显示一句："CONSOLIDATION SHPT AS PER ATTACHED MANIFEST"。其中品名不能有更改，如果有鉴定，需要在品名的下面显示一句"NOT RESTRICTED AS PER SPECIAL PROVISION"。

填写每件货物的外包装尺寸或体积，单位分别用厘米和立方米表示，货物尺寸按其外包装的长×宽×高×件数的顺序填写。

(32) 根据承运人的要求，填写有关服务代号。

(33) Other Charges(其他费用)：填写其他费用的项目名称和金额。在始发站发生的其他费用，应全部预付或到付；也可以填写在运输过程中或目的站发生的其他费用，应全部预付或到付，未在此栏内列明的其他费用见(45)项；其他费用可以用下列代号表示。

  AC——animal container,动物容器费。

  AS——assembly service fee,集装服务费。

  AW——air waybill fee,货运单费。

  CD——clearance and handling-destination,目的站办理海关手续和处理费。

  CH——clearance and handling,始发站办理海关手续和处理费。

  DB——disbursement fee,垫付款手续费。

  FC——charge collect fee,货物运费到付手续费。

  GT——government tax,政府税。

  IN——insurance premium,代办保险手续费。

  LA——live animal,活体动物处理费。

  MA——miscellaneous-due agent,代理人收取的杂项费。

  MC——miscellaneous-due carrier,承运人收取的杂项费。

  MO——miscellaneous,杂项费，如牛栏、马厩的租用费。

  MZ——miscellaneous-due issuing carrier,制单承运人收取的杂项费。

  PK——packaging,货物包装费。

  PU——pick-up,货物提取费。

  RA——dangerous goods fee,危险物品处理费。

  SD——surface charge-destination,目的站地面运输费。

SO——storage-origin,始发站仓储费。

SR——surface charge-origin,始发站地面运费。

SU——storage-destination,目的站仓储费。

TR——transit,过境费。

TX——taxes,税款。

UH——ULD-handling,集装设备处理费。

在相应的其他费用代号后,加"C"表示该项费用由承运人收取,加"A"表示该项费用由代理人收取。

(34) Weight Charge(航空运费):填写航空运费总额,可以预付或到付,根据付款方式分别填写。

(35) Valuation Charge(声明价值附加费):填写按规定收取的声明价值附加费,可以预付或到付,根据付款方式分别填写。

(36) Tax(税款):填写按规定收取的税款额,可以预付或到付,根据付款方式分别填写,但是,必须同"Weight Charge""Valuation Charge"同时全部预付或同时全部到付。

(37) Total Other Charges Due Agent(交代理人的其他费用总额):填写交代理人的其他费用总额,可以预付或到付,根据付款方式分别填写。

(38) Total Other Charges Due Carrier(交承运人的其他费用总额):填写交承运人的其他费用总额,可以预付或到付,根据付款方式分别填写。

(39) 根据承运人的要求,填写应收取的有关费用额,可以预付或到付,付款方式分别填写。

(40) Total Prepaid(全部预付货物费用的总额):上述(34)~(39)项合计的预付货物运费的总额。

(41) Total Collect(全部到付货物费用的总额):上述(34)~(39)项合计的到付货物运费的总额。

(42) Signature of Shipper or His Agent(托运人或其代理人签字、盖章):由托运人或其代理人签字、盖章。

(43) Executed on(date)(填开日期):填写货运单的填开日期,年、月、日。

(44) at(place)(填开地点):填写货运单的填开地点。

(45) Signature of Issuing Carrier or its Agent(制单承运人或其代理人签字、盖章):由填制货运单的承运人或其代理人签字、盖章。

(46) For Carrier's Use only at Destination(仅限在目的站由承运人填写)。

(47) Currency Conversion Rates(汇率):填写到达地国家的币种和汇率。

(48) CC Charges in Dest. Currency(到付货物运费):填写根据"Currency Conversion Rates"中的汇率将"Total Collect"中的到付货物运费换算成的金额。

(49) Charges at Destination(目的站其他费用额):填写在目的站发生的货物运费额。

(50) Total Collect Charges，填写"CC Charge in Dest. Currency"和"Charges at Destination"的合计金额。

(51) Reference Number(证明编号)：填写托运人、代理人和承运人均认可的某些证明的编号。

(52) 承运人同意，填写某些事项。

(53) at(place)(提取货物地点)：填写收货人提取货物的地点。

(54) on(date/time)(提取货物时间)：填写收货人提取货物的日期(时间)。

(55) Signature of Consignee or His Agent(收货人或其代理人签字)：由收货人签字。

知识链接

航空运单填写注意事项

根据《华沙公约》第六条第一款与第五款的规定，托运人应当填写航空货运单正本一式三份，承运人根据托运人的请求填写航空货运单的，在没有相反证明的情况下，应当视为代托运人填写。其他法律体系关于本项的立法取向与华沙公约也是一致的。

可见，航空货运单的填写义务人是托运人，托运人应对自身提供的货物信息负责。退一步来说，即使托运人因为种种原因未能填写，那么在没有其他证据证明的情况下，航空承运人也有权代托运人填写。这里的"代为填写"实际是一种代理关系，托运人作为被代理人，根据法律规定，仍要对填写的内容承担责任。因此，这里的法律规定对承运人是有利的，所以托运人为保障自己的合法权益，准确、合理的要求填写货运单才是正确的做法。

实践中，航空货运单上往往记载着一些格式性的条款，并在揽货时反复多次使用，其中不乏一些限制、免除承运人责任的条款。那么这些条款是否有效呢？这要分几个层面来看，首先要看法律法规的规定，如果违反了法律、行政法规的强制性规定，这些条款是无效的。例如，在赔偿责任领域，航空法已经对赔偿的责任限制做出了强制性的规定，那么如果在航空货运单上对赔偿责任的约定低于法律规定的责任限制，这样的规定可以说是无效的。

另外，如果格式条款不违法，那么属于《民法典》第四百九十六条第二款规定的"限制其责任的条款"。该条款是否成为合同内容，应取决于当事人在订约时是否已经意识到该限制其责任条款的存在。判断该问题的法律依据是《民法典》第四百九十六条第二款的内容，即提供格式条款的一方应采取合理的方式提示对方注意免除或者减轻其责任等与对方有重大利害关系的条款，按照对方的要求，对该条款予以说明。提供格式条款的一方未履行提示或者说明义务，致使对方没有注意或者理解与其有重大利害关系的条款的，对方可以主张该条款不成为合同的内容。在航空货运实践中，如果存在这类条款，那么航空承运人或代理人最好在航空货运单的条款末尾处注明该类格式条款在货运单中具体的位置，以证明在揽货过程中尽到了注意义务，使格式条款真正成为合同内容，发生法律效力。

【样单】

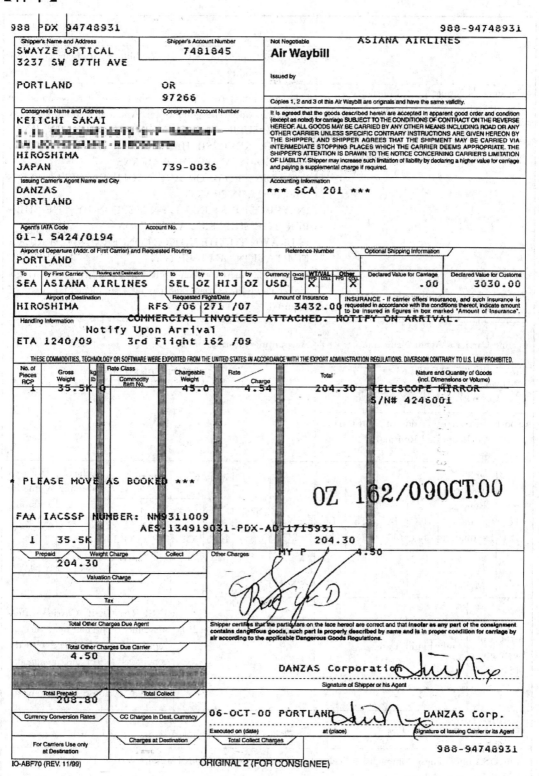

(1)	(2)	(3)			999-23031256
(4)		(5)			
			Copies 1,2 and 3 of this Air Waybill are originals and have the same validity.		
Consignee's Name and Address (6)		Consignee's Account Number (7)	It is agreed that the goods described herein are accepted for carriage in apparent good order And condition (except as noted) and SUBJECT TO THE CONDITIONS OF CONTRACT ON THE REVERSE HEREOF. ALL GOODS MAY BE CARRIED BY AND OTHER MEANS INCLUDING ROAD OR ANY OTHER CARRIER UNLESS SPECIFIC CONTRARY INSTRUCTIONS ARE GIVEN HEREON BY THE SHIPPER. THE SHIPPER'S ATTENTION IS DRAWN TO THE NOTICE CONCERNING CARRIER'S LIMITATION OF LIABILITY. Shipper may increase such limitation of liability by declaring a higher value for carriage and paying a supplemental charge if required.		
Issuing Carrier's Agent Name and City(8)			Accounting Information(20)		
Agent's IATA Code(9)		Account No. (10)	FREIGHT PREPAID		
Airport of Departure(Addr. of First Carrier) and Requested Routing(11)			(23)		

	By First Carrier Routing and Destination (13)	To (14)	By (15)	To (16)	By (17)	Currency (21)	CHGS Code (22)	WT/VAL		Other		Declared Value for Carriage (24)	Declared Value for Customs (25)
								PPD	COLL	PPD	COLL		
To (12)	MU504					CNY		×		×		NVD	NCV

Airport of Destination (18)	Flight/Date For carrier Use Only Flight/Date (19)	Amount of Insurance(26) NIL	INSURANCE-If Carrier offers insurance, and such insurance is requested in accordance with the conditions thereof, indicate amount to be insured in figures in box marked "Amount of Insurance"

Handing Information(27)

(For USA only)These commodities licensed by U. S. for ultimate destination ……….Diversion contrary to U. S. law is prohibited

No. of Pieces RCP(28)	Gross Weight (29)	Kg Lb (30)	Rate Class (31)	Commodity Item No. (32)	Chargeable Weight(33)	Rate Charge (34)	Total (35)	Nature and Quantity of Goods (incl. Dimensions or Volume)(36)
30CTNS	300	Kg	Q		300	50	15 000	100% COTTON SKIRTS Vol:3.6CBM

(37) Prepaid Weight Charge Collect		Other Charges(49)
AS ARRANGED		
(38) Valuation Charge		
(39) Tax		
(40) Total Other Charges Due Agent		Shipper certifies that the particulars on the face hereof are correct and that insofar as any part of the **consignment contains dangerous goods, such part is properly described by name and is in proper** condition for carriage by air according to the applicable Dangerous Goods Regulations. (50)
(41) Total Other Charges Due Carrier		
		LILIN
		··
		Signature of Shipper or His Agent
(42) Total Prepaid	(43) Total Collect	March 12, 2023 SHANGHAI CHINA LILIN
Currency Conversion Rates(44)	CC Charges in Dest. Currency(45)	·· Executed on(date)(51) at(place)(52) Signature of Issuing Carrier or its Agent(53)
For Carrier's Use only at Destination(46)	Charges at Destination(47)	Total Collect Charges(48) 999-08031256

思政园地

搭乘广交会巨轮扬帆远航

创办于1957年春天的中国进出口商品交易会,简称"广交会",每年春秋两季在广州举办,由商务部和广东省人民政府联合主办,中国对外贸易中心承办。广交会是中国历史最长、规模最大、商品种类最全、到会采购商最多且来源最广、成交效果最好、信誉最佳的综合性国际贸易盛会。50多年来,历经风雨的广交会被誉为中国外贸的晴雨表和风向标,是中国对外开放的窗口、缩影和标志。

这是一个永不落幕的大舞台,这是连接各国贸易的重要桥梁纽带,见证了来自世界各地企业的成长足迹，数不清的梦想在这里扬帆远航。

广交会创办之初，新中国的对外贸易刚刚起步，百废待兴。当时国家建设急需的大量物资、设备，如橡胶、化肥、钢材、机械等，甚至沥青都要从国外进口，但进口所需的外汇却很匮乏。外界对中国不了解，中国也亟须熟悉海外市场。

1957年春，中国举办了第一届广交会，向世界打开了一扇窗。来自19个国家和地区的1 200多名采购商参会，成交金额1 700多万美元，为当年全国现汇创收发挥了重要作用。

截至第126届，广交会累计出口成交额超1.4万亿美元，累计到会境外采购商约899万人，每届广交会展览规模达118.5万平方米，境内外参展企业约2.5万家，210多个国家和地区的约20万名境外采购商与会。

2020年第127届广交会在线上举办，近2.6万家境内外企业参展，来自217个国家和地区的境外采购商注册观展，采购商来源地分布创历史纪录。

2023年第134届广交会进口展参展企业650家，来自43个国家和地区，其中"一带一路"共建国家参展企业占比60%，成为参展主力。

广交会，仿佛一艘海上航行的巨轮，搭载着来自遥远国度的商旅们携手前行、畅通贸易、互利共赢，也承载着各国人民加深友谊、携手发展、增进福祉的共同梦想。

资料来源：http://www.mofcom.gov.cn/article/beltandroad/id2/chnindex.shtml.

 实例体验

1. 背景资料

卖方：SHENYANG TIANTIAN IMPORT AND EXPORT TRADE CORPORATION

电话：(024)6250××××

买方：YOUDA TRADE COPORATION

货名：COTTON SHIRT

H.S.：3177.2800

加工单位：沈阳天天服装进出口有限公司(张士开发区26号)

规格数量：L   3,000PCS
    M   2,000PCS
    S   1,000PCS

单价：L   USD10.00/PCS
   M   USD15.00/PCS
   S   USD15.00/PCS
   CIF BUSAN

支付方式：LC AT SIGHT

包装：PACKING IN 1 CARTON OF 10PCS EACH

重量体积：G.W.：10KGS/CTN   N.W.：30KGS/CTN   MEAS：0.60CM/CTN

装运地：YING KOU PORT

目的地：BUSAN PORT

合同号：UY20

许可证号：ZKZ08567123

贸易方式：一般贸易
海运费：20美元
出口口岸：营口海关(0941)
运输工具名称：HUANYANG13
经营单位代码：86445532999
登记号：6656AQ
货物存放地：沈阳市张士开发区海滨路66号

2. 要求

请以单证员王娜的身份，根据上述资料填制出口许可证申请表、装船通知、受益人证明等单证。

3. 出口许可证申请表

中华人民共和国出口许可证申请表

1. 进口商： 代码：	3. 出口许可证号：
领证人姓名： 电话：	
2. 收货人：	4. 出口许可证有效截止日期： 年 月 日
5. 贸易方式：	8. 进口国(地区)：
6. 合同号：	9. 付款方式：
7. 报关口岸：	10. 运输方式：
11. 商品名称：	商品编码：

12. 规格、型号	13. 单位	14. 数量	15. 单价(币别)	16. 总值(币别)	17. 总值折美元
18. 总计	件				

19. 备注	20. 签证机构审批(初审)： 经办人： 终审：
申请日期：	

中华人民共和国商务部监制　　　　第二联(副本)取证凭证

4. 装船通知

USSURE:	装船通知 SHIPPING ADVICE
TO	DATE
INVOICE NO.	L/C.
RE:	
QUANTITY: MEANS OF CONVEYANCE: DATE OF SHIPMENT: TRANSSHIPMENT:	VALUES: B/L NO. PORT OF LOADING: DESTINATION:
MARKS AND NUMBERS	NUMBER AND KIND OF PACKAGES; DESCRIPTION OF GOODS

5. 受益人证明

信用证中规定,"SHIPMENT MUST BE EFFECTED NOT ISRAELI VESSEL AND NOT CALL AT ANY ISRAELI PORTS, AND NOT BLACKLISTED VESSEL."则有关运输方面的证明如下。

BENEFICIARY'S CERTIFICATE

MESSRS:

DATE:

FAX NO.:

PLACE.:

RE:INV. NO. _____ ,L/C NO. _____

任务六 缮制其他运输单据

任务导入

大连欣欣进出口有限公司张爽在办妥租船订舱手续后,还会应用到其他运输单据。

装货单是出口货物托运中的一张重要单据,它既是托运人向船方(或陆路运输单位)交货的凭证,也是海关凭以验关放行的证件。只有经海关签章后的装货单,船方(或陆路运输单位)才能收货装船、装车等。因此,实际业务中,装货单又称关单。

一、装货单

1. 装货单的含义

装货单(shipping order)又称关单,俗称下货纸,是船公司或其代理签发给货物托运人的一种通知船方装货的凭证,船公司收到托运单后,根据船舶配载原则,结合货物和具体航线、港口的情况,安排船只和舱位,然后签发S/O表示船公司接受这批货物的承运。S/O一经签发,承运、托运双方即受其约束。同时,托运人凭船公司签章的装货单要求船长将货物装船之前,还需先到海关办理货物装船出口的报关手续,经海关查验后,在S/O上加盖海关放行章,表示该票货物已允许装船出口,才能要求船长装货。装货单是办理订舱的基本单据,是出口货运中的重要单据之一。

按国际一般惯例,装货单一般是一式三联。第一联留底,为船方缮制装货清单之用;第二联是装货单;第三联为收货单,即大副收据。目前,由于海关管理方式有所变化,出口企业一般难以取得海关签章的出口货物装货单,出口货物装货单也可不需要海关签章。

2. 装货单的内容

装货单的内容主要反映了货物信息和船务信息。

(1) Shipper or Consignor(发货人)。一般情况下,此栏填写合同的卖方或是信用证项下的受益人的名称及地址。如果第三方为发货人,只要信用证没有禁止,本栏可填第三方作为发货人。

(2) Consignee(收货人)。此栏按合同或信用证的规定填写,实际业务中一般都要求把收货人写成指示式,以方便收货人在货物到港后对货物的处理。

(3) Notify Party(被通知人)。提单的收货人常写成指示式,所以要让船方了解货物到达目的港后的实际收货人或代理人的联系方式。此栏应根据信用证的要求填写具体名称、地址或联系电话。

(4) Pre-carriage by(前段运输)。此栏可以不填,一般适用于联运货物情况下填写第一程运输方式的运输工具名称或车皮号码。

(5) Place of Receipt(收货地点)。若港至港海运方式,此栏可以不必填写;若系联合运输方式,则应根据信用证上所规定的"From"后的××地方填注。

(6) Vessel(船名)、Voy. No(航次),指海运段运输船舶的名称及航次号。

(7) Part of Loading(装货港),指实际的装货港口名称。此栏应按信用证的要求填写。

(8) Part of Discharge(卸货港),指实际的卸货港口名称。此栏应按信用证的要求填写。

(9) Place of Delivery(交货地点)。如果是转船运输,就要在此栏填写实际卸货港口名称,并在上面的卸货港处填写转船港口名称。如果是联运,此栏填写联运的最终陆路目的地。

(10) Final Destination(最终目的地),指联运货物的最终目的地。

(11) Container No.(集装箱号)。租船订舱时由船公司填写拟租给发货人使用的集装箱号码。

(12) Seal No. Marks & Nos.(封志号及标记与号码)。封志是指向出口地海关申报得到海关放行后,由海关发放的用于锁集装箱门的一种铅封。这种铅封是一次性的,锁上后,只有毁坏后才能打开集装箱门。封志号就是铸在铅封上的号码,每个铅封上都有专用的号码,不能重复。

(13) Kind of Packages;Description(包装种类与货名)。包装种类是指货物的运输包装或外包装。货名按合同或信用证上的货物描述填写。

(14) No. of Containers or Packages(箱数或件数),指集装箱数量或外包装数量,以阿拉伯数字表示。

(15) total No. of Containers or Packages in Words(集装箱数或件数合计(大写)),指以大写即文字表示的集装箱数量或是货物的外包装数量。

(16) Gross Weight(毛重),即货物的总毛重。

(17) Measurement(尺码)。货物的外包装尺寸,即外包装的长×宽×高。

(18) Service Type on Receiving and Delivery(集装箱交接方式),指集装箱在出口地和进口地交接货物的地点,应明确承运人是在出口地的哪处接货,又在进口地的何处交货。

(19) Reefer Temperature Required(冷藏集装箱的冷藏温度要求),指发货人对承运人要求在运输过程中需要对集装箱设定的冷冻温度,以防货物变质。

(20) No. of Original B(S)/L(提单份数),指发货人要求承运人签发正本提单的份数。

(21) Prepaid at or Payable at(付运费地),指支付运费的地点,以便承运人确定在何处收取运费。这里主要包括预付地点和到付地点。

(22) by Terminal Clerk(场站员签字)。在货物装集装箱后,需进入集装箱货运站或堆场等待装船。在进入集装箱货运站或堆场时,需要值班人员签收货物,此处是值班人员接收货物后签字处,表明按此场站收据上列明的货物情况收妥。

(23) Place of Issue(签发地点),指签发提单的地点,应填写船公司或代理人所在地。

(24) Total Prepaid(预付总额),指支付预付费用的总数。

(25) Place of Cargo(货物类型),指货物是普通货物还是冷藏货物,或是否属于危险品还是其他需要特殊说明的货物。

(26) Class and Property of Dangerous(危险品级别和类型)。按照《危险化学品安全管理规定》,应标明危险品的等级和类型。

3. 装货单的作用

(1) 装货单是承运人确认承认货物的证明。承运人签发装货单,即表明已办妥托运手续,承运人已同意承运单上所列货物。装货单一经签订,运输合同即告成立。

(2) 装货单是海关对出口货物进行监管的单证。托运人凭装货单及其他有关单证办理出口报关手续,海关核准出口,即在装货单上加盖海关放行章。

(3)装货单是承运人通知码头仓库或装运船舶接货装船的命令。托运人将装货单连同货物送交承运人指定的仓库或船舶,理货人员按积载计划由装卸工人分票装船后,即将实装货物数量、装舱部位及装船日期写在装货单上,交船方留存备查。

 实例体验

1. 背景资料

大连申达国际物流有限公司接到大连欣欣进出口有限公司2023年10月25日传来的委托书后,缮制装货单,向船公司办理租船订舱手续,确定船名为DONGFENG.012E,集装箱号码为SYTU 6640427,船期为2023年10月30日,提单号为BL2023。

(1)信用证(见附件)。

(2)发票号码为DL0016,开票日期为OCT.10,2023。

(3)信用证项下的货物包装规格及唛头如下。

POWER TOOLS:每10PCS装一个纸箱

唛头:M.E
　　　DL2023
　　　LONDON
　　　CTNS# 1-60

(4)毛重:33GS

(5)净重:30KGS。

2. 信用证资料

ISSUING BANK:BANK OF ENGLAND

ADVISING BANK:BANK OF CHINA DALIAN

APPLICANT:F.F COMPAY 3-7 HOLY GREEN LONDON UK

BENEFICIARY:DALIAN XINXIN CO.,LTD. 62,RENMIN ROAD DALIAN,CHINA

FORM OF L/C:IRREVOCABLE

L/C NO.:LC2023

ISSUE DATE:23.9.23

EXPIRY DATE/PLACE:23.11.20 IN COUNTRY OF BENEFICIARY

L/C AMOUNT:USD7,100.00

AMOUNT SPECIFICATION:CFR

AVAILABLE WITH/BY:FREELY AVAILABLE BY NEGOTIATION

DRAFTS:AT SIGHT DRAWN ON OURSELVES

TRANSPORT DETAILS:FROM DALIAN PORT NOT LATER THAN 15TH APRIL 2023 TO LONDON UK

DESCRIPTION OF GOODS:POWER TOOLS

DOCUMENTS REQUIRED:CERTIFICATE OF ORIGIN FORM A DULY NOTARIZED IN SIX COPIES.

CONDITIONS：CONSIGNEE-BIG TREE BUSINESS CO.,LTD. SUNRISE STREET EAST,LONDON. UK

3. 装货单

Shipper 发货人 DALIAN XINXIN IMPORT AND EXPORT CORPORATION				D/R No.（编号） 装货单	
Consignee 收货人 TO ORDER				场站收据副本	
Notify Party 被通知人 PETRICO INTERNATIONAL TRADING CORP. UO SHEPPARD ARENUE EAST SUITE 406 WILLOWDALE ONTARIO CANADA M2K W2				RECEIVED BY THE CARRIER THE TOTAL NUMBER OFCONTAINERS OR OTHERPACKAGES OR UNITS STATED BELOW TO BE TRANSPORTED SUBJECT TO THETEMS AND CONDITIONS OF THE CARRIER'S REGULAR FROM OF BILL OFLADING (FOR COMBINED TRANSPORT OR PORT TO PORT SHIPMENT) WHICHSHALL BE DEEMED TO BE INCORPORATE HEREIN DATE(日期)：	
Pre Carriage by 前段运输		Place of Receipt 收货地点		场地章	
Ocean Vessel 船名 DONGFENG A	Voy. No. 航次 V.012E	Port of Loading 装货港 DALIAN		Final Destination 最终目的地	
Port of Discharge 卸货港 LONDON		Place of Delivery 交货地点			
Container No. 集装箱号	Seal No. 封志号 Marks & Nos. 标记与号码 M.E DL2023 LONDON CTNS# 1-60	No. of Containers or Packages 箱数或件数 600PCS	Kind of Packages：Description of Goods 包装种类与货名 POWER TOOL	Gross Weight 毛重（公斤） FREIGHT	Measurement 尺码（立方米） PREPAID
Total No. of Containers or Packages in Words 集装箱数或件数合计（大写）		SAY SIXTY CARTONS ONLY			
Container No. 箱号	Seal No. 封志号	Pkgs. 件数	Container No. 箱号	Seal No. 封志号	Pkgs. 件数
			Received 实收	by Terminal Clerk 场站员签字	
Freight & Charge	Prepaid at 预付地点 DALIAN	Payable at 到付地点		Place of Issue 签发地点 DALIAN	
	Total Prepaid 预付总额	No. of Original B(S)/L 正本提单份数 THREE		BOOKING 订舱确认	
Service Type on Receiving □—CY,□—CFS,□—DOORS		Service Type on Delivery □—CY,□—CFS,□—DOOR		Reefer Temperature Required 冷藏温度　　　°F　　°C	

TYPE OF GOODS 种类	☐Ordinary, 普通	☐Reefer, 冷藏	☐Dangerous, 危险品	☐Auto. 裸装车辆	危险品	Glass: Property:
	☐Liquid, 液体	☐Live Animal, 活动物	☐Bulk, 散货	☐		IMDG Code Page: UN NO.

二、提货单

1. 提货单的含义

提货单（delivery order）又称小提单，是收货人凭正本提单或副本提单随附有效的担保向承运人或其代理人换取的，可向港口装卸部门提取货物的凭证。发放小提单时应做到以下几点。

（1）正本提单为合法持有人所持有。

（2）提单上的非清洁批注应转入小提单。

（3）当发生溢短残情况时，收货人有权向承运人或其代理人获得相应的签证。

（4）运费未付的，应在收货人付清运费及有关费用后，方可发放小提单。

在通常情况下，收货人或其代理人收到到货通知书后，应凭正本提单和到货通知书到船公司或其代理处办理换单事宜。按照提单的有关规定，除特殊情况外，船公司或其代理人只要收到正本提单就有义务对提单持有人签发提货单，因此，经审核提单无误后，船公司或其代理人应在提货单上加盖船公司或其代理的"进口提货章"。如果发货人已经办理电放手续的，货运代理公司可以凭收货人出具的保函，向在卸港的船公司机构或其代理办理电放提货手续，这样更便于收货人及早提取货物。

2. 提货通知书

提货通知书（delivery notice）是船公司卸港代理向收货人或通知人发出的船舶预计到港时间的通知。它是船公司卸港代理在掌握船舶动态的基础上，根据装货港船公司代理寄来的提单副本上所记载的有关货运资料编制的。这里船公司并不承担因通知不着或不及时而引起的责任风险。

3. 交货记录的构成及内容

（1）交货记录的构成。交货记录联单共一式六联，分别为第一联到货通知书（白色）、第二联提货单（白色）、第三联费用账单（蓝色）、第四联费用账单（红色）、第五联交货记录（白色）、第六联交货记录（白色）。

（2）交货记录的内容。六联单在内容上均具有船、货等方面说明的栏目，其中包括收货人名称、地址、开户银行与账号、船名、航次、启运港、目的地、提单号、交付条款、到付运费、卸货地点、到达日期、进库场日期、一程运输、标记与集装箱号、货名、集装箱数、件数、重量、体积。

提货单联在这里增加了存放箱/货的港区、场站的名称以及提供船代、收货人、海关等部门盖章确认的栏目。

4. 换领提货单的操作要点

（1）换单日期。船公司委托船代公司在船舶抵港后开始换发小提单，若需确认实际换单日,应详细咨询。

(2) 换单方式。正本提单需有收货人完整的背书。收货人如为"TO ORDER OF SHIPPER"或"TO ORDER",则必须提供发货人完整背书。如无背书,需交回全套正本提单(共三份)。

(3) 电报放货。需出具有收货人盖章确认的提单副本和船代公司指定的电放保函。

(4) SEA WAYBILL。需出具有收货人盖章确认的提单副本和船代指定的电放保函。

(5) 银行担保放货。需联系发货人,并在启运港通知本公司,确认收货人在目的港银行担保放货。换领小提单前,收货人需与本公司进口有关人员联系并提供副本提单、正本银行保函。

(6) 收货人提供文件注意事项。

① 副本提单的背书必须与收货人一致。

② 正本银行保函上需有收货人和担保银行的盖章;银行担保内容需与收货人提供的提单内容一致;同时银行保函上不得有诸如担保期限、担保金额等附加条款。

(7) 小提单遗失后的处理方法。在货物尚未被提领的情况下,船东才可接受小提单补发。原以正本提单、电报放货或 SEA WAYBILL 换取小提单者:缴交登报一日的报纸或登报收据;收货人盖章的正本保函;单证重制费。原以银行担保书换取小提单者:请银行重新开立银行担保或由收货人另行押款,押款金额为进口货值的 1.5 倍;收货人盖章的正本保函;单证重制费。

(8) 票据收受规定。银行本票/银行汇票的有效期为 30 天。银行本票/银行汇票的抬头显示为空白。

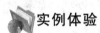 **实例体验**

1. 背景资料

大连申达国际物流有限公司从提单上得知提单是由 RUIFENG COMPANY LTD. 签发的,随即在网上查询船期表,确定船舶将于 2024 年 2 月 6 日到达大连港。同时 COSCO DALIAN 也接到 RUIFENG COMPANY LTD 的通知并通过 PETRICO INTERNATIONAL TRADING CORP. 与大连申达国际物流有限公司取得联系,由 COSCO DALIAN 及时将船舶运行动态通知大连申达国际物流有限公司。确定船期后,大连申达国际物流有限公司应持由 PETRICO INTERNATIONAL TRADING CORP. 作为被背书人做背书(即在提单的被背书人处签字盖章)的提单,到 COSCO YINGKOU 换取提货单。

发票号码为 DL0016,开票日期为 MAR. 12,2024。

信用证项下的货物包装规格及唛头如下。

POWER TOOLS:每 10PCS 装一纸箱。

唛头: M. E
　　　　DL2023
　　　　LONDON
　　　　CTNS# 1-60

2. 提货单

大连金元集装箱船务代理有限公司
JINYUAN DALIAN CONTAINER SHIPPING AGENCY CO., LTD.
提 货 单
DELIVERY ORDER

收货人/通知方： SAME AS CONSIGNEE
___地区、场、站 TO ORDER OF YINGKOU MATSUDA   ___年___月___日

船名 SUDA.V	航次 012E	启运港 DALIAN	目的港 LONDON
提单号 BL2023	交付条款 CFS-CFS	到付海运费	合同号
卸货地点	到达日期 2024/03/02	进库场日期	第一程运输
货名	POWER TOOL	集装箱号/铅封号	
集装箱数	1×20′	SYTU 6640427	
件 数	60CARTONS		
重 量			
体 积			
标 志			
M.E DL2023 LONDON CTNS# 1-60			
请核对放货	大连金元集装箱船务代理有限公司		
凡属法定检验、检疫的进口商品，必须向有关监督机构申报。			
收货人章	海关章		

三、到货通知书

1. 到货通知书的含义

到货通知书(arrival notice)是船公司卸港代理在集装箱卸入集装箱堆场，或移至集装箱货运站，并办好交接准备后，以书面形式向收货人发出的要求收货人及时提取货物的通知。

到货通知书是在集装箱卸船并做好准备后，将五联单中的第一联（到货通知联）寄交收货人或通知人。收货人持正本提单和到货通知书至船公司或船代付清运费并换取其余四联。到货通知书除确认提货日期外，也是日后结算集装箱或货物堆场费，防止在费用计算上发生纠纷的单证。

2. 到货通知书的填制要求

到货通知书除进库日期外,所有栏目均由船舶代理填制,其余四联相对应的栏目同时填制完成。

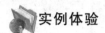
实例体验

中国外运大连公司
SINOTRANS DALIAN CORP.　No.0015640
到 货 通 知 书
ARRIVAL NOTICE

收货人:大连欣欣进出口有限公司
地址:
您单位下列进口货物已抵港,请速凭本提单来我司办理提货手续。　2024 年 3 月 31 日

收货人开户银行账号						
船名	SUDA	航次	0359	起运港　LONDON	目的地　DALIAN	
提单号	BL2023	交付条款		到付海运费　到付	合同号	
卸货地点	DALIAN	抵港日期	2024/03/31	进库场日期	第一程运输	
货名	POWER TOOL			集装箱号/铅封号		
集装箱数	1×20′	GVDU2095564/201256				
件数	60					
重量	2886					
体积	0.66CBM					
	标　志					

以上货物已运抵港,请持正本提单及有关单证来我司办理提货手续。为了不影响提货以及避免不必要的经济损失,请注意下列事项:
1. 请确认正本提单背书是否完整。
2. 请核对到货通知书的内容和正本提单是否一致,如有不符,请立即和我司联系。
3. 如此货已做电放,请在提单复件背书确定身份的同时出具收货人盖有公章的保函。
4. 货物抵港后,如未及时提货(通常为普通箱 10 天,特种箱 7 天)将收取相应的集装箱超期使用费。
5. 根据海关的有关规定,收货人应在货物进境之日起 14 天内向海关申报,逾期未申报的由海关征收相应的滞报金。超过 3 个月未向海关申报的,其进口货物由海关没收。
6. 如需委托我司代为报关、转运服务的,请及时和我司联系。

　地址:大连市中华路 135 号外运大厦　　　　　邮编:110001
　电话:0411-2306××××
　传真:0411-2267××××

实训操练

1. 背景资料

2023年3月沈阳天天进出口贸易公司与韩国YOUDA COMPANY签订了一笔买卖纯棉T恤的合同。买方按要求开来了不可撤销信用证。相关资料见S/C NO.：SY2023，L/C NO.2023SYTT。

卖方：SHENYANG TIANTIAN IMPORT AND EXPORT TRADE CORPORATION

电话：(024)6250××××

买方：YOUDA TRADE CORPORATION

货名：COTTON SHIRT

H.S.：3177.2800

加工单位：沈阳新自达服装有限公司（张士开发区26号）

规格数量：L　3,000PCS
　　　　　M　2,000PCS
　　　　　S　1,000PCS

单价：L　USD10.00/PCS
　　　M　USD15.00/PCS
　　　S　USD15.00/PCS
　　　CIF BUSAN

支付方式：BY/LC

包装：PACKING IN 1 CARTON OF 10SET EACH

重量体积：G.W.：5KGS/CTN　　N.W.：4.5KGS/CTN　　MEAS：0.3M/CTN

装运地：YINGKOU PORT

目的地：BUSAN PORT

合同号：SY2023

许可证号：ZKZ08567123

贸易方式：一般贸易

海运费：26美元

出口口岸：营口海关(0941)

运输工具名称：SHUNFENGA5W

经营单位代码：86445532999

登记号：6675A

货物存放地：沈阳市于洪区张士开发区海滨路32号

2. 要求

请以单证员身份，根据上述资料填制出口许可证申请、报关单及装船通知书等单证。

模块七

单据审核

学习目标

知识目标

1. 熟悉合同条款,掌握信用证内容和其他相关信息。
2. 掌握发票、装箱单等各种单据的审核方法和审核要点。
3. 掌握装船通知等其他附属单据的审核方法和审核要点。
4. 掌握主要结汇单据的审核要点。
5. 掌握其他附属单据的审核要点。

能力目标

1. 能读懂外贸合同条款,L/C 条款。
2. 能根据所给背景资料审核单据,做到单单相符,单证相符。
3. 能根据所给资料审核主要结汇单据。
4. 能根据所给资料审核其他附属单据。

任务导入

张爽完成主要单据的缮制后,还要完成结汇单据及其他单据的审核,以做到单单相符、单证相符、单同相符。

进出口货物单据的审核是进出口合同履行过程中的一个重要环节。货物单据不仅是进口人付款的依据,也是用于核对卖方所提供货物是否与合同相符的凭证。所以,做好进出口单据的审核工作也尤为重要。单证的审核是对已经缮制,备妥的单据对照信用证(在信用证付款情况下)或合同(非信用证付款方式)的有关内容进行单单、单证的及时检查和核对,发现问题,及时更正,达到安全收汇的目的。

一、单据审核的要求

(一)企业审单的要求

出口企业在审核单据时的基本要求如下。

1. 及时性

及时性是指出口企业应及时对有关单据进行审核。如遇单据上出现

微课:单据的审核

差错,可以及时发现并更正,以避免因单据审核不及时而导致各项工作陷入被动局面。

2. 全面性

全面性是指出口企业应当从安全收汇和全面履行合同的高度来重视单据的审核工作。一方面,应对照信用证和合同认真审核每份单证,不放过任何一个不符点;另一方面,要善于处理所发现的问题,加强与各有关部门的联系和衔接,使发现的问题得到及时、妥善的处理。

3. 单单相符、单证相符

单单相符、单证相符是出口企业安全收汇的前提和基础。所提交的单据中存在的任何不符,哪怕是细小的差错都会造成一些难以挽回的损失。

(二)银行审单的要求

银行审单应遵循以下要求。

(1) 遵照《跟单信用证统一惯例》的规定。

(2) 遵照信用证所规定的条件、条款。

(3) 结合银行的经营策略与操作规程。

(4) 遵循普遍联系的观点。

(5) 合情、合理、合法。

(6) 了解单据的功能及用途。

二、单据审核的方法

(一)企业审单的方法

企业审单的方法包括纵向审核法和横向审核法两种方法。

1. 纵向审核法

纵向审核法是以信用证条款为基础,对规定的各项单据进行逐字逐句的审核,要求有关单据的内容严格符合信用证的规定,做到单证相符。在进行纵向审核时,应注意以下两点。

(1) 仔细分析信用证。信用证中每涉及一种单据,即按单据条款核对相对应的单据,以达到单证一致。如果发现有与信用证不一致之处,应做好记录,以免遗漏。

(2) 按信用证审核完所有的单据后,剩下的则属于交单人交来的信用证未规定的单据,应选择退还交单人。

2. 横向审核法

横向审核法是在纵向审核的基础上,以商业发票为中心审核其他规定的单据,使单据与单据之间所有的项目相互一致,做到单单相符。在进行横向审核时,要注意以发票为中心,将其他单据与发票的相同资料及有关的项目予以核对。

(二)银行审单的方法

银行在收到信用证受益人提交的单据后,也要对单据进行全面、细致的审核。银行审单的方法主要有先数字后文字法、先简后繁法、按装运日期审单法、分地区客户审单法、先读后审法。

三、单据不符的处理

信用证作为迄今为止最受世界各国进出口贸易商青睐、使用最广泛的国际结算工具,能够大幅提高收汇的安全性，但这并不表示信用证在收汇上绝对安全。近年来，贸易诈骗的手段层出不穷，不法商人与银行勾结的现象屡见不鲜，往往使受益人防不胜防。这些都给受益人做到单单相符、单证相符带来了一定困难，使受益人不得不在实际业务中更加谨慎。

（一）单据不符的原因

所谓单据不符，是指出口商（即信用证受益人）向银行提交的单据包含有不符合信用证条款规定的内容，致使单证不符、单单不符或单据本身内容不完整。单据不符产生的原因很多，概括起来主要有以下几种。

（1）制单员的业务知识局限和操作疏忽。
（2）信用证本身的缺陷。
（3）受益人在经营过程中的脱节。
（4）过分信赖银行。

（二）单据不符的处理办法

1. 议付行对单据不符的处理

议付行对单据不符的处理有以下几种方法。

（1）将单据退回受益人修改。
（2）担保议付。
（3）向开证行发电要求授权议付。
（4）寄单行将单据寄给开证行，款项收妥后再付给受益人。
（5）照常议付。

2. 开证行对单据不符的处理

作为开证行，收到议付行或付款行、承兑行寄来的单据后也要进行审核。若有不符点，决定拒付时，要注意以下几点。

（1）开证行提出的不符点必须明确，且以单据为依据，没有提出具体不符点的拒付不能构成完整的拒付通知。
（2）开证行提出的不符点必须是合理的，即开证行提出的不符点必须是实质性的不符点。
（3）开证行必须以自身的名义提出不符点拒付，以开证申请人认为单证有不符点为由提出拒付。
（4）开证行必须在合理的时间内提出拒付，即在收到单据次日起的五个工作日内提出拒付。
（5）开证行必须一次性提出所有不符点。
（6）拒付电必须包含"拒绝接受"的字样，并声明代为保留单据听候处理。

（三）信用证遭拒付后的处理

信用证遭拒付后，受益人应按以下步骤进行处理。

1. 判断银行拒付是否成立，判断银行拒付的行为是否正当

一般来说，银行拒付的理由可能有以下几种。

（1）与 UCP600 的相关规定有出入。
（2）要求受益人提交信用证未要求提交的单据。

(3)故意行为。

2. 银行拒付成立时的妥善处理

如果信用证遭拒付确实是由于受益人提交的单据不符造成的,则出口商此时应视其具体情况进行适当的处理。

(1)改正不符点并重新寄单。

(2)说服进口商和开证行接受单据。

(3)了解货物情况。

(4)随证托收。

四、审单的一般过程

(一)银行审单

我国进口业务大多采用信用证付款方式,国外出口人将货物装运后,即将全套单据和汇票交出口地银行转我方进口地开证行或指定付款行收取货款。按照我国现行的做法,开证行收到国外寄来的全套单证以后,应根据信用证条款全面地、逐项地审核单据与信用证之间、单据与单据之间是否相符。为了减少不必要的风险,开证行的审核应严格进行,特别注意以下几个问题。

(1)所收单据的种类、份数与信用证要求是否相符,与议付行寄单回函中所列的是否相符。

(2)汇票、发票上的金额是否一致,与信用证规定的最高金额相比是否超额,与议付行寄单回函所列金额是否一致。

(3)所有单据中对货名、规格、数量、包装等描述是否与信用证要求相符。

(4)货运单据的出单日及内容是否与信用证相符。

(5)核对货运单据、保险单据等其他单据的背书是否有效。

知识链接

MAXIMUM——根据不同的操作产生不同的结果

目前,大部分银行在审单结束后通知申请人审单结果。若申请人同意接受单据,开证行则付款放单或承兑放单。付款一般会在第六个或第七个工作日进行。在UCP600实施以后,特别是条款中的"MAXIMUM"一词可能会根据不同的操作产生不同的结果。

(1)开证行审单,认为单证相符,则立即付款/承兑。这种做法的问题不大。

(2)开证行审单,认为单证相符,然后保留单据到第五天付款。这样,议付银行可向开证行催讨从审单结束到付款之间的利息。

(3)开证行审单,认为单证不符,但开证行及申请人接受不符点,开证行立即付款/承兑。这种做法的问题不大。

(4)开证行审单,认为单证不符,开证行立即电提。这种做法的问题也不大。

(5)开证行审单,认为单证不符,开证行及申请人接受不符点,开证行保留单据,但到第五天电提。这种做法很危险,可能会被认为是故意拖延时间导致信用证过有效期,使受益人无法及时更改单据。

(6) 开证行不审单,直到第五天才审单。这种做法也很危险,会被认为没有及时处理单据而导致受益人延误收款。

(二) 企业审单

进口企业收到开证行交来的全套货物单据和汇票后,应根据合同和信用证的规定认真审核单据,首先应审核各种单据的内容是否符合信用证要求,单据的种类和份数是否齐全,即单证(单同)是否一致。同时,以商业发票为中心,将其他单据与之对照,审核单单是否一致。进口企业审单后,如没有提出异议,开证行则按即期汇票或远期汇票履行付款或承兑的义务。进口企业凭开证行的付款通知与收货单位结算。

(三) 不符点单据的处理

对于不符点单据,开证行和进口企业有权拒付。对于性质轻微的不符点,进口企业可以采取以下几个措施。

(1) 部分付款,部分拒付。
(2) 验货合格后付款(先报关提货,后付货款)。
(3) 凭担保付款(卖方出具货物与合同一致的担保)。
(4) 更正单据后付款。

五、主要结汇单据的审核

(一) 商业发票的审核

1. 商业发票的审核要点

(1) 确保商业发票的签发人是信用证的受益人。
(2) 除非信用证另有规定,确保发票的抬头为信用证的申请人。
(3) 商品的描述必须完全符合信用证的要求。
(4) 不能冠名为"形式发票"或"临时发票"。
(5) 确保没有将会对货物状况或价值引起怀疑的任何附加的、不利的对货物的描述。
(6) 未被信用证准许时,银行不接受发票上对货物是"用过的""旧的""重新改造的""修整"批注。
(7) 信用证中提及的货物、价格和条款等细节必须包含在发票中。
(8) 确保发票上提供的其他资料,如唛头、号码、运输资料等与其他单据相一致。
(9) 确保发票上的货币与信用证货币相一致。
(10) 发票的金额不得超出信用证的金额。
(11) 发票的金额必须与汇票金额相一致。
(12) 如不允许分批装运,确保发票必须包括信用证要求的整批装运货物价值。
(13) 确保信用证要求,发票已被签字、公证人证实、合法化、证明等。
(14) 提交正确的正本和副本份数。

2. 商业发票的常见不符点

(1) 发票名称不符合信用证规定。
(2) 发票的出票人不是信用证的受益人。
(3) 发票的抬头人与信用证要求不符。除非信用证另有规定,发票的抬头人应为信用

动画:CIF 价格术语下,外贸单据操作的时间顺序

证的开证申请人,即合同的进口方。

(4) 进口商名称与信用证上的开证申请人不同。

(5) 货物数量、发票金额及单价与信用证不一致或不在信用证允许的增减幅度之内。

(6) 发票对货物的描述与信用证中的货物描述不相符,如信用证上既有总货名又有具体货名,而发票上只有总货名没有具体货名。

(7) 发票上的装运港或目的港与提单不一致。

(8) 发票上的贸易术语与信用证不一致。这种情况比较常见。例如,发票上的贸易术语是"FOB SHANGHAI",而信用证上的贸易术语则是"CIF SHANGHAI"。

(9) 发票上的佣金或折扣与信用证或合同的规定不一致。

(10) 遗漏信用证要求、表明和证明的内容,或缮制发票时照抄照搬来证中的证明词。

(11) 货物包装,注有"用过""旧货""重新装配"等字样。

(12) 发票未按信用证的规定签名盖章。例如,信用证中要求"SIGNED COMMER-CIAL INVOICE",则发票应加盖相关印章才能生效。

(二) 汇票的审核

1. 汇票的审核要点

(1) 确保汇票有正确的信用证参考号。

(2) 确保汇票有当前的日期。

微课:汇票的审核示范

(3) 汇票的出票人签字和/或名称应与受益人的名称一致。

(4) 确保汇票填制的付款人正确,不应以申请人作为汇票付款人。

(5) 汇票上金额的大小写必须一致。

(6) 付款期限要符合信用证中的规定。

(7) 汇票金额不得超出信用证金额。

(8) 汇票金额应与发票金额相符。

(9) 确保收款人的名称已被验明。

(10) 确保已按需要正确地背书。

(11) 没有限制性背书。

(12) 确保它包含信用证要求所必需的条款。

(13) 除非信用证授权,否则不开立无追索权的汇票。

2. 汇票的常见不符点

(1) 汇票的出票日期迟于有效期。

(2) 汇票的金额大于信用证的金额。如信用证无特殊规定,此类汇票将被拒付。

(3) 汇票上的金额大、小写不一致或汇票大写金额不准确,大写金额最后漏填"ONLY"一词。

(4) 货币名称与发票或信用证不一致。

(5) 汇票的付款期限与信用证规定不符,或未明确付款日期。

(6) 出票人未签字。此类汇票将无效。

(7) 汇票提交的份数不正确。

(8) 未按规定列明出票条款。

(9) 漏列或错列信用证号码。
(10) 汇票的内容被更改。如需更改,必须重新缮制。

(三) 运输单据的审核

1. 运输单据的审核要点

(1) 确保提交全套的正本单据。
(2) 除非信用证另有规定,确保它不是租船合约的运输单据。
(3) 应符合 UCP600 相关运输条款的一切其他条件。
(4) 运输单据的收货人名称必须符合信用证的要求。
(5) 在运输单据需要背书时正确背书。
(6) 确保运输单据上载明托运人或其代理人的名称。
(7) 确保当运输单据有通知人时,其地址按信用证要求填写。
(8) 确保货物的描述与信用证上内容总体一致。如果出现唛头、数量以及其他规格,则必须与其在其他单据上的内容相一致。
(9) 运输单据上的运费预付或运费到付要与信用证内容相符。
(10) 确保运输单据不出现使其成为瑕疵或不清洁的条款。

2. 运输单据的常见不符点

(1) 运输单据提交的种类与信用证的规定不符。
(2) 未提交全套有效的提单。提单必须按照信用证规定的份数全套提交。
(3) 托运人的名称与信用证不一致。
(4) 收货人的名称与信用证不一致。
(5) 被通知人的名称与信用证规定不符。
(6) 未按信用证规定正确背书(如果需要)。如来证规定提单为指示抬头时,则必须由托运人在提单背面背书,方可进行无权转让。
(7) 提交了不清洁的单据。
(8) 运输单据中所列货物的名称、包装、数量等信息与信用证的规定不符。
(9) 未按信用证的规定证明运费已付或运费到付。
(10) 未注明承运人的名称。

(四) 保险单据的审核

1. 保险单据的审核要点

(1) 确保按照信用证规定提交保险单、保险凭证和保险声明书。
(2) 提交全套正本保险单据。
(3) 确保保险单的签发人是保险公司、保险商或其代理人。
(4) 确保保险单的签发日期或保险责任生效日期最迟在已装船或已发运或接受监管之日。
(5) 确保货物投保金额要符合信用证要求或符合 UCP600 第 28 条 f 款规定。
(6) 除非信用证另有要求,保险单据必须使用与信用证相同的货币表示。
(7) 确保保险单据上的货物描述与发票上的描述相一致。

(8) 承保的风险区间至少涵盖从信用证规定的货物接管地或发运地开始到卸货地或最终目的地为止。

(9) 已按信用证要求投保了规定的险别并有相应明确表示。

(10) 确保保险单据上对货物的描述与运输单据上的内容一致。

(11) 若被保险人的名称不是保兑行、开证行或进口商,则应进行相应的背书。

(12) 保险单据上的所有其他资料与其他单据内容相符。

(13) 如果单据内容有修改,应被适当地证实。

2. 保险单据的常见不符点

(1) 保险单的种类不符合信用证规定。

(2) 不是由规定的保险公司或保险商出具。

(3) 保险货币或金额与信用证规定不符。UCP600 规定保险单据必须表明投保金额并以信用证相同的货币表示。

(4) 保险单上对货物的描述与信用证不符。

(5) 保险金额的大小写不一致或大写金额不正确。

(6) 启运港或卸货港与信用证规定不符。

(7) 保险单的投保险别与信用证规定不符。

(8) 未提供全套保险单据。

(9) 保险单未经背书或背书不正确。

(10) 保险日期迟于提单日期。UCP600 规定保单日期不得晚于发运日期,除非保险单据表明的保险责任不迟于发运日生效。

(五) 其他单据的审核

其他单据如装箱单、重量单、原产地证书、商检单等均需与信用证的条款进行一一核对,再与其他有关单据核对,进而做到单单相符、单证相符、单同相符。

1. 其他单据的审核要点

(1) 所提交单据的种类不齐或份数不足。

(2) 单据的名称与信用证要求不符。

(3) 单据的出单日期与信用证或惯例不符。

(4) 单据未按 UCP600 要求由授权人签字或盖章,没有标明可以证实的符号等。

(5) 单据的内容不够详尽。

(6) 交单日期晚于信用证交单到期日,或晚于信用证规定的从装运日后必须提交单据的时间,或如无此时间规定,交单日期晚于装运日后 21 天,导致信用证逾期。

2. 其他单据的常见不符点

(1) 单据之间的计量单位不一致,货物数量不符。

(2) 单据之间的出单日期互相矛盾。

(3) 逾期交单。信用证除规定有装期、有效期外,有时还规定交单期。

(4) 单据没有盖章签字。

(5) 单据上的修改处漏盖校对章。

思政园地

中国从外贸大国走向外贸强国

中国对外贸易的成绩,首先得益于国内经济的韧性强和抗压能力强。在复杂的国际经贸环境下,中国在全球的竞争优势不但没有削弱,反而得到了进一步加强。而产业链供应链的相对完整,也成为应对各种风险和挑战的制胜法宝之一。

根据联合国工业发展组织数据,我国是唯一拥有联合国产业分类中全部工业门类的国家,在500种主要工业产品中,我国有40%以上产品的产量居世界第一。

特别值得一提的是,中国把做大做强制造业作为一项战略任务来抓,防止出现一些国家"产业空心化"的类似局面,这就为保障中国强大的生产制造能力提供了坚实的基础。党的二十大报告就特别强调,要坚持把发展经济的着力点放在实体经济上,推进新型工业化,加快建设制造强国、质量强国、航天强国、交通强国、网络强国、数字中国。

当然,中国外贸强劲发展,也离不开政府出台的一系列稳外贸的政策。与此同时,"金砖国家"及"一带一路"沿线国家,也与我们开展了密切的贸易合作,其中我国与"一带一路"沿线国家2022年进出口合计13.83万亿元,比2021年增长19.4%。

当前,国际经贸形势日益复杂多变,不确定性因素甚至超预期因素对外贸的冲击风险仍在增强,这也意味着中国的对外贸易形势依然严峻。面对风高浪急的国际环境和日益积累的全球经济风险,我国外贸能否继续乘风破浪,需要政府和企业共同努力。

对于政府来说,需要在复杂的环境下继续保持战略定力,加大外贸"保稳提质"政策执行力度,多措并举确保产业链供应链的稳定性,进一步拓展外贸渠道,为企业创造良好的外贸环境。

对外贸企业来说,关键还在于要练好内功,努力在不确定性的国际市场中寻找确定性,同时加强内部管理,不断提升创新能力和市场竞争力。

如此,我们就能牢牢掌握对外贸易的主动权,不断加快从"外贸大国"向"外贸强国"转变的步伐。

资料来源:https://baijiahao.baidu.com/s?id=1754978584678830954&wfr=spider&for=pc.

 实训操练

1. 背景资料

2023年3月沈阳天天进出口贸易公司与韩国YOUDA COMPANY签订了一笔买卖纯棉T恤的合同。买方按要求开来了不可撤销信用证。卖方按照信用证及合同要求缮制全套结汇单据,相关资料见S/C NO.:SY2023,L/C NO.2023SYTT。

2. 要求

请根据所给资料审核全套结汇单据。

模块八

综合实训

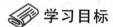 学习目标

知识目标
1. 熟悉合同条款,掌握信用证内容及实训任务要求。
2. 掌握发票、装箱单等各种结汇单据的缮制方法和实训任务要点。

能力目标
1. 能读懂外贸合同条款,能读懂L/C条款。能完成审核信用证训练任务。
2. 能根据所给背景资料缮制单据,做到单单相符,单证相符。能完成结汇单据实训任务。

任务一 综合制单实训

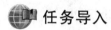 任务导入

出口单证的缮制必须掌握必要的资料和数据,在此基础上,一般以发票、装箱单为基础单据分别缮制产地证、投保单、提单、汇票等单证。本项目的任务就是根据合同及信用证所给资料对所需全套结汇单证进行缮制。真正认识到单单一致、单证一致的内涵。

一、根据所给信用证,完成结汇单据的缮制

IRREVOCABLE DOCUMENTARY CREDIT

```
FM:STANDARD CHARTERED BANK,RIO DE JANEIRO BRAZIL
TO:BANK OF CHINA HANGZHOU CHINA
SEQUENCE OF TOTAL        *27:    1/1
FORM OF DOC. CREDIT      *40A:   IRREVOCABLE
DOC. CREDIT NUMBER       *20:    2023RX
DATE OF ISSUE            31C:    230918
EXPIRY                   *31D:   DATE 230810 PLACE CHINA
APPLICANT                *50:    KOREA LOTTEE IMPORT AND EXPORT
                                 COMPANY 57-4,BUSAN,KOREA
```

BENEFICIARY	*59:	YINGKOU RUIXING IMPORT & EXPORT CO.,LTD.

31,RENMIN ROAD YINGKOU,CHINA

AMOUNT	*32B:	CURRENCY USD AMOUNT 75,000.00
AVAILABLE WITH/BY	*41D:	ANY BANK IN CHINA

BY NEGOTIATION

DRAFT AT …	42C:	AT 30 DAYS AFTER SIGHT

FOR FULL INVOICE VALUE

PARTIAL SHIPMENT	43P:	PROHIBITION
TRANSSHIPMENT	43T:	PERMITTED
PORT OF LOADING	44E:	YINGKOU
PORT OF DISCHARGE	44F:	KOREA
LATEST DATE OF SHIP.	44C:	NOV.31,2023
DESCRIPT. OF GOODS	45A:	

COTTON SHIRT AS PER S/C NO YK2023

CIF KOREA

DOCUMENTS REQUIRED   46A:

+COMMERCIAL INVOICE,2 ORIGINAL AND 4 COPIES.

+FULL SET Of B/L CLEAN ON BOARD MADE OUT TO ORDER OF SHIPPER AND BLANK ENDORSED AND MARKED "FREIGHT COLLECT" AND NOTIFY APPLICANT.

+PACKING LIST,2 ORIGINAL AND 4 COPIES

+INSURANCE POLICY OR CERTIFICATE BLANK ENDORSED FOR 150 PCT OF INVOICE VALUE COVERING ALL RISKS AND WAR RISK.

DETAILS OF CHARGES 71B: ALL BANK CHARGES OUTSIDE SPAIN ARE FOR THE

ACCOUNT OF THE BENEFICIARY

PRESENTATION PERIOD	48:	WITHIN 21 DAYS AFTER THE DATE OF SHIPMENT BUT

WITHIN THE VALIDITY OF THE CREDIT

CONFIRMATION	*49:	WITHOUT
INSTRUCTION	78:	THIS CREDIT IS SUBJECT TO THE U.C.P. FOR DOCUMENTARY

CREDITS(2007 REVISION)I.C.C.,PUB.NO.600

其他相关资料：

发票号码：INV2024　　　　　　　发票日期：2023年10月14日

提单号码：BL2024　　　　　　　　提单日期：2023年10月30日

船名：APL PEARL V.730E　　　　唛头：N/M

产地证号：CCPIT 260 17210144521　税则号：8704.2000

毛重：每箱 25 公斤 　　　　　　　净重：每箱 23 公斤
纸箱尺码：(47×47×38)厘米　　　1×40 高柜，FCL/FCL
箱号：COSU522809　　　　　　　封号：91652
合同号：YK2023　　　　　　　　合同日期：2023 年 9 月 10 日
生产厂家名称：营口秀美服装厂（YINGKOU XIUMEI COLTHING FACTORY）

二、根据国外来证及补充资料缮制发票、装箱单、产地证、提单、保险单、汇票等全套结汇单证

1. 发票

YINGKOU RUIXING EXP. & IMP. CORP.
201 ZHUJIANG ROAD, YINGKOU, CHINA
COMMERCIAL INVOICE

TO：　　　　　　　　　　　　　　INVOICE NO.：
　　　　　　　　　　　　　　　　INVOICE DATE：
　　　　　　　　　　　　　　　　S/C NO.：

PAYMENT TERMS：

FROM _____　　TO _____　　VIA _____

MARKS & NOS.	DESCRIPTIONS	QUANTITIES	UNIT PRICE	AMOUNT

TOTAL：

2. 装箱单

YINGKOU RUIXING EXP. & IMP. CORP.
201 ZHUJIANG ROAD, YINGKOU, CHINA
PACKING LIST

TO：　　　　　　　　　　　　　　DATE：
　　　　　　　　　　　　　　　　INVOICE NO.：
　　　　　　　　　　　　　　　　L/C NO.：
　　　　　　　　　　　　　　　　S/C NO.：
SHIPING MARK：　　　　　　　　　PAYMENT TERMS：

FROM _____　　TO _____　　VIA _____

C/NO.   NOS. & KINGD OF PKGS   ITEM   QTY   G. W.   N. W.   MEAS

TOTAL:

3. 产地证

ORIGINAL

1. Goods Consigned from (Exporter's Business Name, Address, Country).	Reference No. **GENERALIZED SYSTEM OF PREFERENCES** **CERTIFICATE OF ORIGIN** (Combined declaration and certificate) **FORM A** Issued in THE PEOPLE'S REPUBLIC OF CHINA (country) See Notes. Overleaf
2. Goods Consigned to (Consignee's Name, Address, Country)	
3. Means of Transport and Route (as far as Known)	4. For Official Use

5. Item Number	6. Marks and Numbers of Packages	7. Number and Kind of Packages; Description of Goods	8. Origin Criterion (See Notes Overleaf)	9. Gross Weight or Other Quantity	10. Number and Date of Invoices

11. Certification It is hereby certified, on the basis of control carried out, that the declaration by the exporter is correct. Place and date, signature and stamp of certifying authority	12. Declaration by the Exporter The undersigned hereby declares that the above details and statements are correct; that all the goods were produced in .... CHINA .... (Country) and that they comply with the origin requirement specified for those goods in the generalized system of preferences for goods exported to .... (Importing Country) Place and date, signature of authorized signatory

4. 提单

1. Shipper			B/L NO. SEA GOLD TRANSPORTATION, INC. 海金国际航运有限公司 Combined Transport BILL of LADING
2. Consignee			RECIVED in apparent good order and condition except as otherwise noted the total number of containers or other packages or units enumerated below for transportation hereof. One of the bills of lading must be surrendered duty endorsed in exchange for the goods or deliver order. On presentation of this document duly endorsed to the carrier by or on behalf of the holder of the bill of lading. the rights and liabilities arising in accordance with the terms and conditions her of shall, without prejudice to any rule of common law or statute rendering them binding on the merchant, become binding in all respects between the carrier and the holder of the bill of lading as though the contract evidenced herby had be made between them.
3. Notify Party			
4. Pre-carriage by	5. Place of Receipt		
6. Ocean Vessel Voy. No.	7. Port of Loading		
8. Port of Discharge	9. Place of Delivery		REFERENCE NO.
Marks & Nos. Container Seal No.	No. of Containers or Packages	Kind of Packages;Description of Goods	Gross Weight Kgs	Measurement (CBM)
		Declared cargo value USD _____ per clause 5 on the reverse of this bill of lading. If merchant enters a value. Carrier's per package limitation of liability shall not apply and the ad valorem rate in carrier's tariff will be charged.		
10. TOTAL NO. OF CONTAINERS OR PACKAGES (IN WORDS)			
11. FREIGHT & CHARGES	Per	Prepaid	Collect
EX. Rate:	Prepaid at	Payable at	Place and Date of Issue
	Total Prepaid	No. of Original B(s)/L	Signed for the Carrier

5. 保险单

中国人民财产保险股份有限公司货物运输保险单
PICC PROPERTY AND CASUALTY COMPANY LIMITED CARGO TRANSPORTATION INSURANCE
POLICY 总公司设于北京　　一九四九年创立
Head Office：Beijing　　Established in 1949

印刷号（Printed Number）　　　　　　　　保险单号（Policy No.）
合同号（Contract NO.）
发票号（Invoice NO.）
信用证号（L/C NO.）
被保险人（Insured）

中国人民财产保险股份有限公司（以下简称本公司）根据被保险人的要求，以被保险人向本公司缴付约定的保险费为对价，按照本保险单列明条款承保下述货物运输保险，特订立本保险单。

THIS POLICE OF INSURANCE WITNESSES THAT PICC PROPERTY AND CASUALTY COMPANY LIMITED (HEREINAFTER CALLED "THE COMPANY") AT THE REQUEST OF THE INSURED AND IN CONSIDERATION OF THE AGREED PREMIUM PAID TO THE COMPANY BY THE INSURED, UNDERTAKES TO INSURE THE UNDERMENTIONED GOODS IN TRANSPORTATION SUBJECT TO THE CONDITION OF THIS POLICY AS PER THE CLAUSES PRINTED BELOW.

标记 MARKS & NOS.	包装及数量 QUANTITY	保险货物项目 GOODS	保险金额 AMOUNT INSURED

总保险金额：
Total Amount Insured：_____
保费（Premium）：_____　　启运日期（Date of Commencement）：_____
装载运输工具（Per Conveyance）：_____
自：　　　　　　　经：　　　　　　　到：
From：_____　Via：_____　To：_____
承保险别（Conditions）：

所保货物，如发生保险单项下可能引起索赔的损失，应立即通知本公司或下述代理人查勘。如有索赔，应向本公司提交正本保险单（本保险单共有＿＿份正本）及有关文件，如一份正本已用于索赔，其余正本自动失效。
IN THE EVENT OF LOSS OR DAMAGE WHICH MAY RESULT IN A CLAIM

UNDER THIS POLICY, IMMEDIATE NOTICE MUST BE GIVEN TO THE COMPANY OR AGENT AS MENTIONED. CLAIMS, IF ANY, ONE OF THE ORIGINAL POLICY WHICH HAS BEEN ISSUED IN _____ ORIGINAL(S) TOGETHER WITH THE RELEVENT DOCUMENTS ALL BE SURRENDERED TO THE COMPANY. IF ONE THE ORIGINAL POLICY HAS BEEN ACCOMPLISHED, THE OTHERS TO BE VOID.

保险人：
Underwriter:
电话(TEL):
传真(FAX):
地址(ADD):

赔款偿付地点
Claim Payable at _____ 授权人签字：
签单日期(Issuing Date) _____ Authorized Signature
核保人： 制单人： 经办人：
www.picc.com.cn

6. 汇票

BILL OF EXCHANGE

凭　　　　　　　　　　　　　　　　　　　　　不可撤销信用证
Drawn Under _____　　　　　　　　Irrevocable　　L/C
　　　　　　　　　　　　　　　　　　　　　　No. _____

日期　　　　　　　　　支取　Payable With
Date _____　interest　　　　　　　@ ___% 按 ___ 息 ___ 付款

号码　　　　　　汇票金额　　　　　　　　　北京　　　　　　　年　月　日
No. _____　　Exchange for _____　　Beijing _____

　　　　　　　　　　　　　日 后（本 汇 票 之 副 本 未 付）付 交
见票 at _____　sight of this FIRST of Exchange (Second of Exchange Being
　　　　　　　　　　　　　unpaid) Pay to the order of _____

金额
the sum of _____

此致
To _____
   _____

思政园地

"一带一路"倡议来自中国,而成效惠及世界

2023年是"一带一路"倡议提出十周年。十年来,习近平主席在国内外多个场合就"一带一路"发表重要论述。他强调,"一带一路"倡议来自中国,而成效惠及世界。

"一带一路"倡议来自中国,
但成效惠及世界。

习近平
在世界经济论坛2017年年会开幕式上的主旨演讲
2017.1.17

"一带一路"建设
将由大家共同商量,
"一带一路"建设成果
将由大家共同分享。

习近平
在"一带一路"国际合作高峰论坛开幕式上的演讲
2017.5.14

通过共建"一带一路",
提高了国内各区域开放水平,
拓展了对外开放领域,
推动了制度型开放,
构建了广泛的朋友圈,
探索了促进共同发展的新路子,
实现了同共建国家互利共赢。

习近平
在第三次"一带一路"建设座谈会上的讲话
2021.11.19

从亚欧大陆到非洲、美洲、大洋洲,
共建"一带一路"
为世界经济增长开辟了新空间,
为国际贸易和投资搭建了新平台,
为完善全球经济治理拓展了新实践,
为增进各国民生福祉作出了新贡献,
成为共同的机遇之路、繁荣之路。

习近平
在第二届"一带一路"国际合作高峰论坛开幕式上的主旨演讲
2019.4.26

共建"一带一路"倡议
不是地缘政治工具,
而是务实合作平台;
不是对外援助计划,
而是共商共建共享的联动发展倡议。

习近平在金砖国家工商论坛开幕式上的讲话
2017.9.3

中国秉持
平等、互鉴、对话、包容的文明观,
愿同各国一道,
推动共建"一带一路",
坚持和而不同,
倡导美美与共,
为人类文明进步作出更大贡献。

习近平
向2021"一带一路"·长城国际民间文化艺术节致贺信
2021.9.15

资料来源:https://baijiahao.baidu.com/s?id=1779872958890817462&wfr=spider&for=pc。

任务二 虚拟仿真制单实训

一、虚拟仿真实训网址

虚拟仿真实训网址如下。实训时,同学们可扫描右侧二维码复制具体网址。

1. CIF 价格术语下综合制单实训

http://manage.itmc.cn/bk/CIFPrice_1/index.html

2. 保险单的缮制

http://manage.itmc.cn/bk/BaoXianDan/index.html

文档:具体网址

3. 一般原产地证书的缮制

http://manage.itmc.cn/bk/YiBanDiChan/index.html

4. 商业发票的缮制

http://manage.itmc.cn/bk/ShangYeFaPiao/index.html

5. 信用证审核实训

http://manage.itmc.cn/bk/ShenHeXinYong/index.html

6. 海运提单的缮制

http://manage.itmc.cn/bk/HaiYunDan/index.html

7. 汇票的缮制

http://manage.itmc.cn/bk/HuiPiao/index.html

8. 合同的拟订

http://manage.itmc.cn/bk/HeTongDeNiDing_BLN_1/index.html

9. 报关单制作

http://manage.itmc.cn/bk/BaoGuanDanZhiZuo_BLN_2/index.html

10. 装船通知制作

http://manage.itmc.cn/bk/ZhuangChuanTongZhiZhiZuo_BLN3/index.html

11. 装箱单的缮制

http://manage.itmc.cn/bk/ZhuangXiangDan/index.html

同学们在掌握了各种单据的缮制要求和制单技巧后,有必要进行系统的综合训练,通过综合制单训练,可以对各种不同类型的信用证、合同及订单等文件进行分析,从而进一步熟悉和掌握外贸业务流程的各个环节,提高处理外贸单证的实际操作能力。

微课:CIF 贸易
术语下询盘
下单

微课:CIF 贸易
术语下回签
形式发票

微课:CIF 贸易术语
下收到装运通知
及提单

微课:CIF 贸易术语
下收到客户单据,
换提货单

微课：CIF贸易术语下付款与催单　　微课：CIF贸易术语下凭单提货放行　　微课：CIF贸易术语下进口报检操作　　微课：CIF贸易术语下进口报关操作　　微课：CIF贸易术语下缴纳税费，提货放行

二、合同的商定

1. 卡特贸易有限责任公司信息

加拿大卡特贸易有限责任公司计划与大连欣欣进出口有限公司签订一笔买卖甜玉米罐头的合同。请就具体事项进行磋商。

公司全称（英文）：CARTERS TRADING COMPANY LLC

公司全称（中文）：卡特贸易有限责任公司

公司简称（英文）：CARTERS

公司简称（中文）：卡特

企业法人：CARTERS

公司地址：P.O.BOX:8935，NEW TERMINAL，LATA，VISTA，OTTAWA，CANADA.

电话：(514)398-1655

传真：(514)398-1656

公司介绍：WE ARE IMPORTER AND EXPORTER OF ALL ITEMS ENJOYING GOOD REPUTATION.

2. 买卖双方签署合同内容及规定条款

卡特贸易有限责任公司计划从大连欣欣进出口有限公司（采用一般贸易方式）进口800箱3060G×6TINS/CTN的甜玉米罐头（CANNED SWEET CORN），经过谈判协商，双方最终决定以CIF TORONTO USD14.00/CTN的价格成交。并于2023年3月19日在广州签订购买合同（合同号为CONTRACT01）。双方采取即期信用证的付款方式，卖方负责以合同价值的110%投保一切险和战争险，索赔地点是加拿大，索赔币值为美元。在广州港最迟装船期为2023年4月20日，不允许分批装和转船。用纸箱包装，6听一箱。然后装入1个40尺集装箱（重4 250kg），最终运抵广州港。

唛头：

CANNED SWEET CORN

TORONTO

C/NO. 1-800

MADE IN CHINA

3. 大连欣欣进出口有限公司信息

公司名称（中文）：大连欣欣进出口有限公司

公司全称（英文）：DALIAN XINXIN IMPORT AND EXPORT CO.,LTD.

电话：86-0411-8937××××
传真：86-0411-8937××××
邮政编码：110000

公司介绍：大连欣欣进出口有限公司创办于1998年，经过20几年的辛勤耕耘，现已发展成为一家国内领先的现代化综合型的知名食品企业，一直致力于食品的研发、生产、加工和销售，主要生产婴幼儿米粉、玉米罐头、燕麦片、方便粥、糊片等食品。多年来，公司凭借卓越的品质和诚挚的服务，深得广大生产企业的赞誉，并长期为国内大型知名食品企业提供优质的OEM服务，营销网络遍布国内外各大、中型城市，年产量达6万吨以上，销售额逐年递增，已发展成为国内具有强大核心竞争力的食品企业。

三、报关单制作

实训背景

2023年4月3日，外贸单证员根据出口合同、信用证、商业发票、装箱单和以下信息马上办理、制作和备齐出口货物报关单、报关委托书等报关单证，同时与报检委托书、出境货物换证凭条一起寄给辽宁万洲国际货运代理有限公司，委托其办理报检和报关手续。大连欣欣进出口有限公司的组织机构代码是3101003833665567898。保险费为USD24.64。

1. 信用证

27：SEQUENCE OF TOTAL
1/1
40A：FORM OF DOC. CREDIT
IRREVOCABLE
20：DOC. CREDIT NUMBER
DC LD2100954
31C：DATE OF ISSUE
210824
31D：DATE AND PLACE OF EXPIRY
211015 PLACE IN COUNTRY OF BENEFICIARY
50：APPLICANT
VIRSONS LIMITED
23 COSGROVE WAY,LUTON,BEDFORDSHIRE,LU1 1XL
59：BENEFICIARY
DALIAN XINXIN IMPORT AND EXPORT CO.,LTD.
62,RENMIN ROAD DALIAN LIAONING,CHINA
32B：AMOUNT
CURRENCY USD AMOUNT 74,150.00
39A：POS./NEG. TOL.（%）   05/05
41D：AVAILABLE WITH/BY
ANY BANK,BY NEGOTIATION

42C: DRAFT AT …
AT SIGHT
42D: DRAWEE
HSBC BANK PLC (FORMERLY MIDLAND BANK PLC) LONDON (ALL U. K. OFFICES)
43P: PARTIAL SHIPMENT
NOT ALLOWED
43T: TRANSSHIPMENT
NOT ALLOWED
44A: LOADING IN CHARGE
CHINA
44B: FOR TRANSPORT TO…
FELIXSTOWE PORT
44C: LATEST DATE OF SHIP.
210924
45A: DESCRIPTION. OF GOODS
DEVORE CUSHION COVERS AND RUGS AS PER VIRSONS ORDER NO. RAP-599/2020
CFR FELIXSTOWE PORT
46A: DOCUMENTS REQUIRED
+ORIGINAL SIGNED INVOICE PLUS THREE COPIES

+ FULL SET OF ORIGINAL CLEAN ON BOARD MARINE BILL OF LADING
MADE OUT TO SHIPPERS ORDER AND BLANK ENDORSED, MARK FREIGHT PREPAID AND NOTIFY APPLICANT QUOTING FULL NAME AND ADDRESS.
+ ORIGINAL PACKING LIST PLUS THREE COPIES INDICATING DETAILED PACKING OF EACH CARTON.

+ ORIGINAL GSP FORM A CERTIFICATE OF ORIGIN IN OFFICIAL FORM ISSUED BY A TRADE AUTHORITY OR GOVERNMENT BODY PLUS ONE COPY.

47A: ADDITIONAL COND.
+VIRSONS ORDER NUMBER MUST BE QUOTED ON ALL DOCUMENTS.
+ UNLESS OTHERWISE EXPRESSLY STATE, ALL DOCUMENTS MUST BE IN ENGLISH.
+EXCEPT SO FAR AS OTHERWISE EXPRESSLY STATE, THIS DOCUMENTARY CREDIT IS SUBJECT TO UNIFORM CUSTOMS AND PRACTICE

FOR DOCUMENTARY CREDIT ICC PUBLICATION NO. 500.

+ALL BANK CHARGES IN CONNECTION WITH THIS DOCUMENTARY CREDIT EXCEPT ISSUING BANK'S OPENING COMMISSION AND TRANSMISSION COSTS ARE FOR THE BENEFICIARY.

48: PRESENTATION PERIOD

WITHIN 15 DAYS AFTER THE DATE OF SHIPMENT BUT WITHIN THE VALIDITY OF THE CREDIT.

49: CONFIRMATION

WITHOUT

78: INSTRUCTION

ON RECEIPT OF DOCUMENTS CONFIRMING TO THE TERMS OF THIS DOCUMENTARY CREDIT, WE UNDERTAKE TO REIMBURSE YOU IN THE CURRENCY OF THE CREDIT IN ACCORDANCE WITH YOUR INSTRUCTIONS, WHICH SHOULD INCLUDE YOUR UID NUMBER AND THE ABA CODE OF THE RECEIVING BANK.

72: SEND. TO REC. INFO.

DOCUMENTS TO BE DESPATCHED BY COURIER SERVICE IN ONE LOT TO HSBC BANK PLC, TRADE SERVICES, LD1 TEAM. LEVEL 26, 8 CANADA SQUARE, LONDON E14 5HQ.

2. 商业发票

大连欣欣进出口有限公司
DALIAN XINXIN IMPORT AND EXPORT CO., LTD.
62, RENMIN ROAD DALIAN LIAONING, CHINA

商业发票
COMMERCIAL INVOICE

To VIRSONS LIMITED 23 COSGROVE WAY, LUTON, BEDFORDSHIRE, LU1 1XL		日期 Date	SEP. 10, 2023
		发票号 Invoice No.	03WSL05F092
		合约号 Contract No.	RAP-599/2023
TERMS OF PAYMENT	IRREVOCABLE LETTER OF CREDIT	L/C NO.	DC LDI300954
From	FELIXSTOWE PORT	To	DALIAN PORT

唛头 SHIPPING MARK	货名 数量 QUANTITIES AND DESCRIPTIONS	单价 UNIT PRICE	金额 AMOUNET
VIRSONS, RAP599/2012, FELIXSTOWE, NO. 1-200	20,000pcs CUSHION COVER 45×45cms	CFR FELIXSTOWE 2.2/pcs	USD44,000.00
VIRSONS, RAP599/2012, FELIXSTOWE, NO. 1-150	4,500pcs RUG 127×152cms	CFR FELIXSTOW 6.7/pcs	USD30,150.00
	TOTAL		USD74,150.00
SAY TOTAL: U.S. DOLLARS SEVENTY FOUR THOUSAND ONE HUNDRED FIFTY ONLY.			

3. 装箱单

大连欣欣进出口有限公司
DALIAN XINXIN IMPORT AND EXPORT CO.,LTD.
62,RENMIN ROAD DALIAN LIAONING,CHINA
PACKING LIST

TO: VIRSONS LIMITED 23 COSGROVE WAY, LUTON, BEDFORDSHIRE, LU1 1XL			INVOICE NO.	03WSL05F092
			S/C No.	RAP-599/2023
			Letter of Credit No.	DC LDI300954

MARKS	DESCRIPTION	QUANTITY	PACKAGES (CTN)	N.W. (KGS)	G.W. (KGS)	MEAS.
VIRSONS, RAP599/2012, FELIXSTOWE, NO. 1-200	CUSHION COVER 45×45cms	20,000pcs	200	4,000	4,400	14.388m³
VIRSONS, RAP599/2012, FELIXSTOWE, NO. 1-150	RUG 127× 152cms	4,500pcs	150	2,250	2,700	44.064m³
TOTAL		24,500pcs		6,250	7,100	58.452m³

SAY TOTAL PACKAGED IN THREE HUNDRED AND THIRTY FIVE CINTS ONLY.

DALIAN XINXIN IMPORT AND EXPORT CO.,LTD.
62,RENMIN ROAD DALIAN LIAONING,CHINA

4. 销售合同

<table>
<tr><td colspan="5" align="center">销售合同
SALES CONTRACT</td></tr>
<tr><td rowspan="3">卖方
SELLER：</td><td rowspan="3">DALIAN XINXIN IMPORT AND EXPORT CO.,LTD.</td><td>编号 NO.：</td><td colspan="2">RAP-599/2023</td></tr>
<tr><td>日期 DATE：</td><td colspan="2">FEB.28,2023</td></tr>
<tr><td>地点 SIGNED IN：</td><td colspan="2">DALIAN, CHINA</td></tr>
<tr><td>买方
BUYER：</td><td colspan="4">VIRSONS LIMITED</td></tr>
<tr><td colspan="5">买卖双方同意以下条款达成交易：
This contract is made by and agreed between the BUYER and SELLER, in accordance with the terms and conditions stipulated below.</td></tr>
<tr><td colspan="2">1. 品名及规格
Commodity & Specification</td><td>2. 数量
Quantity</td><td>3. 单价及价格条款
Unit Price & Trade Terms</td><td>4. 金额
Amount</td></tr>
<tr><td colspan="2">CUSHION COVERS 45×45CM</td><td>20,000PCS</td><td>CFR FELIXSTOWE PORT USD2.20</td><td>USD44,000.00</td></tr>
<tr><td colspan="2">RUGS 127×152CM</td><td>4,500PCS</td><td>CFR FELIXSTOWE PORT USD6.70</td><td>USD30,150.00</td></tr>
<tr><td colspan="2">Total：</td><td>24,500PCS</td><td></td><td>USD74,150.00</td></tr>
<tr><td>允许
With</td><td colspan="4">溢短装，由卖方决定
More or less of shipment allowed at the sellers' option</td></tr>
<tr><td colspan="2">5. 总值
Total Value</td><td colspan="3">SAY U.S. DOLLARS SEVENTY FOUR THOUSAND AND ONE HUNDRED AND FIFTY ONLY</td></tr>
<tr><td colspan="2">6. 包装
Packing</td><td colspan="3">CUSHION COVER,45×45cm/pcs,100pcs/ctn,46×46×34cm/ctn
RUG,127×152cm/pcs,30/ctn,15,315×128cm/ctn</td></tr>
<tr><td colspan="2">7. 唛头
Shipping Marks</td><td colspan="3">FOR CUSHION COVER
VIRSONS RAP-599/2012 FELIXSTOWE NO. 1-200
FOR RUG
VIRSONS RAP-599/2012 FELIXSTOWE NO. 1-150</td></tr>
<tr><td colspan="2">8. 装运期及运输方式
Time of Shipment & Means of Transportation</td><td colspan="3">TO BE EFFECTED BEFORE SEP. 24,2023 WITH PARTIAL SHIPMENT AND TRANSSHIPMENT NOT ALLOWED</td></tr>
<tr><td colspan="2">9. 装运港及目的地
Port of Loading & Destination</td><td colspan="3">FROM DALIAN PORT TO FELIXSTOWE PORT</td></tr>
</table>

10. 保险 Insurance	COVERED BY BUYER
11. 付款方式 Terms of Payment	L/C BY 100% IRREVOCABLE SIGHT LETTER OF CREDIT
12. 备注 Remarks	

The Buyer	The Seller
VIRSONS LIMITED	DALIAN XINXIN IMPORT AND EXPORT CO.,LTD.
（signature）	（signature）

实训步骤

步骤一：制作出口货物报关单

报关单的填制必须真实，要做到两个相符：一是单证相符，即报关单与合同、批文、发票、装箱单等相符；二是单货相符，即报关单中所报内容与实际进出口货物情况相符。

单证员根据信用证、商业发票、合同及装箱单的内容，填写出口货物报关单。

文档：出口货物报关单答案

步骤二：制作出口报关委托书

单证员制作完出口货物报关单之后，开始制作出口报关委托书。在实际业务操作中，考虑实际装运时货物数量可变动，一般只在报关委托书上盖章，而不填写详细内容，详细内容由报关员报关时填写。报关委托书正反两面都印有内容。

代理报关委托书

编号：00082827061

我单位现 （A. 逐票　B. 长期）委托贵公司代理　等通关事宜。（A. 填单申报　B. 辅助查验　C. 垫缴税款　D. 办理海关证明联　E. 审批手册　F. 核销手册　G. 申办减免税手续　H. 其他）详见《委托报关协议》。

我单位保证遵守《海关法》和国家有关法规，保证所提供的情况真实、完整、单货相符。否则，愿承担相关法律责任。

本委托书自签字之日起至　　年　月　日止。

委托方（盖章）：

法定代表人或其授权签署《代理报关委托书》的人（签字）

年　月　日

中华人民共和国海关出口货物报关单

(大连 海关)

预录入编号：　　　　　海关编号：　　　　　　　　　　　　　　　　　　页码/页数：

境内发货人	出境关别	出口日期	申报日期	备案号
境外收货人	运输方式	运输工具名称及航次号	提运单号	
生产销售单位	监管方式	征免性质	许可证号	
合同协议号	贸易国(地区)	运抵国(地区)	指运港	
包装种类	件数	毛重/千克	净重/千克	成交方式	运费	保费	杂费
随附单证及备注							
标记唛码及备注							

项号	商品编号	商品名称及规格型号	数量及单位	单价/总价/币制	原产国(地区)	最终目的国(地区)	境内货源地	征免

特殊关系确认：　　　　　　　价格影响确认：　　　　　支付特许权使用费确认：

报关人员	报关人员证号	电话	兹声明以上内容承担如实申报,依法纳税之法律责任	自报自缴：
申报单位			申报单位(签章)	海关批注及签章

委托报关协议

为明确委托报关具体事项和各自责任,双方经平等协商,签订协议如下:

委托方		被委托方		
主要货物名称		*报关单编码	No.	
H.S.编码		收到单证日期	年 月 日	
货物总价		收到单证情况	合同□	发票□
进出口日期	年 月 日		装箱清单□	提(运)单□
提单号			加工贸易手册□	许可证件□
贸易方式			其他	
原产地/货源地		报关收费	人民币: 元	
其他要求:		承诺说明:		
背面所列通用条款是本协议不可分割的一部分,对本协议的签署构成了对背面通用条款的同意。		背面所列通用条款是本协议不可分割的一部分,对本协议的签署构成了对背面通用条款的同意。		
委托方业务签章: 经办人签章: 联系电话: 年 月 日		被委托方业务签章: 经办报关员签章: 联系电话: 年 月 日		

CCB/L (白联:海关留存;黄联:被委托方留存;红联:委托方留存)　　　中国报关协会监制

委托报关协议通用条款

委托方责任　委托方应及时提供报关报检所需的全部单证,并对单证的真实性、准确性和完整性负责。

委托方负责在报关企业办结海关手续后,及时、履约支付代理报关费用,支付垫支费用,以及因委托方责任产生的滞报金、滞纳金和海关等执法单位依法处以的各种罚款。

负责按照海关要求将货物运抵指定场所。

负责与被委托方报关员一同协助海关进行查验,回答海关的询问,配合相关调查,并承担产生的相关费用。

在被委托方无法做到报关前提取货样的情况下,承担单货相符的责任。

被委托方责任　负责解答委托方有关向海关申报的疑问。

负责对委托方提供的货物情况和单证的真实性、完整性进行"合理审查",审查内容包括:(一)证明进出口货物实际情况的资料,包括进出口货物的品名、规格、用途、产地、贸易方式等;(二)有关进出口货物的合同、发票、运输单据、装箱单等商业单据;(三)进出口所需的许可证件及随附单证;(四)海关要求的加工贸易手册(纸质或电子数据)及其他进出口单证。

因确定货物的品名、归类等原因,海关批准,可以看货或提取货样。

在接到委托方交付齐备的随附单证后,负责依据委托方提供的单证,按照《中华人民共和国海关进出口货物报关单填制规范》认真填制报关单,承担"单单相符"的责任,在海关规定和本委托报关协议中约定的时间内报关,办理海关手续。

负责及时通知委托方共同协助海关进行查验,并配合海关开展相关调查。

负责支付因报关企业的责任给委托方造成的直接经济损失,所产生的滞报金、滞纳金和海关等执法单位依法处以的各种罚款。

> 负责在本委托书约定的时间内将办结海关手续的有关委托内容的单证、文件交还委托方或其指定的人员(详见《委托报关协议》"其他要求"栏)。
> **赔偿原则** 被委托方不承担因不可抗力给委托方造成损失的责任。因其他过失造成的损失,由双方自行约定或按国家有关法律法规的规定办理。由此造成的风险,委托方可以投保方式自行规避。
> **不承担的责任** 签约双方各自不承担因另一方原因造成的直接经济损失,以及滞报金、滞纳金和相关罚款。
> **收费原则** 一般货物报关收费原则上按当地《报关行业收费指导价格》规定执行。特殊商品可由双方另行商定。
> **法律强制** 本《委托报关协议》的任一条款与《中华人民共和国海关法》及有关法律、法规不一致时,应以法律、法规为准。但不影响《委托报关协议》其他条款的有效。
> **协商解决事项** 变更、中止本协议或双方发生争议时,按照《中华人民共和国合同法》有关规定及程序处理。因签约双方以外的原因产生的问题或报关业务需要修改协议条款,应写协商订立补充协议。双方可以在法律、行政法规准许的范围内另行签署补充条款,但补充条款不得与本协议的内容相抵触。

> **步骤三:将报关所需资料发送给货代公司**

外贸单证员整理报关单据,然后把出口货物报关单、报关委托书、商业发票、装箱单等资料寄给辽宁万洲国际货运代理有限公司,委托代理报关。

四、装船通知制作

实训目标

能根据信用证、商业发票、装箱单、海运提单和货物实际出运信息,制作装船通知。

实训背景

大连欣欣进出口有限公司单证员收到发往卡特贸易有限责任公司货物的海运提单,然后开始准备根据信用证、商业发票、装箱单和其他信息制作装船通知。告知卡特贸易有限责任公司货物详细装运情况,让其做好筹措资金和接货的准备。

1. 信用证

MT 700	ISSUE OF A DOCUMENTARY CREDIT
SEQUENCE OF TOTAL	27: 1/1
FORM OF DOC. CREDIT	40A: IRREVOCABLE
DOC. CREDIT NUMBER	20: 980625
DATE OF ISSUE	31C: 230428
APPLICABLE RULES	40E: UCP LATEST VERSION
DATE AND PLACE OF EXPIRY.	31D: DATE 210915 PLACE IN CHINA
APPLICANT	50: CARTERS TRADING COMPANY LLC NO. 1 CAT RD., TORONTO, CANADA
BENEFICIARY	59: DALIAN XINXIN IMPORT AND EXPORT CO., LTD. NO. 62 RENMIN RD., DALIAN, P. R. CHINA
AMOUNT	32B: CURRENCY USD AMOUNT 102,144.00
AVAILABLE WITH/BY	41D: ANY BANK IN CHINA, BY NEGOTIATION

DRAFTS AT …	42C:	AT SIGHT
DRAWEE	42A:	BANK OF CHINA, CANADA
TRANSSHIPMENT	43T:	ALLOWED
PORT OF LOADING/ AIRPORT OF DEPARTURE	44E:	DALIAN, CHINA
PORT OF DISCHARGE	44F:	TORONTO, CANADA
SHIPMENT PERIOD	44D:	2,400PAIRS OF ARTICLE NO. 5001 AND 2,400PAIRS OF ARTICLE NO. 5002 SHIPPED IN JULY. 2023; 2,400PAIRS OF ARTICLE NO. 5001 AND 2,400PAIRS OF ARTICLE NO. 5002 SHIPPED IN AUG. 2023
DESCRIPTION OF GOODS AND/OR SERVICES.	45A:	PAC BOOTS AS PER ORDER NO. 8778

ART. NO.	QUANTITY
5001	4,800PAIRS
5002	4,800PAIRS
UNIT PRICE	AMOUNT
USD15.60/PAIR	USD74,880.00
USD14.80/PAIR	USD71,040.00

AT CFR LONDON, U.K.

DOCUMENTS REQUIRED 46A:
+ SIGNED IN INK INVOICE IN QUADRUPLICATE.
+ FULL SET OF CLEAN ON BOARD OCEAN BILL OF LADING MARKED "FREIGHT PREPAID" MADE OUT TO ORDER OF ISSUING BANK BLANK ENDORSED NOTIFYING THE APPLICANT.
+ PACKING LIST IN QUADRUPLICATE.
+ GSP CERTIFICATE OF ORIGIN FORM A.
+ SHIPPING ADVICE SHOWING THE NAME OF THE CARRYING VESSEL, DATE OF SHIPMENT, MARKS, QUANTITY, NET WEIGHT AND GROSS WEIGHT OF THE SHIPMENT TO APPLICANT WITHIN 1 DAY AFTER THE DATE OF BILL OF LADING.

ADDITIONAL CONDITION 47A:
+ ALL DOCUMENTS MUST INDICATE THE NUMBER OF THIS CREDIT.
+ ALL PRESENTATIONS CONTAINING DISCREPANCIES WILL ATTRACT A DISCREPANCY FEE OF USD50.00 PLUS

CHARGES	TELEX COSTS OR OTHER CURRENCY EQUIVALENT. THIS CHARGE WILL BE DEDUCTED FROM THE BILL AMOUNT WHETHER OR NOT WE ELECT TO CONSULT THE APPLICANT FOR A WAIVER
	71B: ALL CHARGES OUT OF ISSUING BANK ARE FOR ACCOUNT OF BENEFICIARY.
CONFIRMATION INSTRUCTION	49 : WITHOUT
INFORMATION TO PRESENTING BANK	78 : ALL DOCUMENTS ARE TO BE REMITTED IN ONE LOT BY COURIER TO BANK OF CHINA, TORONTO, 90 CANNON STREET, TORONTO EC4N 6HA, CANADA

2. 商业发票

<table>
<tr><td colspan="5" align="center">DALIAN XINXIN IMPORT AND EXPORT CO., LTD.
NO. 62 RENMIN RD., DALIAN, P. R. CHINA
COMMERCIAL INVOICE</td></tr>
<tr><td rowspan="3">To:</td><td rowspan="3">CARTERS TRADING COMPANY LLC
NO. 1 CAT RD., TORONTO, CANADA</td><td>Invoice No.:</td><td colspan="2">08GP0101</td></tr>
<tr><td>Invoice Date:</td><td colspan="2">JUN. 26, 2023</td></tr>
<tr><td>S/C No.:</td><td colspan="2">GP0899</td></tr>
<tr><td colspan="2"></td><td>S/C Date:</td><td colspan="2">APR. 16, 2023</td></tr>
<tr><td>From:</td><td>DALIAN, CHINA</td><td>To:</td><td colspan="2">TORONTO, CANADA.</td></tr>
<tr><td>Marks and Numbers</td><td>Number and Kind of Package

Description of Goods</td><td>Quantity</td><td>Unit Price</td><td>Amount</td></tr>
<tr><td>N/M</td><td>PAC BOOTS
ART. NO. 5001
ART. NO. 5002
AS PER ORDER NO. 8778
L/C NO. 980625
PACKED IN 800 CARTONS.</td><td>

2,400PAIRS
2,400PAIRS</td><td>CFR TORONTO, CANADA

USD15.60/PAIR
USD14.80/PAIR</td><td>

USD37,440.00
USD35,520.00</td></tr>
<tr><td colspan="2" align="center">TOTAL:</td><td>4,800PAIRS</td><td></td><td>USD72,960.00</td></tr>
<tr><td>SAY TOTAL:</td><td colspan="4">U.S. DOLLARS SEVENTY TWO THOUSAND NINE HUNDRED AND SIXTY ONLY.</td></tr>
<tr><td colspan="5" align="center">DALIAN XINXIN IMPORT AND EXPORT CO., LTD.</td></tr>
</table>

3. 装箱单

<table>
<tr><td colspan="8" align="center">DALIAN XINXIN IMPORT AND EXPORT CO., LTD.
NO. 62 RENMIN RD., DALIAN, P. R. CHINA</td></tr>
<tr><td colspan="8" align="center">PACKING LIST</td></tr>
<tr><td>To:</td><td colspan="3">CARTERS TRADING COMPANY LLC
NO. 1 CAT RD., TORONTO, CANADA</td><td colspan="2">Invoice No.:</td><td colspan="2">23GP0101</td></tr>
<tr><td></td><td colspan="3"></td><td colspan="2">Invoice Date:</td><td colspan="2">JUN. 26, 2023</td></tr>
<tr><td></td><td colspan="3"></td><td colspan="2">S/C No.:</td><td colspan="2">GP0899</td></tr>
<tr><td></td><td colspan="3"></td><td colspan="2">S/C Date:</td><td colspan="2">APR. 16, 2023</td></tr>
<tr><td>From:</td><td colspan="3">DALIAN, CHINA</td><td colspan="2">To:</td><td colspan="2">TORONTO, CANADA</td></tr>
<tr><td>Marks and Numbers</td><td colspan="2">Number and Kind of Package Description of Goods</td><td>Quantity</td><td>Package</td><td>G. W.</td><td>N. W.</td><td>Meas.</td></tr>
<tr><td>N/M</td><td colspan="2">PAC BOOTS
ART. NO. 5001
ART. NO. 5002
L/C NO. 980625</td><td>2,400PAIRS
2,400PAIRS</td><td>400CTNS
400CTNS</td><td>6,920KGS
5,840KGS</td><td>5,040KGS
4,000KGS</td><td>51.52M³
51.52M³</td></tr>
<tr><td></td><td colspan="2">TOTAL:</td><td>4,800PAIRS</td><td>800CTNS</td><td>12,760KGS</td><td>9,040KGS</td><td>103.04M³</td></tr>
<tr><td>SAY TOTAL:</td><td colspan="7">EIGHT HUNDRED CARTONS ONLY.</td></tr>
</table>

4. 其他信息

(1) 装运日期:2023 年 7 月 10 日。

(2) 提单号码:MKU8976452。

(3) 船名航次:APL DENMARK 140W。

(4) 集装箱号码和封号:63689077/78656789。

实训步骤

步骤一:审核、提炼装运相关信息

<table>
<tr><td colspan="4" align="center">运输货物信息</td></tr>
<tr><td>货物名称</td><td></td><td>信用证号</td><td></td></tr>
<tr><td>货物数量</td><td></td><td>货物毛重</td><td></td></tr>
<tr><td>货物合同号</td><td></td><td>货物净重</td><td></td></tr>
<tr><td colspan="4" align="center">运输相关信息</td></tr>
<tr><td>运输工具</td><td></td><td>装运港</td><td></td></tr>
<tr><td>装运时间</td><td></td><td>目的港</td><td></td></tr>
<tr><td>提单号</td><td></td><td>集装箱号</td><td></td></tr>
</table>

文档:装运相关信息答案

步骤二:制作装船通知

装船通知主要包括所发运货物的合同号或信用证号、品名、数量、金额、运输工具名称、开航日期、启运地和目的地、提运单号码、运输标志等,并且与其他相关单据保持一致,如信用证提出具体项目要求,应严格按规定出单。此外通知中还可能出现包装说明、船舶预离港时间、船舶预抵港时间、预计开始装船时间等内容。

文档:装船
通知答案

根据信用证、商业发票、装箱单及其他相关信息制作装船通知。

DALIAN XINXIN IMPORT AND EXPORT CO., LTD.	
NO. 62 RENMIN RD., DALIAN, P. R. CHINA	
SHIPPING ADVICE	
TO：	DATE： JUL. 10,2023
	INVOICE NO.：
	L/C NO.：
DEAR SIR, WE ARE PLEASED TO INFORM YOU THAT THE FOLLOWING MENTIONED GOODS HAVE BEEN SHIPPED, FULL DETAILS ARE AS FOLLOWS：	
1. OCEAN VESSEL：	
2. DATE OF SHIPMENT：	
3. PORT OF LOADING：	
4. PORT OF DESTINATION：	
5. DESCRIPTION OF GOODS：	
6. MARKS AND NUMBER：	
7. QUANTITIY：	
8. NET WEIGHT：	
9. GROSS WEIGHT：	
DALIAN XINXIN IMPORT AND EXPORT CO., LTD.	

装船通知制作完成后,单证员将其传真给客户,并告知客户做好接货相关准备。

五、CIF价格术语下综合制单实训

实训目标

（1）熟悉信用证及其相关信息,掌握信用证方式下主要结汇单据的具体缮制方法及注意的问题。

（2）从出口企业的角度,以一名单证员的身份制作全套单据,以保证货物正常出运并安全收汇。

实训要求

（1）根据信用证和其他信息制作商业发票、装箱单、一般原产地证书、提单、保险单等相关单据。

（2）缮制的单据要求做到"正确、及时、完整、简洁、清晰",保证单证一致和单单一致。

实训背景

昆山华城编织印染有限公司与香港优达贸易公司签订了关于出口一批尼龙纺织品的销售合同，合同中约定使用CIF贸易术语，采用信用证作为付款方式。

有关资料如下。

G.W.：14,077.00KGS，N.W.：12,584.00KGS，MEAS：35CBM，包装件数：3 298卷（ROLLS），所有货物被装进2×20′CONTAINER，CONTAINER NO.：HSTU157504，TSTU156417，提单号：SHANK00710，船名：DANUBHUM/S009。发票号：BJ95，发票日期：4.10。

申请产地证日期：4.12，签证日期：4.13。

信用证如下。

209 07BKCHCNBJ95B BANK OF CHINA，SUZHOU BRANCH
409 07BKCHHKHHXXX BANK OF CHINA，HONGKONG BRANCH
MT700 O BKCHCNBJ95BXXXX

21：SEQUENCE OF 1/1
40A：FORM OF DOC：IRREVOCABLE
20：DOCUMENT CREDIT NO：HK1112234
31C：DATE OF ISSUE：230401
31D：DATE OF DATE AND EXPIRY：230431
50：APPLICANT：YOU DA TRADE CO.，LTD.
　　　　　101 QUEENS ROAD CENTRAL，HONGKONG
　　　　　TEL：852-28566666
59.：BENEFICIARY：KUNSHAN HUACHENG WEAVING AND DYEING CO.，LTD.
　　　　　HUANGLONG RD.，LIUJIA ZHEN，SUZHOU，JIANGSU，CHINA
　　　　　TEL：86-520-7671386
32B：AMOUNT：USD33.680.00
41D：AVAILABLE WITH…BY…
　　　ANY BANK NEGOTIATION
42C：DRAFTS AT SIGHT
42D：DRAWEE：OURSELVES
43P：PARTIAL SHIPMENT：NOT ALLOWED
43T：TRANSSHIPMENT：NOT ALLOWED
44A：LOADING ON BOARD/DISPATCH/TAKING IN CHARGE AT/FROM…
　　　　　SHANGHAI
44B：FOR TRANSPORTATION TO…
　　　　　HONGKONG，CHINA
44C：LATEST DATE…
　　　230415

45A: DESCRIPTION OF GOODS AND/OR SERVICES
　　　DESCRIPTION　　　　　QUANTITY　　　UNIT PRICE　　　AMOUNT
　　　100PCT NYLON FABRICS　　100 000 YARDS USD0.336 8/YD USD33 680.00
　　　DETAILS AS PER CONTRACT NO.99WS061
　　　PRICE TERM: CIF HONGKONG
　　　SHIPPING MARK: MARKS AND NOS.
　　　　　　　　　　　　YOU DA
　　　　　　　　　　　　HONGKONG
　　　　　　　　　　　　CTN/NO.: 1-3298
:46A: DOCUMENTS REQUIRED:
1. SINGED COMMERCIAL INVOICE IN 3 FOLDS INDICATING L/C NO. AND CONTRACT NO.99WS061.
2. FULL SET(3/3)OF CLEAN ON BOARD MARINE BILLS OF LADING MADE OUT TO ORDER AND BLANK ENDORSED, MARKED "FREIGHT PREPAID" AND NOTIFY THE APPLICANT.
3. INSURANCE POLICY OR CERTIFICATE IN 2 FOLDS FOR 110 PCT OF THE INVOICE VALUE INDICATING CLAIM PAYABLE AT DESTINATION COVERING OCEAN TRANSPORTATION ALL RISKS AND WAR RISKS AS PER ICC CLAUSES.
4. PACKING LIST IN 3 FOLDS INDICATING GROSS AND NET WEIGHT OF EACH PACKAGE.
5. CERTIFICATE OF ORIGIN IN 3 FOLDS.
6. BENEFICIARY'S CERTIFICATE MUST BE FAX TO THE APPLICANT ADVISING GOODS NAME, CONTRACT NO. ,L/C NO. ,NAME OF VESSEL, AND DATE OF SHIPMENT.
:47A: ADDITIONAL CONDITIONS:
　　+ ON DECK SHIPMENT IS NOT ALLOWED.
　　+ ALL DOCUMENT MUST BE MANUALLY SIGNED.
:48: PERIOD FOR PRESENTATION:
　　DOCUMENTS MUST BE PRESENTED WITHIN 15 DAYS AFTER THE DATE OF SHIPMENT BUT WITHIN THE VALIDITY OF THE CREDIT.
:49: CONFIRMATION:WITHOUT
:72: SPECIAL INSTRUCTIONS:
　　ALL DOCUMENT MUST BE SEND TO THE ISSUING BANK IN ONE LOT THROUGH THE NEGOTIATING BANK BY REGISTERED AIRMAIL.
　　UPON RECEIPT THE DOCUMENTS CONFORMITY WITH THE L/C'S CONDITIONS, WE SHALL PAY AS PER YOUR INSTRUCTIONS.
MAC: ABC8794666
　　SW2222222546

文档:商业发票、装箱单、提单答案

实训步骤

步骤一：根据信用证制作商业发票和装箱单

<table>
<tr><td colspan="2">ISSUER</td><td colspan="3">商业发票
COMMERCIAL INVOICE</td></tr>
<tr><td colspan="2">TO</td><td colspan="2">NO.</td><td>DATE
2023. 4. 10</td></tr>
<tr><td colspan="2" rowspan="2">TRANSPORT DETAILS
FROM SHANGHAI TO HONGKONG BY SEA</td><td colspan="2">S/C NO.</td><td>L/C NO.</td></tr>
<tr><td colspan="3">TERMS OF PAYMENT</td></tr>
<tr><td>Marks and Numbers</td><td>Number and Kind of Package
Description of Goods</td><td>Quantity</td><td>Unit Price</td><td>Amount</td></tr>
<tr><td></td><td></td><td></td><td></td><td></td></tr>
<tr><td colspan="5">TOTAL：100,000 YDS
SAY TOTAL：SAYUS DOLLARS THIRTY THREE THOUSAND SIX HUNDRED AND EIGHTY ONLY
KUNSHAN HUACHENG WEAVING AND DYEING CO. ,LTD.
STAMP & SIGNATURE</td></tr>
</table>

<table>
<tr><td colspan="3">ISSUER
KUNSHAN HUACHENG WEAVING AND DYEING CO. ,LTD.
HUANGLONG RD. ,LIUJIA ZHEN,SUZHOU,JIANGSU, CHINA
TEL：86-520-7671386</td><td colspan="4" rowspan="2">装箱单
PACKING LIST</td></tr>
<tr><td colspan="3" rowspan="2">TO
YOU DA TRADE CO. ,LTD.
101 QUEENS ROAD CENTRAL，HONGKONG，CHINA
TEL：852-28566666</td></tr>
<tr><td colspan="2">INVOICE NO.</td><td colspan="2">DATE
2023. 4. 10</td></tr>
<tr><td>Marks and Numbers</td><td>Number and Kind of Package Description of Goods</td><td>Quantity</td><td>Package</td><td>G. W.</td><td>N. W.</td><td>Meas.</td></tr>
<tr><td></td><td></td><td>100,000YDS</td><td></td><td>@4. 268KGS</td><td>@3. 815KGS</td><td>35CBM</td></tr>
<tr><td>TOTAL</td><td></td><td></td><td></td><td></td><td></td><td></td></tr>
<tr><td colspan="7">KUNSHAN HUACHENG WEAVING AND DYEING CO. ,LTD.
STAMP & SIGNATURE</td></tr>
</table>

步骤二：根据实际出货情况修改提单

在货物已经交付上船，但是在开船之前的截关日当天，Angela 收到货代发来的提单确认件，根据实际出货情况进行核对修改。

Shipper		SINOTRANS	B/L No.
Consignee or Order			Invoice No. BJ95
Notify Address		中国对外贸易运输总公司 CHINA NATIONAL FOREIGN TRADE TRANS-PORTATION CORP. 直运或转船提单 BILL OF LADING DIRECT OR WITH TRANSSHIPMENT SHIPPED on board in apparent good order and condition (unless otherwise indicated) the goods or packages specified herein and to be discharged at the mentioned port of discharge or as near thereto as the vessel may safely get and be always afloat. The weight, measure, marks and numbers, quality, contents and value, being particularly finished by the shipper, are not checked by the carrier on loading. The shipper, consignee and the holder of this bill of lading hereby expressly accept and agree to all printed, written or stamped provisions, exceptions and conditions of this bill of lading, including those on the back hereof. IN WITNESS whereof the number of original bills of lading stated below have been signed, one of which being accomplished, the other(s) to be void.	
Pre-carriage by	Port of Loading		
Vessel	Port of Transshipment		
Port of Discharge	Final Destination		
Container seal NO. or marks and Nos. YOU DA HONGKONG R/NO. 1-3298 CONTAINER NO. HSTU 157504 TSTU 156417	Number and Kind of Packages Description of Goods 100PCT NYLON FARBICS 2×20′ CONTAINERS 3298 ROLLS		Gross Weight 14,077.00	Measurement 35CBM
Freight and Charges		REGARDING TRANSSHIPMENT INFORMATION PLEASE CONTACT	
Ex. Rate	Prepaid at	Freight Payable at	Place and Date of Issue
	Total Prepaid	Number of Original B/L	Signed for or on Behalf of the Carrier:

步骤三：根据信用证要求缮制特殊单证

（1）根据相关资料缮制保险单。因为合同中采用的是 CIF 贸易术语，所以需要卖方办理货运保险，作为单证员的 Angela 需要缮制相关保险单据。

文档：保险单、一般原产地答案

中国人民保险公司江苏分公司 The People's Insurance Company of China, Jiangsu Branch			
货物运输保险单 CARGO TRANSPORTATION INSURANCE POLICY　　　ORIGINAL			
发票号（INVOICE NO.）	BJ95	保单号次 POLICY NO.	
合同号（CONTRACT NO.）	99WS061		
信用证号（L/C NO.）	HK1112234		
被保险人 INSURED	KUNSHAN HUACHENG WEAVING AND DYEING CO., LTD.		

中国人民保险公司（以下简称本公司）根据被保险人的要求，由被保险人向本公司缴付约定的保险费，按照本保险单承保险别和背面所载条款与下列特款承保下述货物运输保险，特立本保险单。
THIS POLICY OF INSURANCE WITNESSES THAT THE PEOPLE'S INSURANCE COMPANY OF CHINA(HEREINAFTER CALLED "THE COMPANY") AT THE REQUEST OF THE INSURED AND IN CONSIDERATION OF THE AGREED PREMIUM PAID TO THE COMPANY BY THE INSURED, UNDERTAKES TO INSURE THE UNDERMENTIONED GOODS IN TRANSPORTATION SUBJECT TO THE CONDITIONS OF THIS OF THIS POLICY AS PER THE CLAUSES PRINTED OVERLEAF AND OTHER SPECIAL CLAUSES ATTACHED HEREON.

标记和号码 MARKS & NOS.	包装及数量 PACKING & QUANTITY	保险货物项目 DESCRIPTION OF GOODS	保险金额 AMOUNT INSURED

总保险金额 TOTAL AMOUNT INSURED			
保费 PERMIUM	AS ARRANGED	启运日期 DATE OF COMMENCEMENT	装载运输工具 PER CONVEYANCE
自 FROM		经 VIA	至 TO

承保险别：
CONDITIONS: COVERING OCEAN TRANSPORTATION ALL RISKS AND WAR RISKS AS PER ICC CLAUSES

所保货物，如发生保险单项下可能引起索赔的损失或损坏，应立即通知本公司下述代理人查勘。如有索赔，应向本公司提交保单正本（本保险单共有三份正本）及有关文件。如一份正本已用于索赔，其余正本自动失效。

IN THE EVENT OF LOSS OR DAMAGE WITCH MAY RESULT IN A CLAIM UNDER THIS POLICY,IMMEDIATE NOTICE MUST BE GIVEN TO THECOMPANY'S AGENT AS MENTIONED HEREUNDER. CLAIMS,IF ANY,ONE OF THE ORIGINAL POLICY WHICH HAS BEEN ISSUED INORIGINAL(S)TOGETHER WITH THE RELEVANT DOCUMENTS SHALL BE SURRENDERED TO THE COMPANY. IF ONE OF THE ORIGINAL POLICY HAS BEEN ACCOMPLISHED. THE OTHERS TO BE VOID.

赔款偿付地点 CLAIM PAYABLE AT		中国人民保险公司 The People's Insurance Company of China
出单日期 ISSUING DATE	2023.04.14	

（2）根据相关资料填制一般原产地证。根据信用证单据提交要求，需要办理一般原产地证，4月12日Angela在贸促会网上认证系统中录入产地证相关信息。系统确认后，第二天收到贸促会签发的正本原产地证书。

1. Exporter	Certificate No.
2. Consignee	CERTIFICATE OF ORIGIN OF THE PEOPLE'S REPUBLIC OF CHINA
3. Means of Transport and Route	5. For Certifying Authority Use only
4. Country/Region of Destination	
6. Marks and Numbers	7. Number and Kind of Packages; Description of Goods	8. H. S. Code	9. Quantity	10. Number and Date of Invoices
11. Declaration by the Exporter The undersigned hereby declares that the above details and statements are correct; that all the goods were produced in china and that they comply with the rules of origin of the people's republic of China. .... Place and date, signature and stamp of certifying authority	12. Certification It is hereby certified that the declaration by the exporter is correct. .... Place and date, signature and stamp of certifying authority

步骤四：货物出运后缮制汇票及受益人证明

货物出运后，Angela按照信用证的要求缮制汇票和受益人证明，并将制作好的受益人证明传真给客户，告知其货物装运的详细信息，并携带准备好的相关单据前往中国银行交单议付。

（1）货物出运后，Angela按照信用证的要求缮制汇票。

文档：汇票、受益人证明答案

```
凭                                              不可撤销信用证
  Drawn Under ............        Irrevocable L/C NO. ............
日期
  Dated 支取 Payable  with  interest @ ........ %    按 ........ 息 ........ 付款
  号码              汇票金额            南京    年    月    日
  No: ........   Exchange for ............   Nanjing ............
见票                    日后(本汇票之副本未付)
  At ............ Sight of this FIRST of Exchange(Second of exchange being unpaid)
  pay to the order of  BANK OF CHINA, SHANGHAI BRANCH  或其指定人付金额
  The sum of ............

此致
  To ............

                    HUANGLONG RD. , LIUJIA ZHEN, SUZHOU, JIANGSU, CHINA
                                    STAMP & SIGNATURE
```

(2) 根据信用证中交单条款的规定,Angela 需要缮制受益人证明。

```
           KUNSHAN HUACHENG WEAVING AND DYEING CO. , LTD.
           HUANGLONG RD. , LIUJIA ZHEN, SUZHOU, JIANGSU, CHINA

                        BENIFICIARY'S CERTIFICATE

MESSERS:

DEAR SIRS:
    RE: CONTRACT NO.          ; L/C NO.
    WE HEARBY INFORM YOU THAT THE GOODS UNDER THE ABOVE MENTIONED
CREDIT HAVE BEEN SHIPPED. THE DETAILS OF THE SHIPMENT ARE AS FOLLOWS:
    COMMODITY:
    TOTAL AMOUNT:
    OCEAN VESSEL:
    PORT OF LOADING:
    PORT OF DESTINATION:
    DATE OF SHIPMENT:
    WE HEARBY CETIFY THAT THE ABOVE CONTENT IS TRUE AND CORRECT.
```

附 录

附录1　1+X考试专题

文档：1+X考试专题

附录2　UCP600

文档：UCP600

附录3　企业技能培训

微课：中国跨境
电商发展现状

微课：外贸企业单证员
主要工作内容

微课：审单工作
的注意事项

微课：企业对外贸从业人员
要求及单证员岗位职责

微课：出口企业审核
信用证的要点

参 考 文 献

[1] 黄秀丹.外贸单证实务[M].北京:电子工业出版社,2017.
[2] 章安平.外贸单证操作[M].4版.北京:高等教育出版社,2021.
[3] 童宏祥.外贸单证实务[M].上海:上海财经大学出版社,2010.
[4] 姚大伟,鲁丹萍.国际商务单证实务[M].北京:清华大学出版社,2009.
[5] 郭晓晶.外贸单证实务[M].北京:高等教育出版社,2011.
[6] 黄秀丹.新编外贸单证实务[M].北京:北京邮电大学出版社,2015.
[7] 全国国际商务单证专业培训考试办公室.全国国际商务单证专业培训考试用书[M].北京:中国商务出版社,2016.